Klaus Günzel

DAS WEIMARER FÜRSTENHAUS

Klaus Günzel

DAS WEIMARER
FÜRSTENHAUS

Eine Dynastie schreibt Kulturgeschichte

2001

BÖHLAU VERLAG KÖLN WEIMAR WIEN

Die Deutsche Bibliothek – CIP-Einheitsaufnahme

Günzel, Klaus:
Das Weimarer Fürstenhaus : eine Dynastie schreibt Kultur-
geschichte / Klaus Günzel. – Köln ; Weimar ; Wien : Böhlau 2001
ISBN 3-412-03100-3

© 2001 by Böhlau Verlag GmbH & Cie, Köln
Ursulaplatz 1, D-50668 Köln, Telefon 0221/91390-0
vertrieb@boehlau.de
Umschlaggestaltung: Anakonda Ateliers, Frankfurt a. M.
unter Verwendung der Abbildungen:
Anna Amalia. Gemälde von J. E. Heinsius (Ausschnitt).
Carl August. Gemälde von J. F. A. Tischbein (Ausschnitt).
Maria Pawlowna. Gemälde von G. Dawe (Ausschnitt).
Das Weimarer Schloß von Nordost. Stich von Eduard Lobe.
Satz: Satzpunkt Bayreuth GmbH
Druck und buchbinderische Verarbeitung:
Koninklijke Wöhrmann, Zutphen
Gedruckt auf chlorfrei gebleichtem, säurefreiem Papier
Printed in Netherlands
ISBN 3-412-03100-3

Inhalt

1. Kapitel

VERLIERER DER GESCHICHTE

Die beiden Brüder, die an einem Novembertag des Jahres 1485 in Leipzig zur Teilung ihrer Ländereien schritten, gehörten einer Familie an, die damals bereits seit einem halben Jahrtausend in Mitteldeutschland eine Rolle spielte, eine immer größere sogar, seit das Heilige Römisch-Deutsche Reich vor sich hin zu bröckeln begann. Es waren die Wettiner, die, einst an der Grenze Frankens nach Thüringen ansässig, sich langsam, aber zäh und beharrlich den Weg aus dem Dunkel einer fast noch sagenhaften Vorzeit ins hellere Licht der dokumentarisch belegbaren Geschichte gebahnt hatten. Sachte war man vorwärts gekommen, hatte auf Schlachtfeldern seinen Blutzoll wider Ungarn und Araber entrichtet, hatte Landbesitz erworben, erheiratet, ererbt, erschachert, erstritten, die Landgrafschaft Thüringen und das Markgrafentum Meißen gewonnen, ja war wenigstens ein- oder zweimal von der Kaiserkrone gar nicht so weit entfernt gewesen. Zwar hatte es gelegentlich auch innerfamiliäre Zerwürfnisse gegeben, einmal sogar einen regelrechten Bruderkrieg, der noch gar nicht lange zurücklag, aber insgesamt war den Wettinern doch eine Erfolgsgeschichte gelungen, zu der es im Zentrum des Reiches keine Parallele gab.

Auch Erbteilungen waren mehrfach vorgekommen, die freilich als nichts Besonderes galten in einer Epoche, für die über den Umgang mit Ländereien noch dynastische Auffassungen und Ansprüche entschieden. Die Folgen solcher Teilungen hatten die Wettiner immer wieder kompensieren können, vor allem seit es ihnen gelungen war, auf der hierarchischen Stufenleiter des Reiches immer höher zu steigen. 1423 war es Friedrich dem Streitbaren gelungen, vom Kaiser mit dem Herzogtum Sachsen-Wittenberg belehnt zu werden, das dem Wettiner die Kurwürde eintrug. Damit fiel ihm die Pfründe des Erzmarschalls zu, der in dem Teil Deutschlands, in dem das sächsische Recht galt, als Reichsvikar das Kaiseramt zu verwalten hatte, wenn ein Kaiser gestorben und noch kein neuer gewählt war. Die Wahl des Römischen Königs und Kaisers war Aufgabe des obersten Reichs-Senats, des siebenköpfigen Kurfürsten-Kollegiums, in dem von nun an ein Wettiner saß. Die Bezeichnung „Sachsen" ging schnell auf alle wettinischen Besitzungen über, auch auf die thüringischen. Als 1482 Herzog Wilhelm III. von Thüringen starb, der bereits in Weimar residiert hatte, fiel sein Landesteil an die Hauptlinie des Hauses Wettin zurück.

1483, im Geburtsjahr Martin Luthers, erstreckte sich ein fast geschlossenes wettinisches Staatswesen von der Werra und dem Main bis östlich über die Elbe hinweg, von Coburg und dem Kamm des Erzgebirges bis fast vor die Tore Berlins. An der Elbe lagen die Residenzen Dresden, Meißen, Torgau und Wittenberg. Eine Landesordnung manifestierte den wettinisch-sächsischen Staatsgedanken. Auf dem Meißner Burgberg begann der geniale Arnold von Westfalen mit dem Bau der Albrechtsburg, die gleichermaßen Herrschersitz und Verwaltungszentrum sein sollte. Bezahlt wurde der imposante Bau mit dem Silber, das neuerdings aus den Tiefen des Erzgebirges in die Kassen der Kurfürsten von Sachsen floß. Fürwahr: nichts schien dem Glück des Brüderpaares Ernst und Albrecht zu gleichen, die diesen Besitz zunächst gemeinsam verwalteten und dadurch das mächtigste deutsche Fürstenhaus repräsentierten! Allenfalls das Haus Habsburg, das meistens den Kaiser stellte, übertraf noch die Wettiner an Einfluß und Geltung, jedoch nicht an Reichtum, denn die Habsburger besaßen keine Silberbergwerke.

Trotzdem sollte der ungeteilte wettinisch-sächsische Flächenstaat nur wenige Jahre bestehen. Keine Schläge von außen bereiteten ihm im Augenblick seiner größten Ausdehnung das Ende, sondern die Teilungsabsichten des älteren Bruders Ernst, der die Kurwürde besaß. Vermutlich haben ihn Mißhelligkeiten mit dem jüngeren Bruder Albrecht dazu gebracht, der weitblickend genug war, von der Teilung abzuraten, vielleicht weil er ahnte, daß aus den Siegern der Geschichte rasch deren Verlierer werden können. Aber am Teilungsplan des Bruders Ernst vermochte er nicht mehr zu rütteln. Im Juni 1485 wurde das Projekt beschlossen und am 11. November des gleichen Jahres zu Leipzig, in Gegenwart einiger Vertreter der Stände, vollzogen.

Altem sächsischem Brauch folgend, hatte Ernst den Vorschlag für die Teilung des Landes vorzulegen, während Albrecht die Wahl überlassen blieb. Er entschied sich für den größten Teil der alten Markgrafschaft Meißen mit Dresden, Freiberg und Leipzig. Ernst behielt das Herzogtum Sachsen mit Wittenberg und die daran geknüpfte Kurwürde sowie Thüringen einschließlich Weimar und

Coburg, außerdem hatte ihm der jüngere Bruder 50 000 Gulden zu zahlen. Gemeinsam wollte man auch künftig den Silberbergbau im Erzgebirge verwalten und ausbeuten, die bedeutendste Quelle des wettinischen Reichtums. Die Dynastie spaltete sich fortan in zwei Linien auf, deren Namen an die beiden Brüder erinnerten: die Ernestiner und die Albertiner, die nie wieder zusammenfinden sollten.

Es dauerte nicht lange, bis sich die Leipziger Teilung als folgenschwere Fehlentscheidung, ja geradezu als der Sündenfall der wettinisch-sächsischen Geschichte erwies, der das Gewicht Sachsens im Reich drastisch verminderte und den späteren Aufstieg Brandenburg-Preußens zur deutschen Vormacht begünstigte. Es spricht für den politischen Instinkt Albrechts, daß er in seinem Land ein Hausgesetz erließ, das die Primogenitur-Erbfolge einführte. Fortan sollte im albertinischen Sachsen nur der älteste Sohn erbberechtigt sein und jede Teilung unterlassen werden. Wir aber haben hier von den Ernestinern zu erzählen.

Kurfürst Ernst, der Begründer dieser Linie und Initiator der unseligen Teilung, starb schon im Jahr danach, Ende August 1486. Nachfolger wurde sein Sohn, Kurfürst Friedrich III., der das Land zusammen mit seinem jüngeren Bruder Johann regierte. Als Friedrich der Weise figuriert er in der Galerie der Wettiner, von denen viele mit dergleichen Beiworten ausgestattet sind, wie etwa „der Reiche", „der Erlauchte" oder „der Sanftmütige". Wenn je ein Fürst die Kennzeichnung, die ihm die Geschichte zuerkannte, wirklich verdient hat, so war es Friedrich der Weise, denn als ein gelassener, gebildeter und über dem täglichen Getümmel stehender Mann, eben als ein Weiser, ist er schon den Zeitgenossen erschienen. Er war ein Humanist auf dem Thron, dem Typus des Gelehrten nahekommend, besonnen, unspektakulär und von schwerer Körperlichkeit, dabei durchaus pfiffig und listenreich, wenn es die Staatsräson erforderte.

Friedrich war der Protagonist einer Übergangszeit, der genau am Schnittpunkt zweier Epochen agierte. Man hatte ihn noch nach den Normen des Rittertums erzogen, aber später wurde ihm die Ratsstube wichtiger als der Turnierplatz. Er wurzelte noch im Mittelalter und absolvierte eine Pilgerreise ins Heilige Land. Er trug eine Sammlung von nicht weniger als fünftausend Reliquien zusammen, die er für sakrosankt und jedenfalls auch für echt hielt. Derartige noch mittelalterlich geprägte Neigungen haben ihn nicht daran gehindert, ein Freund der Wissenschaften zu sein und die Universität Wittenberg zu gründen. Sein albertinischer Vetter, Herzog Georg der Bärtige, besaß in Leipzig bereits eine Alma mater. Warum sollte Friedrich, der Ernestiner, seinem Verwandten die Reputation überlassen, ein Protektor der Wissenschaften und der studentischen Jugend zu sein? Wenn solche Erwägungen, die auf Konkurrenz mit den albertinischen Anverwandten hinausliefen, tatsächlich die Wittenberger Gründung beflügelt haben, so würden sie genügen, den Kurfürsten als einen Mann kenntlich zu machen, der schon sehr moderner Kalkulationen fähig war.

Zweimal, jeweils nach dem Tod eines Kaisers, hat Friedrich der Weise das Reichsvikariat ausgeübt, und nach dem Tod Maximilians I., im Januar 1519, hätte er selbst Kaiser werden können. Die meisten seiner kurfürstlichen Kollegen und sogar der Papst wären damit einverstanden gewesen. Daß ihm die beträchtlichen finanziellen Mittel dazu, besonders zur Gewinnung der Kurfürsten, gefehlt haben, wie dann behauptet worden ist, trifft wohl kaum zu, denn wenn ein deutscher Fürst wirtschaftlich zu einem solchen Schritt in der Lage war, so wäre es dieser Ernestiner gewesen. Aber die Zeitläufte standen auf Sturm, für dessen Bändigung sich der Sechsundfünfzigjährige wohl schon als zu alt und zu untauglich empfand. Auch bei der Konfrontation mit dieser Schicksalsfrage hat sich Friedrich als „der Weise" bewährt. So entschied er mit seiner Stimme die Wahl des jungen Habsburgers Karl V. zum Kaiser, setzte aber auch eine Wahlkapitulation auf, die dessen Macht begrenzen sollte. Schon einige Jahre zuvor hatte er den Maler Lucas Cranach an seinen Hof und den Augustinermönch Martin Luther an seine Universität gerufen. Diese Entscheidung war, bei allen ihren Folgen, kaum mit einer anderen in der deutschen Geschichte vergleichbar, denn unter der Ägide des Kurfürsten ging Luther an sein Werk, begann sich der Ordensmann zum Reformator zu wandeln. Die einzelnen Stationen, die er dabei durchlief, sind bekannt. Sie führten ihn von der wegweisenden Auslegung des Römerbriefs bis zu den Thesen gegen den Ablaßhandel; von der mehrfachen Verweigerung eines Widerrufs bis zu den reformatorischen Kampfschriften; von seiner öffentlichen Verbrennung der Bulle mit der Androhung des Kirchenbannes bis zur Exkommunikation; vom Reichstag zu Worms, wo er sich vor Kaiser und Reich zu seiner Lehre bekannte, bis auf die Wartburg, wo er, in Sicherheit gebracht vor den drohenden Folgen der Reichsacht, als „Junker Jörg" zehn Monate lebte und das Neue Testament übersetzte. Dieser Siegeslauf innerhalb weniger Jahre wäre nicht möglich gewesen ohne die schützende Hand des Kurfürsten Friedrich, der die Auslieferung seines Untertanen an die römische Kurie ablehnte und ihn schließlich auf die Wartburg entführen ließ, unerreichbar für päpstliche und kaiserliche Häscher. Dabei war der Kurfürst ein eher konservativer, bedächtiger Herr, der den Welthändeln lieber aus dem Wege ging. Aber er besaß auch einen Spürsinn für die kommenden Kräfte, die er durch die alten Gewalten nicht ausgelöscht sehen wollte, und vollends war ihm der Gedanke unerträglich, „seinen" Professor dem Scheiterhaufen zu überantworten. So, mit vorsichtiger Toleranz, hat er Luther gerettet und der Reformation mehr gedient, als wenn er sich der neuen Lehre Hals über Kopf in die Arme geworfen hätte.

Der Sturm, der über Deutschland tobte, war nun allerdings durch behutsames Taktieren nicht mehr zu beschwichtigen, nicht einmal durch Luthers eigene Rufe zur Mäßigung. Die letzten Lebenstage des Kurfürsten wurden verdüstert durch die Signale des Bauernkrieges, der bei ihm noch die Befürchtung rege werden ließ, „daß man vielleicht den armen Leuten zu solchem Aufruhr Ursache gegeben". Friedrich der Weise starb am 5. Mai 1525 im Schloß Lochau, auf dem Sterbebett versehen mit dem Abendmahl in beiderlei Gestalt, dadurch sein Einverständnis besiegelnd mit der Lehre, die ohne ihn wahrscheinlich zugrunde gegangen wäre. Zehn Tage später, am 15. Mai, metzelte ein fürstliches Heer bei Frankenhausen fünftausend thüringische Bauern nieder. Zu den Führern der Truppen, die mit beispielloser Grausamkeit vorgingen, gehörte Friedrichs Bruder, der neue sächsische Kurfürst Johann.

Dieser Fürst hatte zwölf Jahre lang von Weimar aus die thüringischen Besitztümer der Ernestiner verwaltet, womit die noch ganz unbedeutende, ländliche Stadt an der Ilm auf ihre spätere Rolle als Residenz schon vorbereitet worden war. Zu Luther hatte er sich konsequenter als sein Bruder bekannt und war dafür vom Reformator mit der Widmung des „Sermons von den guten Werken" bedacht worden. Im Vergleich zu Friedrich dem Weisen erscheint Johann entschlossener, forscher, kompromißloser, allerdings auch eindimensionaler, phantasieloser und weniger listig. Das subtile Stiften des Ausgleichs, das dem eigenen Streben eine Hintertür sichert, war nicht seine Sache, sondern das schiere Entweder-Oder. Religiöse und sozialrevolutionäre Schwärmer jedoch stießen ihn ab, wie Thomas Müntzer erfahren mußte, der vor Johann seine berühmte „Fürstenpredigt" gehalten hatte.

Mag sein, daß eine solche Mentalität geeignet war, der Reformation in dem Stadium, das sie nun erreicht hatte, über die nächsten Hürden zu helfen. Eine Kirchenvisitation diente dem Aufbau einer Evangelischen Landeskirche, an deren Spitze der Kurfürst nun auch als oberster Bischof amtierte. Daß die Vereinigung von weltlicher und geistlicher Macht in der Hand des Landesherrn der von Luther einst postulierten „Freiheit eines Christenmenschen" schlecht bekam und sich von der alten Kirche höchstens durch ein viel provinzielleres Regiment unterschied, ist damals wohl noch nicht absehbar gewesen.

Dennoch hat der von Johann beschrittene Weg dorthin geführt. Auf den Reichstagen verfocht er mutig die evangelische Sache und protestierte gegen die erneute Einschärfung des Wormser Edikts, was ihm sowie den gleichgesinnten Reichsfürsten und Reichsstädten die Bezeichnung „Protestanten" eintrug. Auf dem Reichstag zu Augsburg, im Jahre 1530, agierte der Kurfürst als unangefochtenes Haupt der deutschen Protestanten und unterschrieb die Augsburgische Konfession, die dann eine der grundlegenden Bekenntnisschriften des Luthertums wurde. Die Einigung mit der katholischen Religionspartei mißlang jedoch, so daß der Ernestiner tief enttäuscht die Rückreise antrat.

Damit war eine Situation entstanden, deren Lösung das Kombinationsvermögen und das Instrumentarium des Kurfürsten bei weitem übertraf. Gegen alle Bedenken trat er an die Spitze des Schmalkaldischen Bundes, eines politisch-militärischen Schutz- und Trutzbündnisses der evangelischen Reichsstände, wodurch das Überleben des lutherischen Glaubens ebenfalls auf die politisch-militärische Ebene geriet. Johann hätte das gern vermieden, wie er auch nicht wahrhaben wollte, daß man im Schmalkaldischen Bund letztlich eine gegen den Kaiser gerichtete Koalition sehen mußte. Der Nürnberger Religionsfriede, von Kaiser Karl V. Anfang August 1532 verkündet, dürfte den Kurfürsten in der trügerischen Sicherheit bestärkt haben, daß die dringendste Gefahr erst einmal vom Protestantismus gewichen schien. Er starb völlig überraschend, aber vermutlich zufrieden mit dieser neuen Wendung der Dinge, am 16. August 1532 in Schleinitz und wurde an der Seite seines Bruders in der Schloßkirche zu Wittenberg bestattet. Der dankbare Luther hielt ihm die Grabpredigt, die dankbaren Lutheraner ehrten ihn als Johann „den Beständigen".

Zu einem ihrer Märtyrer war des Kurfürsten Sohn Johann Friedrich ausersehen, der sich seinen Beinamen „der Großmütige" unter schweren Heimsuchungen verdienen mußte. Er war neunundzwanzig Jahre alt, als er das Staatsruder Kursachsens ergriff, vom Humanisten Georg Spalatin und vor allem von Luther persönlich mit einem beachtlichen Bildungsvorrat ausgerüstet, der Jagd und dem Turnier ergeben, mehr aber noch dem Schwelgen im Speisen und Trinken nachgebend, was Auswirkungen hatte für seinen Leibesumfang, der wiederum seiner Beweglichkeit, offenbar auch in geistiger Hinsicht, schadete. Daß er den Ränken der kaiserlichen Diplomatie intellektuell nicht gewachsen war, ist seine Tragik gewesen, aber auch sonst war kein protestantischer Fürst zur Stelle, der Karl V. hätte Paroli bieten können. Was Johann Friedrich an geistiger Souveränität gefehlt haben mag, hat er mit geistlicher Unerschütterlichkeit reichlich wettgemacht. An seinem Luthertum hielt er fest, standhaft, konzessionslos, trutzig bis zur Starrköpfigkeit, ja man könnte sagen, daß ihn selbst die Staats- und die Kriegskunst nur als Wehr und Waffe der neuen Lehre interessierten, auch unter Hintansetzung persönlicher und dynastischer Belange.

Das Verhältnis zu Karl V. war von Anfang an gespannt, da der Kaiser seine Schwester dem Kurprinzen erst als Braut versprochen, dann aber vorenthalten hatte, wohl um sie nicht dem lutherisch-sächsischen Fegefeuer auszuliefern. Nachdem Johann Friedrich Kurfürst geworden war, legte er sich zunächst aufs behutsame Taktieren, scheint jedoch bald davon überzeugt gewesen zu sein, daß ein Krieg mit dem Kaiser eines Tages unvermeidlich sein würde. Zusätzlich kompliziert wurde die Lage noch dadurch, daß des Kurfürsten albertinischer Verwandter, Herzog Moritz von Sachsen, sich als gefährlicher Rivale zu erkennen gab, der energisch daran arbeitete, Einfluß und Macht auszubauen, womöglich auf Kosten des Ernestiners. Auch Moritz war Lutheraner, was ihn nicht daran hinderte, mit dem katholischen Kaiser gemeinsame Sache zu machen, wenn er es für nützlich hielt. Von seinen Feinden später als „Judas von Meißen" geschmäht, war er Johann Friedrich an Entschlußkraft, Courage und staatsmännischem Ideenreichtum bei weitem überlegen.

Der Ernestiner, obwohl eher eine phlegmatische und zu Skrupeln neigende Natur, suchte der Welt das Gegenteil davon vorzuspiegeln und verfiel einem Aktionismus, der ihn zu Rechtsbrüchen verleitete. Er lehnte das vom Papst einberufene Konzil ab und erwog die Anberaumung eines Gegenkonzils. Er besetzte den Naumburger Bischofsstuhl mit einem Protestanten und marschierte im Stift Wurzen ein, wohl um diese Gebiete der Reformation zuzuführen und dem Kurfürstentum Sachsen einzuverleiben. Zusammen mit dem Landgrafen Philipp von Hessen besiegte er den Herzog von Braunschweig, einen Gegner des Schmalkaldischen Bundes, und nahm ihn gefangen. Dieser Bruch des Reichsfriedens wurde dem Kurfürsten zum Verhängnis: gemeinsam mit Philipp von Hessen verfiel er der Reichsacht.

Es war der Anfang vom Ende, das Karl V., auf der Höhe seiner Macht stehend, den „Rebellen wider Kaiser und Reich" zu bereiten gedachte. Im Sommer 1546 begann der Schmalkaldische Krieg, der dem Ketzerwesen ein für allemal den Garaus machen sollte. Johann Friedrich stand an der Spitze der Truppen des Schmalkaldischen Bundes, obwohl er kaum über das militärische Format verfügte, das diese Aufgabe erfordert hätte. Nach anfänglichen Erfolgen bekam er es, unweit der Stadt Wittenberg, mit dem kaiserlichen Haupttheer zu tun, das immerhin von Karl V. persönlich angeführt wurde, der sich auf erfahrene Feldherren wie den Herzog von Alba verlassen konnte. Auch Herzog Moritz von Sachsen, Johann Friedrichs albertinischer Vetter, kämpfte unter Habsburgs Fahnen, seiner lutherischen Konfession zum Trotz.

Die Schlacht, die am 24. April 1547 nördlich der Stadt Mühlberg entbrannte, war schnell entschieden, nachdem Albas spanische

Söldner im Schutz des Nebels die Elbe überschritten hatten. In einem Waldstück mußte der Kurfürst, bis zuletzt tapfer kämpfend und selbst verwundet, sein Schwert übergeben: Jede Gegenwehr war sinnlos geworden. Als Gefangener wurde er vor Karl gebracht, den er stammelnd anredete: „Allergnädigster Kaiser!" Doch der wies ihn rauh zurecht: „Ihr hättet uns besser längst dafür gehalten!" Die Folgen der Niederlage trafen Johann Friedrich nun Schlag auf Schlag. Am 10. Mai verurteilte ihn ein kaiserliches Kriegsgericht vor den Wällen des belagerten Wittenberg zum Tode. Das Urteil wurde zwar nicht vollstreckt, aber am 19. Mai mußte der Besiegte in der Wittenberger Wahlkapitulation auf alle östlich der Saale gelegenen Teile seines Landes und auf die Kurwürde verzichten. Beides, Land und Kurhut, fielen dem albertinischen Vetter Moritz zu. Am 23. Mai rückten die Kaiserlichen in Wittenberg ein, das Johann Friedrich nie wiedersah.

Die Katastrophe, von der die Ernestiner betroffen waren, konnte verheerender nicht sein. Es war noch keine dreißig Jahre her, daß Friedrich dem Weisen die Kaiserkrone sicher gewesen wäre, wenn er sie nur gewollt hätte. Jetzt mußte sein Neffe den Weg in die Gefangenschaft antreten, die fünf Jahre dauern sollte. Was noch schlimmer wog: die Ernestiner hörten für immer auf, eine achtbare Größe unter den deutschen Fürsten zu sein. Wenn künftig im Reich die Rede von Sachsen war, galt dies allein dem Staatswesen der Albertiner, die damit auch den Vorsitz der evangelischen Reichsstände gewannen. Die ernestinischen Fürstentümer in Thüringen jedoch fielen immer neuen Teilungen anheim, gelegentlich auch Wiedervereinigungen, denen wiederum Teilungen folgten, je nach Ehevertrag oder Testament – ohnmächtig, ohne jeglichen Einfluß, am Rand der Lebensfähigkeit entlangbalancierend, eine Karikatur auf den deutschen Partikularismus.

Ob Johann Friedrich diese Aussichten bewußt gewesen sind, bleibt unerforschlich, aber sie hätten für ihn wohl nur wenig gezählt gegenüber dem lutherischen Glauben, der durch den kaiserlichen Sieg zwar schwer getroffen, aber doch keineswegs aus der Welt geschafft war. Über viele Dinge hat er in seinem Gewahrsam mit sich reden lassen, nur nicht über sein Luthertum, das jenseits aller irdischen Siege und Niederlagen unveräußerbar leuchtete. Ein evangelischer Prediger und der Rat Erasmus von Minkwitz erleichterten ihm die Gefangenschaft, die er zunächst in Augsburg, dann in Innsbruck verbringen mußte. Später durfte er noch den uralten Lucas Cranach nachkommen lassen, der ihn malte und mit Gesprächen über bessere Zeiten unterhielt. Freundlich gegen jedermann, stoisch, im Einklang mit dem Schicksal und seinem lutherischen Glaubenseifer hingegeben, akzeptierte Johann Friedrich die Rolle des Märtyrers und behandelte auch Gegner und Verächter mit Großmut. Gnädig wurde ihm gestattet, sich „geborener Kurfürst" nennen zu dürfen: ein Zugeständnis, das ja ebenfalls eine Demütigung enthielt.

Ende August 1552 durfte Johann Friedrich in das Zwergenland zurückkehren, das ihm geblieben war, erst nach Coburg, dann nach Weimar, das von nun an die Residenz der Ernestiner blieb. Die Bevölkerung begrüßte ihn mit frenetischem Jubel, der hier einmal, selten genug, einem Verlierer der Geschichte zuteil wurde. Die Einsicht, mit Wittenberg auch die Universität für immer eingebüßt zu haben, brachte den „geborenen Kurfürsten" noch auf den Gedanken, die Gründung einer weimarischen Landesuniversität in Jena anzuregen, aus der dann die *Alma Mater Salana* hervorging. Es war ein Impuls, der weit hinein in eine Zukunft wirkte, die damals niemand voraussehen konnte. 250 Jahre nach dem glanzlosen Ende von Johann Friedrichs Herrscherlaufbahn wurde die Jenaer Universität zu einem Sammelbecken von Gelehrten und Schriftstellern, ohne die es keine Klassik und Romantik gegeben hätte.

Auf diese noch ganz fernliegende Epoche weist, wenn man so will, noch ein anderer Vorgang hin, der ohne den geschlagenen Kurfürsten nicht Wirklichkeit geworden wäre. Johann Friedrich brachte aus der Gefangenschaft den achtzigjährigen Lucas Cranach mit nach Weimar, der seit einem halben Jahrhundert im Dienst der Ernestiner stand. Der Künstler nahm Quartier am Markt, im Haus seines Schwiegersohnes, des Kanzlers Christian Brück, und begann mit der Arbeit an dem großen Altarstriptychon, das erst sein Sohn, Lucas Cranach d. J., vollenden konnte. Es ist eine zum Bild gewordene Predigt über die Erlösung des Menschen durch den gekreuzigten Christus, aus dessen Seitenwunde ein Blutstrahl auf das Haupt des Malers Lucas Cranach gelenkt wird, den sein Sohn hier, zwischen Luther und Johannes dem Täufer, portraitiert hat. Das Bild, Predigt und gemaltes Welttheater zugleich, krönt den Altar in der Stadtkirche St. Peter und Paul, die nun, für mehr als zwei Jahrhunderte, die Grablege der Ernestiner wurde. Lucas Cranach hat es nicht mehr erlebt, er starb am 16. Oktober 1553 und wurde auf dem Weimarer Jakobsfriedhof begraben. Wenn ihm auch nur ein Jahr des Wirkens in der Stadt an der Ilm vergönnt gewesen ist, so war er doch die erste jener schöpferischen Persönlichkeiten, die der Ruf eines ernestinischen Fürsten dorthin beschied. Es dauerte freilich mehr als zwei Jahrhunderte, bis ähnliches wieder geschah.

Auf der Innenseite des linken Altarflügels hat der Meister Johann Friedrich den Großmütigen und dessen Gemahlin Sybille dargestellt, auf den Knien das Heilsgeschehen anbetend, das die mittlere Haupttafel zeigt. Es ist die Haltung, die dem unglücklichen Landesvater am meisten gemäß war: die Haltung des Beters, der duldet und stumm verehrt, auch wenn seinen gefalteten Händen ein großes Erbe entglitten ist. Der „geborene Kurfürst" folgte seinem Malerfreund schon am 3. März 1554, erst einundfünfzigjährig, in den Tod. Seine letzten Stunden soll er mit geistlichen Betrachtungen verbracht haben, nicht mehr erreichbar für die Händel dieser Welt. In der Weimarer Stadtkirche, vor Lucas Cranachs Triptychon, erwartet er seither die Auferstehung von den Toten.

Auf der Innenseite des rechten Altarflügels, genau gegenüber von Johann Friedrich dem Großmütigen und seiner Frau, verewigte der Künstler die drei Söhne des fürstlichen Paares, ebenfalls in andächtigem Gebet: Johann Friedrich II. den Mittleren, Johann Wilhelm sowie Johann Friedrich den Jüngeren, alle drei Herzöge von Sachsen. Der schwergeprüfte Vater rief die Söhne noch zur Einigkeit auf und warnte sie vor Aktivitäten, die gegen Kaiser und Reich gerichtet waren. Aber der Appell, der doch auf schmerzlichen Erfahrungen beruhte, verhallte nahezu ungehört. Waren die Ernestiner bereits durch den „geborenen Kurfürsten" zu Verlierern der Geschichte geworden, so blieb es den Söhnen vorbehalten, das Unheil weiter zu mehren und den fast vollständigen Ruin herbeizuführen.

Zunächst regierten sie den Rest der ernestinischen Länder gemeinsam und versuchten, dem Städtchen Weimar das Ansehen einer Residenz zu geben. Mit dem Bau des Roten und des Grünen

Schlosses wurde begonnen, während die Hofapotheke, das Cranach-Haus am Markt sowie das Deutschritterhaus, das Geleithaus und das spätere Kirms-Krackow-Haus anzeigten, daß es ein paar vermögende Bürger gab, die sich in der Nachbarschaft des Hofes gebürend zu präsentieren wußten. Überhaupt hat die Stadt Weimar vom Niedergang des Herrscherhauses eher profitiert. Da die Ernestiner auf diesen Ort beschränkt blieben und, trotz mancher Versuche, sich woanders keine Basis mehr zu schaffen vermochten, wurden sie zu Urhebern einer städtischen Entwicklung, die es sonst wohl nicht gegeben hätte. Bescheiden und schleppend genug ging sie vonstatten.

Im Jahr 1565 jedoch wurden Johann Friedrich der Mittlere und Johann Wilhelm, die beiden älteren Brüder, wieder einmal vom Erbübel ihrer Familie, dem Verlangen nach einer Teilung, erfaßt, die sie so vereinbarten, daß die Landesteile Coburg und Weimar alle drei Jahre den Regenten wechseln sollten. Kurz nach dieser absurden Regelung stürzte sich Johann Friedrich der Mittlere in ein Abenteuer, das seiner Laufbahn ein jähes Ende setzen sollte. Umgetrieben von dem Wunsch, die Kurwürde zurückzuerlangen, die der Vater verloren hatte, nahm er den Ritter Wilhelm von Grumbach in seine Dienste, der wegen Landfriedensbruchs mit der Reichsacht behaftet war. Ein geistesgestörter Bauernjunge, der „Engelseher" Hans Tausendschön, prophezeite ihm den Wiederaufstieg der Ernestiner. Verblendet von solchen Weissagungen und angefeuert von der Scharfmacherei des Ritters Grumbach, verfiel Johann Friedrich selber der Reichsacht. Es geschah zum zweiten Male binnen zwanzig Jahren, daß einen Ernestiner die schwerste Verfemung traf, die es im Römisch-Deutschen Reich gab.

In Gotha trotzte er ein Vierteljahr lang mit dem Mut der Verzweiflung den Reichstruppen, die unter dem Befehl seines albertinischen Verwandten, des Kurfürsten August von Sachsen, standen. Daß in dem gegen ihn aufgebotenen Heer auch sein eigener Bruder Johann Wilhelm kämpfte, verrät deutlich genug, wohin es mit den Ernestinern gekommen war. Nach dreimonatiger Belagerung fiel Gotha, der Ritter Grumbach und der Kanzler Brück, Cranachs Schwiegersohn, wurden auf dem Markt öffentlich geviertelt. Johann Friedrich der Mittlere kam, wie einst der Vater, in kaiserliche

Gefangenschaft, die er im österreichischen Steyr verbringen mußte. Dort starb er achtundzwanzig Jahre später, ohne je wieder die Freiheit erlangt zu haben.

Aber auch der Bruder Johann Wilhelm, der zunächst die ernestinischen Landfetzen übernehmen durfte, blieb ein glückloser Mann. Das von ihm geleitete „Altenburger Religionsgespräch", das die Differenzen zwischen den verschiedenen protestantischen Strömungen ausräumen sollte, wurde ein Mißerfolg und vertiefte nur noch den Gegensatz zu den Albertinern. Im Gefolge des Allerchristlichsten Königs von Frankreich zog er gegen die Hugenotten zu Felde, die ihm doch eigentlich hätten näherstehen müssen als die katholische Majestät. Bei alledem gewann er weder Ruhm noch Macht. Nach der Rückkehr in die Heimat, im Jahr 1572, mußte er sich mit der Erfurter Teilung abfinden, die ihn zur Abtretung einiger seiner Gebiete an seine Neffen zwang. Darunter waren die Städte Eisenach, Coburg und Gotha. Johann Wilhelm, zuletzt ein gescheiterter Duodezfürst, starb 1573, verbittert und erst dreiundvierzig Jahre alt. Nur Weimar, Jena und Altenburg waren ihm geblieben.

Seine noch unmündigen Kinder wurden unter die Vormundschaft des Kurfürsten August von Sachsen gestellt, zum Mißvergnügen seiner Witwe Dorothea Susanna, einer geborenen Pfalzgräfin bey Rhein, die eine ungewöhnliche und selbstbewußte Dame gewesen sein muß. Sie stand ganz am Beginn des Reigens starker und entschlossener Frauen, die, aus anderen Dynastien stammend, auch später immer wieder den Ernestinern angetraut wurden. Sie sollten dem weimarischen Fürstenhaus zu einer stets erneuerten Zufuhr an Begabungen und Temperamenten verhelfen, gegen welche die Männer oft farblos und platt wirkten. Was wäre noch Weimars großes Jahrhundert ohne Anna Amalia, ohne Maria Pawlowna und ohne Sophie von Oranien gewesen? Dorothea Susanna allerdings blieb eine solche Ausstrahlung verwehrt. Sie mußte, mit dem Schicksal hadernd, ihre Witwenschaft im Roten Schloß verbringen.

Auch ihre Schwiegertochter Dorothea Maria, eine geborene Prinzessin von Anhalt-Zerbst, wollte es nicht bei der Aufgabe bewenden lassen, die ihr als Gebärerin des fürstlichen Nachwuchses vor allem zugewiesen war. Immerhin hat sie auch diese dynastische Mission glänzend erfüllt, denn sie schenkte ihrem Gemahl, dem

Herzog Johann, nicht weniger als elf Söhne, was ihr den Ruhm einer „Mutter der Ernestiner" verschaffte. Um die Söhne mit mehr als nur einer durchschnittlichen Bildung auszustatten, setzte Dorothea Maria die Berufung des bedeutenden Pädagogen Wolfgang Ratke, genannt Ratichius, nach Weimar durch. Er suchte sein pädagogisches Reformprogramm in die Praxis umzusetzen und unterrichtete am Hof Kinder und Erwachsene gemeinsam, wobei er die deutsche Sprache gleichberechtigt neben der lateinischen benutzte. Daß dieser Vorläufer des Comenius die Stadt an der Ilm bald wieder verlassen mußte, war die Schuld der lutherischen Geistlichkeit, nicht des Hofes. Eine große weimarische Tradition hingegen begründeten die elf „Capelisten", die 1602 der Herzog Johann aus Altenburg kommen ließ. Die Tonkunst besaß von da an eine feste Heimstatt in Weimar, stets gefördert durch das Fürstenhaus. Es war der Beginn eines Weges, der über die Besuche von Heinrich Schütz und das Wirken Bachs zur herzoglichen Hofkapelle und schließlich zu Franz Liszt führen sollte.

Kulturelle Ambitionen kosteten jedoch viel Geld, das die Weimarer Serenissimi wahrlich nicht besaßen. Diesem Übel gedachte Johannes Ernst I., der Sohn Johanns und Dorothea Marias, auf abenteuerliche Weise abzuhelfen, als er einen „Goldmacher" namens Samuel Kluge aus dem böhmischen Kuttenberg engagierte. Die Rezeptur, über die er verfügte, erklärte der Alchimist, sei bisher nie ausprobiert worden, weil es an einem geräumigen Laboratorium gefehlt habe, aber die Kellergewölbe des Weimarer Schlosses halte er für eine ideale Experimentierküche. Dort unten begann nun tatsächlich ein geheimnisvolles Mischen, Sieden und Zündeln, bis am 2. August 1618, um die Vesperzeit zwischen 3 und 4 Uhr, ein verzehrendes Feuer ausbrach. Es wütete bis zum Abend des nächsten Tages und legte weite Teile des Schlosses in Schutt und Asche. Die Bemühungen der Ernestiner um die Erschaffung eines kultur- und kunstfreundlichen Klimas in ihrer Residenz erlitten durch die Feuersbrunst einen schweren Rückschlag. Der Herzog berief zwar den italienischen Baumeister Giovanni Bonalino, der ihm eine opulente Schloßanlage in barockem Stil entwarf, aber der Neubau kam nur zögernd und mit erheblichen Unterbrechungen voran. Der Dreißigjährige Krieg setzte andere Prioritäten.

Vor größeren militärischen Ereignissen blieb man bewahrt, da sich Weimars ungünstige geographische Lage, weitab von den großen Heerstraßen, jetzt eher vorteilhaft bemerkbar machte. Plündernde, sengende und brennende Landsknechtsrotten verirrten sich kaum hierher. Dafür kamen scharenweise Flüchtlinge, so daß zeitweilig mehr Fremde als Einheimische zwischen den Stadtmauern eingepfercht waren. Die Übervölkerung auf engstem Raum schuf Brutstätten für die Pest, die mit periodischer Regelmäßigkeit über die Stadt herfiel. Allein im Jahr 1635 raffte der schwarze Tod über tausend Menschen dahin.

Johann Ernst, der Protektor des unglückseligen Alchemisten, starb 1626, erst vierunddreißigjährig und kinderlos, im fernen Ungarn, wohin ihn der Dreißigjährige Krieg verschlagen hatte. Im heimischen Weimar übernahm einer seiner elf Brüder, der achtundzwanzigjährige Wilhelm IV., das Amt des Herzogs. Auch er war in das Kriegsgeschehen von Anfang an verstrickt, hatte in der Schlacht am Weißen Berg bei Prag tapfer gekämpft und war, nach weiteren Gefechten, in Gefangenschaft geraten, aus der ihn ein Fußfall vor dem Kaiser wieder befreite. Wilhelm regierte bereits sein Herzogtum, als er sich dem Siegeslauf der Schweden unter Gustav Adolf anschloß. Er eroberte Erfurt und das Eichsfeld, zog mit in München ein, war am Sturm auf Wallensteins Lager bei Nürnberg beteiligt und focht bei Nördlingen mit. Damit jedoch scheint Wilhelms Begehren nach Waffentaten gestillt gewesen zu sein, denn 1635 gehörte er zu den Unterzeichnern des Prager Friedens, den Kursachsen mit dem Kaiser einging. Bisher hatte der Herzog nur das Zerstörungswerk des Krieges befördert. Jetzt sollte sich zeigen, daß in ihm auch eine Sehnsucht nach Werten und Werken rege war, denen er überzeitliche Bedeutung und eine lange Dauer beimaß.

Diese Neigung kam vor allem in der Sammelleidenschaft zum Ausdruck, die er auf zahlreiche Gebiete ausdehnte. Wilhelm sammelte Noten, Musikinstrumente, Bilder und besonders Bücher, mit denen er den Grundstock zu der kostbaren Weimarer Bibliothek legte, die noch heute besteht. Er nahm sich der Hofkapelle an, komponierte selber und erlernte, schon an der Schwelle zum Alter stehend, das Klavierspiel. Auch seine Lust am Bauen hing mit dem Bemühen zusammen, der eigenen Vergänglichkeit ein paar bleibende Zeugnisse abzugewinnen. Er ließ das Schloß in Jena errichten und wandte sich wieder dem Weimarer Schloßbau zu, der durch den Krieg ins Stocken geraten war. Der Landbaumeister Johann Moritz Richter nahm die alten Pläne des Italieners Bonalino wieder auf, veränderte sie jedoch zu einem Dreiflügelbau, dessen Hof sich nach Süden öffnete. Die Wilhelmsburg, wie die neue Anlage nach ihrem Bauherrn genannt wurde, entstand bei stets knapper Kassenlage, die auch später anhielt und alle kulturellen Aktivitäten der Weimarer Fürsten nur um so bewundernswerter macht. Auch der Wilhelmsburg war lediglich eine vergleichsweise kurze Frist beschieden. Ein neuerlicher Brand vernichtete sie im Mai 1774, ein Jahr bevor Goethe nach Weimar kam. Nur der Schloßturm, der aus dem Mittelalter stammt, überstand alle Katastrophen.

Das segensreiche Wirken des Herzogs Wilhelm bleibt schließlich für alle Zeit mit einer schöngeistigen Sozietät verbunden, die als „Fruchtbringende Gesellschaft" in die Annalen der deutschen Literatur und Sprache eingegangen ist. Sie war 1617 in Weimar gegründet worden und dann nach Köthen übersiedelt, wo ihr der Fürst Ludwig I. von Anhalt-Köthen als Oberhaupt vorstand. Nach seinem Tod übernahm der Weimarer Herzog Wilhelm die Leitung, so daß die Gesellschaft nun an ihren Gründungsort zurückkehrte. Nach ihrem Wahrzeichen, einer Palme, wurde die Akademie auch der „Palmenorden" genannt. Der Herzog von Weimar stand als „Der Schmackhafte" an der Spitze, auch jedes andere Mitglied erhielt einen schmückenden Beinamen.

Das wichtigste Anliegen der Gesellschaft galt einer dezidierten Pflege der deutschen Sprache, die vor drohender Überfremdung und Verwilderung geschützt werden sollte. Jeder Deutsche, der dieses hohe Ziel anerkannte und vertrat, durfte beitreten, ohne Ansehen des Standes und Glaubens. In ihrer Glanzzeit besaß die Gesellschaft nahezu 800 Mitglieder, womit sie die größte ihrer Art im damaligen Europa war. Fast alle Repräsentanten der deutschen Barockliteratur zählten dazu, unter ihnen Friedrich von Logau, Andreas Gryphius, Martin Opitz und Philipp von Zesen. Aber es ging nicht nur um die Poesie, sondern ebenso um die Sprachkultur im Alltag, etwa um deutsche Konversation und um das Schreiben von Briefen. Als Sekretär oder „Erzschreinhalter" der Gesellschaft fungierte seit 1653 der Dichter Georg Neumark, der Schöpfer des Liedes „Wer nur den lieben Gott läßt walten". Der Herzog bestellte diesen Poeten zu seinem Bibliothekar und Hofdichter und führte ihn höchstpersönlich in den „Palmenorden" ein. Die enge Beziehung, die zwischen dem Fürsten und seinem Dichter wuchs, erscheint bereits wie eine erste Skizze des Verhältnisses, das weit über ein Jahrhundert später den Herzog Carl August mit Goethe verbinden sollte.

Unter den zahlreichen Brüdern des Herzogs Wilhelm haben sich noch einige rühmlich hervorgetan, nur einer von ihnen fiel als schwarzes Schaf der Familie allgemeiner Verachtung anheim. Es war Johann Friedrich, dessen Name bereits nichts Gutes verhieß, denn er erinnerte an den letzten unglücklichen Kurfürsten der Ernestiner, den Verlierer von Mühlberg. Offenbar war er mit einer religiösen Paranoia geschlagen, die ihn überall behaupten ließ, er habe einen Pakt mit dem Teufel geschlossen. Gewalttätig wie er war, machte er sich erst im protestantischen, dann im kaiserlichen Heer unmöglich, wo er einem Offizier den Degen durch den Leib stieß. Die letzte Zeit verbrachte der erst Achtundzwanzigjährige in Weimar, neun Wächter vermochten kaum seiner Herr zu werden. Der Rasende gestand noch den Satans-Kontrakt, den er mit seinem eigenen Blut unterschrieben haben wollte. Am nächsten Morgen fand man ihn tot, das Gesicht zur Erde gekehrt, zusammengekrümmt, eine blutende Wunde an der Seite.

Hingegen hat sich ein anderer Bruder Wilhelms, der 1601 geborene Ernst, hohes Ansehen erworben. Seine Stunde schlug, als ihm 1640, bei einer abermaligen Teilung des Landes, Gotha zur Residenz angewiesen wurde. Es ist ihm gelungen, das winzige Herzogtum Sachsen-Gotha zu einem wahren Musterländchen zu machen, das er aus dem Geist einer streng lutherischen Ethik heraus vorbildlich regierte. Die Leitgedanken dazu hat Ernst in seinem Testament niedergelegt: „Und bestehet das Fürstenamt nicht in großem Pomp und äußerlicher Anstalt, sondern vielmehr in ordentlicher Führung des Regiments und fleißiger guter Aufsicht, daß es im Land allenthalben, sowohl in geist- als weltlichen Sachen, richtig daher gehe, Gottes Ehre befördert, jedermann gleich und unpartheyisch Recht ertheilet, das Gute belohnet, das Böse gestrafet, und was sonst versprochen, Fürstlich gehalten werde." Es waren keine Phrasen, sondern die Grundsätze, die dieser Herzog tatsächlich befolgt hat, so daß er mit Recht als Ernst der Fromme in die Geschichte eingegangen ist. Nach seinem Tod, der 1675 erfolgte, wurde das kleine Gothaer Staatswesen jedoch unter seine sieben Söhne aufgeteilt.

Zu höchstem Ruhm und zu einer legendären Gestalt noch bei Lebzeiten stieg Wilhelms und Ernsts jüngster Bruder Bernhard auf, dem der Dreißigjährige Krieg zum Schicksal wurde. Als protestantischer Truppenführer durchlief er eine rasche Karriere. Am 16. November 1632 übernahm Bernhard in der Schlacht bei Lützen, unmittelbar nach dem Tod des Königs Gustav Adolf, das Oberkommando der protestantischen Armee, sammelte die wankenden Reihen und verwandelte die bereits drohende Niederlage in einen gloriosen Sieg. Von da an war er eine Symbolfigur der evangelischen Sache und ihr bedeutendster Feldherr. Der Generalissimus eroberte Regensburg, gewann sich das Herzogtum Franken, das er aber wieder verlor, paktierte mit Frankreich, gedachte den Krieg in die habsburgischen Erblande zu tragen und besetzte das oberrheinische Breisach nach viermonatiger Belagerung. Dort starb der Fünfunddreißigjährige am 18. Juli 1639, unter nie ganz geklärten Umständen. Der kurzen Krankheit sei, behaupteten einige seiner Paladine, mit Gift nachgeholfen worden. Erst 1655 wurden die Gebeine Bernhards vom Breisacher Münster in die Weimarer Stadtkirche überführt. Sein Ruhm ist im protestantischen Deutschland lange lebendig geblieben. Noch Goethe trug sich mit dem Gedanken, die Biographie des Feldherrn zu schreiben.

Herzog Wilhelm IV., der „Schmackhafte" des „Palmenordens" sowie Bruder Ernsts des Frommen und des Kriegshelden Bernhard, starb am 17. Mai 1662. Er ist nicht nur als der Schirmherr der „Fruchtbringenden Gesellschaft", als ingeniöser Sammler und als Erbauer der Wilhelmsburg in Erinnerung geblieben. Ihm verdankte auch der welsche Garten südlich der Ackerwand seine Entstehung, eine Parkanlage im streng abgezirkelten Geschmack des Barock. Er ließ seine besondere Fürsorge der Hofkapelle angedeihen und holte mehrfach den großen Heinrich Schütz zum Musizieren nach Weimar. Der Tod des Herzogs Wilhelm markierte das Ende einer Ära, in der die Residenz an der Ilm zum ersten Male einen Ruf als Kulturstadt in Deutschland gewann. An den ernestinischen Erbgepflogenheiten hat allerdings auch dieser kunstsinnige Herr nichts ändern können oder wollen. Es kam wieder zu einer Teilung, bei der sogar Jena vorübergehend zu einem selbständigen Herzogtum wurde.

Die Folge war, neben politischer und wirtschaftlicher Ohnmacht, ein wuchernder Dschungel dynastischer Verzweigungen, den selbst der geübte Genealoge nur mit Mühe zu lichten vermag. Auch bieten diese Erben der Nachwelt keinen günstigen und schon gar keinen lohnenden Anblick. Johann Ernst II., der von seinem Vater das Weimarer Herzogsamt übernahm, muß eine subalterne Natur gewesen sein, eifrig nur im Umgang mit Jägern und Hunden. Noch als Erbprinz hatte er, auf Geheiß des Vaters, eine Kavalierstour nach Holland, Frankreich und Italien unternommen, aber das Resultat der Reise war dürftig. Sonst hätte er nicht, kaum an die Regierung gelangt, die Hofkapelle entlassen und den Weiterbau des Schlosses eingestellt. Die „Fruchtbringende Gesellschaft" zog nach Halle um. Seinem Kanzler schrieb der Herzog einmal, daß er durch die Erledigung einiger Schriftstücke buchstäblich krank geworden sei und nur mit Hilfe von Medikamenten Linderung erfahren habe, was künftig darauf hinauslief, daß er die Geschäfte gleich ganz dem Kanzler überließ. Immerhin begriff er, daß es mit den Teilungen des Landes nicht mehr so weitergehen konnte wie bisher. Das Herzogtum sollte künftig nur noch dann geteilt werden, wenn „fürstliche Portionen" dabei herauskommen würden. Das mußten sich die beiden Söhne gesagt sein lassen, die noch unmündig waren, als Johann Ernst II. am 15. Mai 1683 starb. Vorsorglich hatte er sie in seinem Testament für mündig erklärt, so daß sie ungehindert die Nachfolge antreten konnten.

Herzog Wilhelm Ernst und sein jüngerer Bruder, Herzog Johann Ernst III., waren ein höchst ungleiches Gespann, das nicht einmal ansatzweise zur Zusammenarbeit fand, obwohl die beiden Prinzen, wie einst der Vater, eine gemeinsame Bildungsreise unternommen hatten. Die sprichwörtliche Uneinigkeit ernestinischer Brüder, die bisher in immer neuen Teilungen ein Ventil gefunden hatte, entlud sich nun, da dieser Ausweg nicht mehr offenstand, in heftigen Auseinandersetzungen, bei denen der Jüngere allerdings

bald den Kürzeren zog. Johann Ernst III., offenbar eine pathologische Natur, zerstritt sich auch mit den eigenen Räten, denen er
offen ins Gesicht sagte, daß jeder, der in seine Dienste trete, ent-
weder ein Schelm oder ein Narr sein müsse. Solche Verdächtigun-
gen stifteten den Herzog zu höchst unfürstlichem Allotria an, wenn
er etwa dem Kanzler Happe die Fensterscheiben einwarf. Kopf-
schüttelnd vermeldete der Bruder Wilhelm Ernst diesen peinlichen
Vorfall am 20. März 1686 einem Eisenacher Verwandten. Johann
Ernst verkam zum Grobian, schließlich zum Trunkenbold und
starb, von den Regierungsgeschäften längst ausgeschlossen, im Juni
1707. Von da an fungierte sein Sohn Ernst August als Mitregent
des Herzogs Wilhelm Ernst, der jedoch, so lange er lebte, der un-
umschränkte Herrscher blieb.

Ein Herrscher war Wilhelm Ernst in der Tat, überzeugt von seinem Gottesgnadentum, absolutistisch schaltend und waltend. Sein
autokratischer Stil ging mit einem strengen Luthertum einher, das
täglich zu exerzieren er sich selber und allen Untertanen befahl.
Schon als achtjähriger Knabe hielt er eine Kanzelrede, die unter dem
Titel „Durchlauchtigster Prediger" sogar gedruckt wurde. Später,
als Herzog, fragte er auch die Lakaien nach dem Inhalt der Predig-
ten ab, die sie vorher in der Kirche gehört hatten. Die Leibgarde
wurde zum Gottesdienst abkommandiert und mußte vor versam-
melter Gemeinde die Fragen des Geistlichen beantworten. Was tat
es, wenn die Soldaten auf der Empore betrunken waren und Obst-
kerne nach einer in der Nähe sitzenden Dame warfen? Der Pastor
war zwar empört, als er diesen Unfug bemerkte, der Herzog aber
durfte sich schmeicheln, das Seine zur Befestigung des Glaubens
getan zu haben. Ansonsten unterwarf er seinen Hof einem drako-
nischen Reglement: Im Winter um acht und im Sommer um neun
Uhr war Bettruhe befohlen.

Trotzdem kann Wilhelm Ernst nicht nur ein bigotter Despot gewesen sein. Allein das Jagdschloß Ettersburg, das er am Nordrand
des Ettersberges errichten ließ, stellt dem Geschmack des Bauherrn
ein glänzendes Zeugnis aus. Ein halbes Jahrhundert später fand hier
der Musenhof Anna Amalias eine heitere Heimstatt. Der Neubau
des Reithauses im Park an der Ilm, die Jakobskirche, das Gymnasium mit seiner stattlichen Freitreppe am heutigen Herderplatz wä-

ren ohne Wilhelm Ernst nicht entstanden. Auch das Jägerhaus in der heutigen Marienstraße ist zu nennen, wo Goethe später die ersten Jahre seiner Lebensgemeinschaft mit Christiane verbringen sollte.

Wie bereits sein Großvater war Wilhelm Ernst ein passionierter Sammler, der trotz einer sonst allenthalben praktizierten Sparsamkeit Weimar um manchen Schatz bereicherte. Er kaufte Gemälde, legte ein Münzkabinett an, gründete das weimarische Staatsarchiv und wandte seinen besonderen Enthusiasmus der Bibliothek zu, für die er bedeutende auswärtige Büchersammlungen erwarb, darunter die Bibliothek des schlesischen Barockdichters Friedrich von Logau. Auch besaß er eine glückliche Hand bei der Wahl von Kennern, die diese Kostbarkeiten zu betreuen hatten. So mußte Johann Matthias Gesner, der Konrektor des Gymnasiums, die Bibliothek ordnen und katalogisieren. Einer Leidenschaft, die für die schmalen Einkünfte des Ländchens eigentlich viel zu kostspielig war, gab der Herzog nach, als er im Schloß eine Opernbühne etablierte und zu deren Ausgestaltung den venezianischen Theaterarchitekten Girolamo Sartorio nach Weimar kommen ließ. Am 19. Oktober 1696, Wilhelm Ernsts vierunddreißigstem Geburtstag, hob sich hier der Vorhang über der Oper „Von der denen lasterhaften Begierden entgegengesetzten tugentlichen Liebe", einem barocken Musik- und Maschinen-Spektakel, das schon von seinem züchtigen Titel her dem ehrenfesten Sinn des durchlauchtigsten Herrn gefallen haben wird.

Seiner Liebe zur Musik diente die Hofkapelle, deren sechzehn Mitglieder im Heiducken-Habit musizieren mußten. Allerdings hat ihn gerade die Begeisterung für die Tonkunst bei der Nachwelt in ein ungünstiges Licht gebracht, durch ein Ereignis, das für den Herzog höchstens eine unerfreuliche Episode war. Aber dieser Zwischenfall betraf Johann Sebastian Bach, der seit 1708 als Hoforganist und Konzertmeister in Weimar wirkte, wo er einige seiner wichtigsten Orgelwerke und Kantaten schuf. Bei der Neubesetzung der Hofkapellmeisterstelle wurde Bach jedoch übergangen, so daß er den Herzog um seine Entlassung ersuchte. Wilhelm Ernst, ungehalten über die Renitenz dieses Musikanten, ließ ihn arretieren und vier Wochen lang in strenger Haft halten, um ihm dann schließlich doch, mit allen Zeichen der Ungnade, den Laufpaß zu geben. Seither geistert der Herzog als autoritärer Banause durch alle Bach-Biographien. Es ist ein Nachleben, das er nicht ganz verdient hat, wenn man die Leistungen seines Regentenlebens zusammennimmt. Er war fromm bis zum Schrullenhaften, selbstherrlich bis zum Dünkel, reglementierend und administrierend bis zur Pedanterie – eben ein Protagonist des absolutistischen Zeitalters. Aber er war doch auch ein Stifter und Mäzen, der den Schülern des Gymnasiums Freitische gewährte und den Adligen die Treibjagden vor der Ernte verbot, um den Bauern nicht die Felder zu verderben. Mehr als nur ein Abglanz seiner Bau- und Sammeltätigkeit ist in Weimar bis heute zu verspüren. Wilhelm Ernst starb am 26. August 1728, sechsundsechzig Jahre alt.

Da er keine Kinder hinterließ, gelangte nun sein Neffe und Mit-regent Ernst August zu alleiniger Herrschaft. Hatte der Onkel bisher die schlimmsten Auswüchse von Ernst Augusts unberechenbarem Charakter mit eiserner Fuchtel hintangehalten, so konnte dieser Psychopath jetzt schrankenlos schalten und walten. Seine erste selbständig getroffene Maßnahme bestand darin, daß er alle Räte Wilhelm Ernsts entließ und sich mit willfährigen Kreaturen umgab, die er ungehindert schikanieren konnte und oft völlig unmotiviert von einem Tag zum andern in die Wüste schickte.

Sie konnten noch von Glück reden, wenn sie der neue Herzog nicht ins Gefängnis warf, um Geld oder andere Güter von ihnen zu erpressen, wie es etwa dem Rittmeister Fensterer geschah, der vier Jahre lang in einem Verlies eingesperrt war, durch das der Rauch zog und in das frische Luft nur durch die Ritze unter der Tür gelangte. Er kam erst frei, als er sein Gut dem Herzog für ein Spottgeld überließ. Der Hof- und Kammerrat Georg Heinrich Zink sowie der Amtmann Reiher in Roßla wurden verhaftet, um Lösegelder von ihnen zu erpressen. Einen dieser Beträge verwendete Ernst August dann für den Ankauf von Orangenbäumen. Der Leibmedikus Dr. Weidler kam in den Arrest, weil er sich nicht zu Manipulationen hergeben wollte, die der Herzog ihm zumutete. Einige Opfer des Tyrannen ließen das ihnen zugefügte Unrecht jedoch nicht auf sich beruhen und riefen, wenn sie über die notwendigen Geldsummen und Nerven verfügten, den Reichshofrat in Wien oder das Reichskammergericht in Wetzlar um Hilfe an. Es spricht für die Geschädigten, daß sie ausnahmslos alle gegen den Herzog gewannen. Die Prozesse, die sich oft jahrelang hinzogen, haben mit dazu beigetragen, das Land in den Ruin zu stürzen. Eine andere Quelle des wirtschaftlichen Desasters war Ernst Augusts Soldatenspielerei. Er leistete sich eine Armee, die in einem grotesken Mißverhältnis zur Einwohnerzahl stand. Die solchermaßen aus dem Boden gestampften Regimenter wurden an den Kurfürsten von Sachsen oder an den Kaiser vermietet, der dafür den Herzog zum General der Kavallerie ernannte. Die Bauwut des Autokraten hätte ein Versailles benötigt, jedenfalls überstieg auch sie die bescheidenen Mittel des Ländchens bei weitem. Immerhin entstanden, dank der Kunst des Baumeisters Gottfried Heinrich Krohne, Kleinode wie das Lustschloß Belvedere südlich von Weimar und das Rokokoschlößchen in Dornburg. Andere Projekte wurden schlampig ausgeführt, hatten allenfalls, in der Art Potemkinscher Dörfer, Kulissenwert und verfielen ebenso schnell wieder, wie sie errichtet worden waren.

Jede Manie dieses Narren nahm monströse Dimensionen an, auch das Jagen und Reiten. Als er starb, hinterließ er 1 100 Hunde und einen Marstall mit 373 Pferden, zu deren Versteigerung Händler bis aus Wien und Stuttgart anreisten. Alchemisten und ähnliche Roßtäuscher fanden bei ihm ein geneigtes Ohr. Ein Hofgeistlicher, der in einer Predigt vor solchen Betrügern gewarnt hatte, erhielt über den Generalsuperintendenten einen geharnischten Verweis des Herzogs, der dabei betonte, daß in dieser Kunst mehr Erkenntnis der Natur stecke, „als so ein Esel wisse und verstehe". Im Schloß Belvedere aber hielt sich der Fürst seinen Harem, rekrutiert aus zwei adligen Fräulein, die er seine „Ehrenfräulein" nannte, und drei bürgerlichen Mädchen, die er als seine „Kammerfrauen" apostrophierte. Wer mit der fürstlichen Lotterwirtschaft nicht zufrieden war und sich dadurch womöglich zum Lästern verleiten ließ, kam hinter Schloß und Riegel. Am 3. November 1736 dekretierte Seine Durchlaucht: „Das vielfältige Räsonieren der Untertanen wird hiermit bei halbjähriger Zuchthausstrafe verboten."

Gelegentlich konnte es geschehen, daß der Herzog, wie oft labile Naturen, von Zerknirschung und Bußfertigkeit angewandelt wurde. In seinen *Theosophischen Herzensandachten*, niedergeschrieben 1742, klagte er, daß er zu nachgiebig gegen Versuchungen sei, seine Stellung überschätze, das Seufzen der Armen nicht genug berücksichtige, seine Gegner zu sehr hasse, den Ergötzlichkeiten des Essens und Trinkens fröhne. Einmal verfügte er, daß jedem Armen 100 Reichstaler zu schenken seien. Aber das waren spontane und völlig willkürliche Kapricen, die in neue despotische Stimmungen umschlugen.

Der kleine spindeldürre Herr mit dem ausgepichten, stets geschminkten Gesicht eines Wüstlings war zweimal verheiratet. Nach dem Tod seiner ersten Frau, einer geborenen Prinzessin von Anhalt-Köthen, blieb er acht Jahre lang unbeweibt, denn im Schlößchen Belvedere besaß er genügend Gespielinnen, wenn ihm nach solchem Zeitvertreib zumute war. Dann aber starb der einzige Sohn aus dieser Ehe, und Ernst August mußte befürchten, daß nach seinem Tod das Land, in Ermangelung eines Erben, an eine andere Linie der Ernestiner fiel. So ging er, bereits sechsundvierzigjährig, noch einmal auf Brautschau, nach Bayreuth, wo eine offenbar ziemlich hysterische Tochter des Markgrafen standesgemäß verheiratet werden sollte. Die Markgräfin Wilhelmine von Bayreuth, eine Schwester Friedrichs des Großen, erzählt nicht ohne Ironie in ihren Memoiren, wie die junge Dame mit Gewalt und List dem Weimaraner aufgenötigt werden mußte, dem im letzten Moment anscheinend noch ernste Bedenken gekommen waren. Jedenfalls wurde die Ehe doch geschlossen, und am 2. Juni 1737 kam der Erbprinz zur Welt: Ernst August Constantin. Die Zukunft der Dynastie und des Herzogtums schien gesichert zu sein, obgleich von Anfang an auffiel, daß der zarte Knabe zum Kränkeln und zur Melancholie neigte.

Kurz nach seiner Geburt fiel Eisenach, durch das Aussterben der dort regierenden ernestinischen Linie, wieder an das Herzogtum Weimar. Der Herzog Ernst August, ein besessener Weidmann, hielt sich nun meistens in Eisenach auf, da ihm die Jagdreviere im Umkreis der Wartburg lohnender und reizvoller dünkten. Der kleine Erbprinz blieb im Belvedere dem Regiment des Hofmarschalls von Schardt überlassen, der von höfischer Repräsentation viel, von solider Erziehung aber nichts verstand. Ernst August, der Vater, nahm von Eisenach her mit schriftlichen Weisungen an der Ausbildung teil, häufig mit ganz unsinnigen Befehlen, wenn er etwa anordnete, der achtjährige Prinz habe französische Zeitungen zu lesen. Der Knabe war sechs Jahre alt, als der Vater ihn zum letzten Male einer persönlichen Begegnung würdigte, und er zählte noch keine elf Jahre, als der Vater überraschend in Eisenach starb.

Der Tod des Herzogs Ernst August am 19. Januar 1748 bedeutete für das Land eine Zäsur, und er gestattet eine kurze Bilanz des bisherigen Wirkens der Ernestiner in Weimar. Seit der unfreiwilligen Niederlassung Johann Friedrichs des Großmütigen an der Ilm waren knapp zweihundert Jahre vergangen, in denen es das Fürstenhaus nicht vermocht hatte, aus Verlierern der Geschichte wieder zu deren Gewinnern zu werden. Die Schmach des Tages von Mühlberg und der verwirkten Kurwürde lastete auf ihnen, und alle lutherische Glaubensfestigkeit vermochte sie nicht zu tilgen. Hauptgrund für die anhaltende Ohnmacht waren die Landesteilungen, die von den Ernestinern immer wieder, mehrfach sogar kurz hintereinander, praktiziert wurden. Imponierend und noch heute vorzeigenswert ist zwar der dichte Kulturteppich, der dadurch in den kleinen thüringischen Residenzen entstand, politisch und wirtschaftlich waren jedoch die Folgen verhängnisvoll. Man blieb der Spielball fremder Mächte und daher Verlierer der Geschichte. Im Licht solcher Erfahrungen war die Primogenitur, das Erbfolgerecht des ältesten Sohnes, die sinnvollste Maßnahme, die der ansonsten exzentrische Herzog Ernst August noch zu Lebzeiten seines Onkels einführte. Sie sollte die unseligen Teilungen künftig verhindern.

Dabei brauchte das nur schwer überlebensfähige Herzogtum den Vergleich mit anderen deutschen Kleinstaaten nicht einmal zu scheuen. Mehrfach haben Fürsten versucht, das Land zu modernisieren und aus den Turbulenzen der Glaubenskriege herauszuführen, die Schulen zu verbessern, Handel und Wirtschaft zu heben sowie dem Gedankengut der frühen Aufklärung eine vorsichtige Öffnung angedeihen zu lassen. Besonders Wilhelm IV. und Wilhelm Ernst haben den Grundstein für die spätere Kulturstadt Weimar gelegt. Das letzte Lebens- und Schaffensjahr des älteren Lucas Cranach, aber auch das Weimarer Schaffen Johann Sebastian Bachs bleiben unvergessen. Es waren jedoch Sternstunden, die für die

Stadt keine Nachwirkungen zeitigten. Ihren Charakter als bedeutsame Vorzeichen für Kommendes erhielten sie erst später, gewissermaßen posthum, nachdem Weimar, nicht zuletzt durch das Mäzenatentum seines Fürstenhauses, zu einem Anziehungspunkt europäischer Kultur geworden war.

Um 1750, kurz nach dem Tod des Herzogs Ernst August, schien nicht das Geringste auf eine bevorstehende Blüte des Geisteslebens in dem Ländchen hinzuweisen, das von dem Verstorbenen eher ruiniert worden war. Auch der Erbprinz Ernst August Constantin rechtfertigte wohl kaum irgendwelche Hoffnungen. Unerfahren und gehemmt, wie er war, gab man den Knaben in die Obhut des Herzogs Friedrich von Gotha, um ihn dort zu einem halbwegs fähigen Regenten erziehen zu lassen. An der Erziehung beteiligt war Heinrich Reichsgraf von Bünau, der hochgelehrte Verfasser einer vierbändigen *Genauen und umständlichen teutschen Kayser- und Reichshistorie*. Auf seinem Gut in der Nähe von Dresden beschäftigte er zum gleichen Zeitpunkt einen Bibliothekar namens Johann Joachim Winckelmann, der kurz darauf eine neue Epoche der Ästhetik begründen sollte. Konnte es einen glänzenderen Mentor als den Grafen Bünau für einen jungen Fürsten geben?

Dennoch kam Weimars Aufstieg nicht von dieser Seite, obwohl der neue Herzog den Grafen zu seinem Minister ernannte, nachdem ihn der Kaiser im Dezember 1755 für volljährig erklärt hatte. Er trat die Herrschaft über ein Land an, dessen Lage prekär blieb. Es besaß nun auf der Karte etwa die Gestalt, die es die ganze klassische Epoche über behielt, aber die einzelnen Landesteile, besonders Weimar und Eisenach, waren nicht miteinander verbunden, sondern bestanden als isolierte Flecken inmitten der Gebiete anderer Herren. Eine gewaltige Schuldenlast war, bedingt durch die Mißwirtschaft des verstorbenen Herzogs, aufgelaufen, und auch die Staatskunst des Grafen Bünau vermochte da über Nacht keine Wunder zu wirken. Zudem schien die labile Gesundheit des neuen Herzogs nur allzu bedenklich mit der Schwäche eines Verlierers der Geschichte übereinzustimmen, so daß man es für dringend hielt, daß er sich schnell verheiratete, um dem Land einen Erben zu geben.

Im Februar 1756 brach der Herzog Ernst August Constantin mit großem Gefolge auf, angeblich um die Braunschweiger Messe zu besuchen. Er reiste unter einem Decknamen, als „Graf von Allstedt", aber bald wußten die Auguren überall im Römisch-Deutschen Reich, daß sich der junge Herzog von Sachsen-Weimar-Eisenach dazu anschickte, eine noch jüngere Prinzessin aus dem alten Haus der Welfen heimzuführen.

2. Kapitel

BEGRÜNDERIN VON WEIMARS RUHM

– ANNA AMALIA

In Braunschweig wurden sich die Fürstlichkeiten sowie ihre Minister und Räte schnell einig, so daß zur Ausfertigung des Ehevertrages geschritten werden konnte. Was tat es, daß die beiden unmittelbar betroffenen Menschen, die Braut mit ihren sechzehn Lenzen und der Bräutigam mit seinen achtzehn Jahren, selber beinahe noch Kinder waren? Eine Fürstenhochzeit in diesem frühen Alter galt als normal und mußte rasch abgewickelt werden, bevor womöglich die geschäftigen Heiratsvermittler der alten Dynastien eine solche Kombination verwirren, hintertreiben und durch eine andere ersetzen würden. Für einen Regenten, zumal für einen so der Aufbesserung bedürftigen wie den Herzog von Weimar, hatte die Eheschließung etwa die gleiche Bedeutung, die heute einem Wirtschaftspakt zukommt.

Ob dem schmächtigen Ernst August Constantin auch die Prinzessin Anna Amalia von Braunschweig-Wolfenbüttel gefallen hat, ist nicht überliefert, es spielte ohnehin keine Rolle. Sie soll ein quicklebendiges Persönchen gewesen sein, von beweglichem, soubrettenhaftem Wesen, obwohl sie Zurücksetzungen innerhalb der Familie erdulden mußte. Sie war ein Kind des Rokoko, zierlich und feingliedrig, ohne im eigentlichen Sinne hübsch zu sein, was allein schon die kräftig ausgebildete, spitz nach vorn springende „braunschweigische Nase" verhinderte. Die großen blauen Augen waren ein Erbteil ihrer Mutter, einer Schwester Friedrichs des Großen, so daß auch Hohenzollernblut in der Welfen-Prinzessin pulsierte.

Die Hochzeitsfeierlichkeiten begannen am 16. März 1756 im Grauen Kloster, dem neuen Braunschweiger Residenzschloß, das erst vor drei Jahren erbaut worden war. Das Spektakel war arrangiert als barocke Haupt- und Staatsaktion, mit Pauken, Trompeten und einhundertfünfzig Böllerschüssen sowie einer opulenten Tafel, an der Angehörige der Braunschweiger Adelsfamilien das Brautpaar bedienten. Nach der Feier löste der Vater der Braut, Herzog Karl I., seiner Tochter die Strumpfbänder und verteilte sie an die umstehenden Komtessen, um ihnen ebenfalls eine baldige Heirat zu wünschen.

Daß am Morgen nach der Hochzeitsnacht der Legationsrat Peter von Stüven in einer langen Rede auch auf die alte Geschichte des Herkules und der lydischen Königin Omphale zu sprechen kam, hing mit dem Bedürfnis zusammen, dergleichen Begebenheiten mythologisch zu drapieren. Anna Amalia war gewiß keine Omphale und Ernst August Constantin noch viel weniger ein Herkules, trotzdem war die antiquarische Anspielung nicht ohne Pikanterie. Agiert doch in der bewußten Sage der sonst so kraftstrotzende Heroe als ein Pantoffelheld, den seine Gemahlin, die Königin von Lydien, beherrscht und zur Frauenarbeit anhält. Man wird nicht geradezu behaupten können, daß in der Ehe der Braunschweigerin mit dem Weimarer eine ähnliche Konstellation waltete, zumal dem jungen Fürsten nur ein kurzes Leben beschieden sein sollte. Aber von den beiden war Anna Amalia die viel stärkere Persönlichkeit, ungeachtet ihrer zarten Statur, und so mag die mythologische Reminiszenz doch nicht ohne tiefere Bedeutung gewesen sein.

Die Hochzeitsfeierlichkeiten dauerten vier Tage, mit Hofbällen, Opernvorstellungen, Feuerwerken und den Darbietungen eines Pantomimentheaters. Dann trat das Paar die Reise an, deren Ziel Anna Amalias neue Heimat war. Am 24. März sah die junge Herzogin vom Ettersberg aus zum ersten Male die Stadt vor sich liegen, mit deren Namen sich der ihrige dann für immer unauflöslich verband – Weimar.

Unter der Regie des erfahrenen Reichsgrafen Bünau hatte man sich einige Überraschungen ausgedacht, um die Residenz der neuen Herrin gehörig zu präsentieren. Ein Husarencorps begleitete schon seit der Landesgrenze die Reisekutsche; die Postillione, mit dem Postmeister an der Spitze, ließen sich auf ihren Hörnern vernehmen. Während die Glocken läuteten, fuhr die Karosse auf feierlich-umständlichen Wegen, wie es das Zeremoniell erheischte, zum Marktplatz, wo das Landregiment ins Gewehr trat. Vor dem Schloß stieg das Herzogspaar aus dem Wagen, Anna Amalia im blauen, golddurchwirkten Kleid, umweht von einem Purpurmantel, weiß geschminkt, jedoch reichlich Rouge und das obligate Schönheitspflästerchen auf den Wangen, die gepuderte Frisur pagodenhaft aufgetürmt: eine Rokokofigurine. Von ihrer kosmetisch bewerkstelligten Blässe wird sich die tatsächlich vorhandene Bleichgesichtigkeit Ernst August Constantins, die auf eine gefährdete Gesundheit schließen ließ, beunruhigend abgehoben haben.

Es gab noch eine Militärparade, bevor die Gesellschaft, angeführt vom Grafen Bünau, durch die Säle des Schlosses zur Tafel schritt, wo die Würdenträger des Herzogtums nebst ihren Frauen versammelt waren. Es wurde gespeist und gescherzt, der Tafelmusik und untertänigst vorgetragenen Ansprachen gelauscht; ein paar Residenzler durften von der Galerie des Großen Saales sogar zusehen. Dann bestieg das neuvermählte Paar noch einmal den Wagen, um hinaus zum Lustschlößchen Belvedere zu fahren, das für die Akklimatisierung der jungen Fürstin günstiger zu sein schien als das Stadtschloß. Daß Anna Amalia die vielen strohgedeckten Häuser, die desolaten Straßen und überhaupt das ländliche Erscheinungsbild der Ackerbürgerstadt schon beim ersten Durchfahren aufgefallen sind, darf vermutet werden. Sie bewahrte darüber Stillschweigen, im Gegensatz zu einer Kammerfrau, die aus Braunschweig mitgekommen war. Hier werde wohl, seufzte diese Augenzeugin, „das Tor mit einer Rübe zugesteckt".

Die braven Bewohner Weimars jedoch schwärmten von ihrer neuen Herzogin, und dies keineswegs nur, weil die meisten vom Hof abhängig waren, sofern sie nicht ihr karges Brot in der Landwirtschaft verdienten. Ein Abglanz der mondänen weiten Welt schien die Dame zu umgeben und die ganze Hofhaltung zu erfüllen, wie man es sich schon lange gewünscht hatte. Anna Amalia lud die Schauspielertruppe des berühmten Carl Theophil Döbbelin zu einem Gastspiel ein und gründete die Hofkapelle neu, deren Leitung sie Johann Bach, einem Verwandten des großen Johann Sebastian, anvertraute. Nur Ernst August Constantin, kränkelnd und schnell ermüdend, trat bei alledem kaum hervor. Um so ehrgeiziger versah der unternehmende Graf Bünau das Amt des leitenden Ministers, eifersüchtig darauf bedacht, daß ihm das junge Herrscherpaar bei den Geschäften nicht in die Quere kam.

Auf alle Aktivitäten fiel ein tiefer Schatten, als wenige Monate nach Anna Amalias Ankunft der Siebenjährige Krieg ausbrach, der das Herzogtum Weimar in eine besonders schwierige Lage brachte. Als nahe Verwandte und Parteigängerin Friedrichs des Großen sympathisierte die Herzogin mit dem König von Preußen. Als Reichsfürstin war sie auf den Kaiser verpflichtet, zumal Friedrich durch seinen Angriff auf Sachsen den Reichsfrieden gebrochen hatte. So wurde das Ländchen zum Tummelplatz preußischer Werber und ungarischer Reiter, die hier marodierten, als gelte es den Feind auszuräuchern. Anfang September 1757 marschierten 380 Mann Reichstruppen in Weimar ein, gefolgt von 200 Dragonern, die das Zeughaus plünderten.

Den Lärm und das Geschrei wird Anna Amalia in ihrer Wochenstube vernommen haben, als sie am 3. September ihr erstes Kind zur Welt brachte: den Erbprinzen Carl August. Mit der Geburt des Thronerben hatte die noch nicht einmal Achtzehnjährige eigentlich die wichtigste Aufgabe erfüllt, deretwegen sie nach Weimar geholt worden war. Über die Erfahrungen, die sie dabei gewann, hat sie später, auch sich selbst gegenüber, Rechenschaft abgelegt: „Im siebzehnten Jahr wurde ich zum ersten Mal Mutter. Könnte ich Ihnen beschreiben das Gefühl, welches ich bekam, als ich Mutter wurde! Es war die erste und reinste Freude, die ich in meinem Leben hatte. Mir war, als wenn ich auch von verschiedenen andern neuen Empfindungen entbunden worden. Mein Herz wurde leichter, meine Ideen wurden klarer: ich bekam mehr Zutrauen zu mir selber."

Ideenreichtum, Phantasie und Selbstvertrauen sollte Anna Amalia bald dringend benötigen, denn am 28. Mai 1758, nur ein Dreivierteljahr nach der Geburt des Erbprinzen, starb der Herzog Ernst August Constantin, knapp einundzwanzig Jahre alt. Diese tragische Wendung trat zwar nicht ganz unerwartet ein, so daß der Herzog in einem Kodizill zum Testament seiner Frau den Rat hinterließ, sofort ihre Volljährigkeit beim Kaiser in Wien zu beantragen. Gleichwohl geriet die Herzogin durch den allzu frühen Tod ihres Gemahls in eine Situation, die kaum dramatischer sein konnte. Sie war, selber noch nicht mündig, Witwe geworden in einem Land, in dem sie bisher keine festen Wurzeln geschlagen hatte, das sie aber nun regieren sollte und wollte. Die junge Frau sah sich umstellt von Höflingen, gegenüber denen ihr ein waches Mißtrauen angebracht zu sein schien. Davon konnte sie auch den Grafen Bünau nicht ausnehmen, der wohl ein fähiger Administrator war, aber doch höchst geltungsbedürftig nur an dem eigenen Postament zimmerte, auf dem er allein zu stehen gedachte. Zudem ging die Kriegsfurie um, die jederzeit rasche Entscheidungen forderte. Schließlich war Anna Amalia wieder schwanger, als ihr Mann starb. Diesem Nachkömmling schenkte sie am 8. September 1758 das Leben. Zur

Erinnerung an seinen verstorbenen Vater wurde er auf den Namen Constantin getauft.

Die Veränderungen, die Schlag auf Schlag über sie hereingebrochen seien, hätten einen „solchen Tumult" in ihrer Seele erregt, daß sie nicht zu sich selber kommen konnte, bekannte Anna Amalia später. Sie habe keinen Freund gehabt, dem sie sich hätte anvertrauen können und habe alles in sich selbst finden müssen. „Wenn man die Gefahr vor Augen sieht oder der Mensch viele Leiden hat, so nimmt er seine Zuflucht zum Gebet. Nie habe ich mit wahrer und mehrer Inbrunst gebetet als zu dieser Zeit; ich hätte die größte Heilige werden können. In denen Jahren, wo sonst alles blühtet, war bei mir Nebel und Finsternis."

Wie es der Zwanzigjährigen gelang, „Nebel und Finsternis" zu verscheuchen sowie mit Klugheit und Courage aus der Hinterlassenschaft ihres Mannes ein hervorragend geordnetes Erbe zu machen, war eine Leistung, die viele Bewunderer fand. Vom Kaiser wurde sie tatsächlich für mündig erklärt, jedoch sollte sie die Vormundschaft über ihre Söhne zusammen mit dem Kurfürsten von Sachsen ausüben, der, wie sein Vater August der Starke, gleichzeitig König von Polen war. Gegen diese Einschränkung ihrer Rechte hat Anna Amalia energischen Protest eingelegt, und sie vermochte es sogar, den Reichstag zu Regensburg auf ihre Seite zu bringen. Der Kaiser gab nach und erkannte ihr die alleinige Regentschaft zu, bis zur Volljährigkeit des Erbprinzen Carl August im Jahr 1775. Auch der omnipotente Graf Bünau wich von seinem Posten, nachdem er verstanden hatte, daß die Herzogin eine Zusammenarbeit mit ihm nicht für wünschenswert hielt, und zog sich auf ein Gut im nahen Oßmannstedt zurück. An seine Stelle trat bald der Freiherr Jakob Friedrich von Fritsch, auch kein bequemer, aber ein ergebener und zuverlässiger Mann, der das absolute Vertrauen Anna Amalias besaß. Er wurde Mitglied und später Präsident des Geheimen Consiliums, jenes obersten Berater-Gremiums, mit dem die Herzogin mehrmals in der Woche ausführlich konferierte.

Am Anfang ihrer Herrschaft wurde Anna Amalia noch von ihrem Vater in Braunschweig unterstützt, der seinen Vizekanzler, Georg Septimus von Praun, als Beistand für die Tochter nach Weimar entsandte. Sie hat solche Hilfe dankbar akzeptiert, begriff aber schnell, daß ihr vor allem am Rat von Männern gelegen sein mußte, denen die örtlichen Eigentümlichkeiten, die wenigen positiven Ansätze und die vielen schier unlösbar scheinenden Probleme, genau bekannt waren. „Ich habe aus solcher Ursach Mir fest vorgenommen, sowohl daß Geheime Consilium fleißig zu besuchen, als auch von dem, was sonsten und außer denen Sessionen vorfällt, mündlichen und schriftlichen Vortrag zu allen Zeiten willig anzunehmen, einem jeden aufmerksames Gehör zu ertheilen", erklärte die Herzogin eine Woche nach dem Beginn ihrer Regentschaft in einem Promemoria. Sie mußte die Vorzüge und Schwächen ihrer Berater kennenlernen, überhaupt die richtigen Mitarbeiter finden, wenn das „aufmerksame Gehör", das sie ihnen zu widmen gedachte, einen Sinn haben sollte.

Anna Amalias Wirken fiel noch ins Zeitalter des aufgeklärten Absolutismus, und nur von da aus kann es gerecht beurteilt werden. Das Projizieren gegenwärtiger Normen und Gepflogenheiten auf eine längst vergangene Epoche führt stets zu Verzerrungen und Fehlurteilen, vor denen geschützt zu werden auch die Herzogin Anna Amalia ein Anrecht hat. Als absolut regierende Herrscherin kümmerte sie sich um alles: um die Straßenpflasterung und um die Schulen, um das Feuerlöschwesen und um die Sanierung der Staatsfinanzen, um das Theater und um die Einfuhr von Getreide in den Hungerjahren. Daß sie dabei oft weiter sah und effizientere Lösungen vorschlug als ihre Beamten, war gründlicher Detailarbeit, aber auch dem gesunden Menschenverstand zuzuschreiben, den sie sich in einer verzopften Zeit zu erhalten vermochte. Überall sah die Monarchin beschränkten Egoismus und das Gesetz der Trägheit am Werk, bei den Weimarer Stadtvätern und bei den Ständeversammlungen, die sie nur zweimal, 1763 und 1768, einberief. Das Finanzwesen mußte völlig neu organisiert werden, zusätzliche Steuer- und Akzise-Erhebungen sollten die herzoglichen Kassen füllen, jedoch ebenso die Luxusbedürfnisse adliger und bürgerlicher Kreise beschneiden. Bei Hochzeiten, Kindtaufen und Beerdigungen mußte gespart, das opulente Zechen bei solchen Anlässen eingeschränkt und das Glücksspiel wenigstens in seinen schlimmsten Auswüchsen beschnitten werden, obwohl Anna Amalia selbst einem gelegentlichen Spielchen keineswegs abgeneigt war. Alles sollte bescheiden, erschwinglich, protestantisch-einfach bleiben, wie es einem armen, ja zerrütteten Land nun einmal geziemte. Da die öffentliche Wohlfahrt nur einen geringen Spielraum besaß, mußte den Bettlern ein Riegel vorgeschoben werden, die damals die meisten deutschen Länder, auch Sachsen-Weimar-Eisenach, fast scharenweise überschwemmten. Sie wurden von Bettelvögten über die Grenze abgeschoben und, wenn sie sich noch einmal blicken ließen, in den Straßenbau oder gar ins Zuchthaus gesteckt.

Die Bevölkerung hatte Sonn- und Feiertage zu heiligen, den Kirchgang und die Einhaltung religiöser Vorschriften ernst zu nehmen, wiewohl die Fürstin selber sich als „hérétique", als eine Ketzerin, verstand. Sie war auch in dieser Hinsicht eine Verwandte des Freigeistes von Sanssouci. Hurerei, Unzucht, Ehebruch und ähnliche sittliche Verfehlungen wurden als unchristlich gebrandmarkt und drakonisch bestraft. Huren kamen an den Pranger oder verfielen der öffentlichen Züchtigung. Soldaten, die Mädchen verführt hatten, wurden zum blutigen Spießrutenlauf verurteilt. Jedoch ging es dabei keineswegs nur um die Aufrechterhaltung einer christlich untermauerten Schicklichkeit, sondern um die Abwehr von Geschlechtskrankheiten, die zu den Geißeln der damaligen Menschheit gehörten.

Eine ganz andere Geißel waren noch immer die großen Brände, die in einer Stadt wie Weimar mit ihren vielen strohgedeckten Häusern jederzeit die Ausmaße von Katastrophen anzunehmen drohten. Anna Amalia ordnete daher an, alle Neubauten mit Ziegeldächern auszustatten. Eigentümer älterer Häuser, die bereit waren, Strohdächer durch Ziegeldächer zu ersetzen, bekamen einen Teil der Kosten erstattet. Als eine besonders moderne Errungenschaft, die lange bestehen sollte, galt die von der Herzogin eingeführte Feuerversicherung. Hierher gehören auch die Maßnahmen zur Straßenreinigung, zum Überwölben der Abwasserkanäle, zum Entfernen der Scheunen und Misthaufen innerhalb der Stadt, zur Beseitigung herrenloser Hunde und anderen Getiers, zur Einführung von Straßenpflasterung und Straßenbeleuchtung. Alle diese Neuheiten mußten gegen zähe Widerstände durchgesetzt werden, die es bei weiten Teilen der Bevölkerung, sogar bei deren Mehrzahl, gab. Man wollte gar nicht einsehen, warum es mit dem alten Trott ein Ende haben sollte, der so bequem und außerdem viel billiger gewesen war.

Aufklärung tat not, und so hat Anna Amalia ihre ganze Leidenschaft dem Schulwesen zugewendet. Das Gymnasium wurde reorganisiert und den Erfordernissen des Lebens angepaßt. Neue Fächer kamen hinzu, Geschichte und Geographie, während die Herzogin die Kenntnis des Französischen sowie Fechten und Tanzen weiterhin für wichtig hielt. Wie sollten die jungen Leute später an den Fürstenhöfen und überhaupt in der Gesellschaft reüssieren, wenn sie nicht fechten und tanzen konnten? Neue Lehrer wurden berufen, allen voran der Schriftsteller Johann Carl August Musäus, der mit seinen *Volksmärchen der Deutschen* von sich reden machte. Das Gymnasium erhielt einen Stipendienfonds, die anderen Schulen eine Hilfskasse, die mit Kammergeldern ausgestattet wurde. Die Umwandlung der bisherigen Garnisonsschule in eine Freischule für die Armen war dazu gedacht, auch die Bedürftigen mit einem Minimum an Bildung auszurüsten, so daß sie wenigstens des Lesens und Schreibens mächtig wurden.

Den sozial schlecht gestellten Untertanen ist von Anna Amalia ganz unmittelbar geholfen worden, als sie etwa, während der Hungersnöte in den Jahren von 1770 bis 1772, Lebensmittel importieren und an die Armen kostenlos verteilen ließ. Auf ihr Geheiß wurde 1770 vor dem Erfurter Tor ein Armen- und Siechenhaus errichtet, auch durften solche Menschen mit einer unentgeldlichen ärztlichen Behandlung rechnen. Jedoch sollten nur notleidende Einwohner in den Genuß dieser Maßregeln kommen, so daß die Polizei angehalten war, Listen mit den tatsächlich Bedürftigen zu führen. Schließlich konnte noch dem Ärmsten zugemutet werden, im Straßenbau oder in einer Spinnstube sein Scherflein zum Besten des Gemeinwohls beizutragen. Überhaupt hatte die Gemeinnützigkeit in allen Bereichen den absoluten Vorrang, so daß Anna Amalia zu Anordnungen schritt, die wir heute als dirigistisch verurteilen würden. Die Preise für Grundnahrungsmittel, die Löhne in Handwerk und Landwirtschaft, sogar die Kosten für Immobilien wurden streng reglementiert. Ein Haus sollte nicht der Bürger kaufen können, der das meiste Geld hatte, sondern derjenige, der noch kein eigenes Grundstück besaß. Gegen Spekulanten, wo immer sie sich tummeln mochten, ging die Herzogin mit äußerster Strenge vor.

Bei alledem ist Anna Amalia keineswegs eine spröde Regentin oder gar puritanisch gestimmte Asketin gewesen, ergeben nur der Bürokratie und dem Großhungern des Staates. Im Gegenteil: sie war eine noch immer junge Frau, begabt mit Witz, Charme und einem ausgeprägten Sinn für die beschwingten Seiten des Daseins. Die von ihr begründeten Bälle und Redouten wurden schnell berühmt und sorgten dafür, daß die ersten Fremden einen Umweg über die schwer zugängliche Residenzstadt an der Ilm unternahmen. Als Auftakt eines solchen Festes spielte die Kapelle ein Menuett, das allein der Herzogin und einem Kavalier vorbehalten war, erst dann gab der Hofmarschall das Parkett für die anderen Paare frei. Das Tanzen war eine von Anna Amalias Leidenschaften, ihres Witwenstandes zum Trotz, und wurde höchstens für eine kleine Weile unterbrochen, wenn sie am Spieltisch Platz nahm und dort meistens einige Louisdors verlor.

Sie wußte sich auch vor den Untertanen als hochwürdige Fürstin in Szene zu setzen, nicht pompös, was dem bescheidenen Status ihres Ländchens kaum entsprochen hätte, wohl aber durchaus form- und standesbewußt. Das geschah, wenn sie sich zur Winterszeit in einem bunten Schlitten kutschieren ließ, oder wenn sie im Sommer auf einem weißen Pferd dahinritt, wo ihre zierlichen Füße anmutig zur Geltung gekommen sein sollen. Einige junge Herren der Weimarer Gesellschaft trugen daher Amulette am Hals, die den aparten Schuhen der hohen Dame nachgebildet waren.

In unmittelbarer Nähe bekamen Untertanen und Fremde die Herzogin zu sehen, wenn sie sich an Sonn- und Feiertagen, nach der Tafel, in der Esplanade erging. Es war die ganz neue Flaniermeile von Weimar, die heutige Schillerstraße. Dem Zug voran schritt der Oberhofmarschall, gefolgt von der Fürstin, deren Schleppe ein Page trug. Dann kamen, in gehörigem Abstand, weitere Hofchargen nebst Läufern, Pagen, Heiducken und einem Zwerg, der damals überall zum höfischen Pflichtpersonal zählte. Man wandelte zu einem Bassin, an dem die Monarchin ein paar Minuten verweilte, um die Goldfische zu füttern. Sodann trat die illustre Schar den Rückweg zum Schloß an, wiederum gemessen einen Schritt vor den anderen setzend, jedoch unter leutseligem Kopfnicken der Fürstin nach allen Seiten. Sonst war überhaupt nichts geschehen, aber das Publikum hatte eine Viertelstunde lang eine wirkliche Herzogin in seiner Mitte gehabt, beinahe eine zum Anfassen, was freilich niemand gewagt hätte.

Es blieb nicht bei solchen höfischen Schaustellungen, denn Anna Amalia war eine Theater-Enthusiastin. Da kein eigenes Ensemble zur Verfügung stand, lud sie auswärtige Theatertruppen zu Gastspielen ein, darunter die bekannte Seylersche Gesellschaft, der damals der große Konrad Ekhof angehörte. Er gab in Weimar eine seiner Paraderollen, den Odoardo in Lessings *Emilia Galotti*, und warb für die bürgerliche Anerkennung des Schauspielerberufs. Hierin fand er in der Herzogin eine beredte Mitstreiterin, wie das *Magazin zur Geschichte des Deutschen Theaters* anno 1773 mitteilte: „Die außerordentliche Aufmerksamkeit, welche Sie auf die deutsche Literatur und Künste überhaupt wendet, erstrecket sich auch ins besondere auf den deutschen Schauspieler, der an diesem Hofe für die Verachtung, womit man ihn gemeiniglich so unrühmlich behandelt, reichlich entschädigt wird. Die Fürstin erlaubt ihm den Zutritt bey Hofe, Sie spricht mit ihm, lobt oder tadelt ihn nach Verdienst und ermuntert ihn zu einem fleißigen Fortgang in seiner Kunst. Sie können leicht erachten, daß Jeder wetteyfert, den Beifall einer Fürstin zu verdienen, die selbst die größte Kunstrichterin ist."

Daß Anna Amalia alle Kosten übernahm, auch für Kostüme und Dekorationen, ja sogar siebzig von hundert Eintrittskarten gratis an die Bevölkerung verteilen ließ, erregte beträchtliches Aufsehen in der deutschen Künstler- und Gelehrtenrepublik. Es wurde noch gesteigert durch die Bibliothek, der die Herzogin im „Grünen Schloß" zu einer neuen Heimstatt verhalf. Das alte, aus dem 16. Jahrhundert stammende Gebäude erhielt den hohen, in Weiß und Gold schimmernden Saal, dessen Oval die Galerien mit Bücherregalen umlaufen. Entstanden ist ein Gesamtkunstwerk aus dem Geist des späten Rokoko, festlich und zweckbestimmt zugleich. Auf Postamenten, in den Nischen und an den Wänden kamen im Laufe der Zeit noch die Büsten und Bilder derer dazu, die hier gewirkt haben oder die mit dieser Stätte verbunden waren. Der organisch gewachsene Dreiklang von Büchern, Bildern und Büsten hat dann den Saal geradezu zum Pantheon der deutschen Klassik werden lassen, von der er mehr als nur einen Hauch aufbewahrt. Vor dem Umbau war das Gebäude als Zeughaus genutzt worden, jetzt wurde es zu einer Rüstkammer des Geistes. Bereits 1766, gleich nach dem Einzug der Bücherschätze, gab die Herzogin die ganze Sammlung zur Benutzung für jedermann frei, was ebenfalls neu war und das Staunen der literarischen Welt hervorrief. Mit vollem Recht trägt die Bibliothek daher heute den Namen Anna Amalias.

Der Einsatz für die Bibliothek und für die Auftritte der Schauspieler wäre nicht denkbar gewesen ohne die geistigen und musischen Ambitionen der Fürstin, die sie seit jeher bewegten. Aber das rege Echo, das diese Bemühungen jenseits der Landesgrenzen und im Ausland fand, nährte in ihr die Überzeugung, daß sich da eine Möglichkeit eröffnete, dem Duodezstaat eine gewisse Attraktivität zu verschaffen. Noch immer gab es keine nennenswerte Industrie, noch immer schlugen die bedeutenden Handelsstraßen einen weiten Bogen um die Stadt. Warum konnten nicht Kunst und Kultur zu Magneten werden, die Fremde zum Besuch, vielleicht sogar zum Hierbleiben veranlaßten? Wo kaum natürliche oder wirtschaftliche Ressourcen vorhanden waren, mußte die menschliche Phantasie eben andere hervorbringen, die allerdings nicht viel kosten durften.

Anna Amalia war bewußt, daß die Verwirklichung solcher Ziele die ihr zugemessene Frist als Regentin bei weitem überschritt. Spätestens 1775, wenn der Erbprinz Carl August seine Volljährigkeit erreichte, hatte sie sich zurückzuziehen, und sie mußte schon froh sein, falls es ihr gelingen würde, dem Sohn ein geordnetes und schuldenfreies Staatswesen zu übergeben. Was dann geschah, hing von ihm ab, so daß alles darauf ankam, den Sohn auf sein späteres Amt gründlich vorzubereiten. Ob ihr, Anna Amalias, Lebenswerk nicht nur eine flüchtige Episode bleiben und vielleicht erst für die nächste Generation reife Früchte tragen würde, konnte schon durch die Erziehung beeinflußt werden, die der Erbe erhielt. Fragen der Erziehung ihrer Söhne, besonders des älteren, haben deshalb die Herzogin unablässig beschäftigt, und sie wurden auch immer wieder die Quellen von Auseinandersetzungen und Irritationen.

Der Erbprinz Carl August besaß ein rasches Auffassungs- und Reaktionsvermögen, ein exzellentes Gedächtnis und eine nahezu unbegrenzte körperliche Robustheit, neigte aber auch zu Jähzorn, Starrsinn und Überheblichkeit. Prinz Constantin, der Zweitgeborene, gab dazu eine Kontrastfigur ab, die kaum unähnlicher sein konnte. Er war höflich, anschmiegsam und weich, auf träumerische Weise mit sich selbst beschäftigt, dem Lernen abhold und häufig kränkelnd – in mehr als nur einer Hinsicht das Spiegelbild seines schmächtigen, früh verstorbenen Vaters. Beide Söhne bedurften einer disziplinierenden, jedoch ganz unterschiedlich verfahrenden Hand.

Über eine solche schien der Graf Johann Eustachius von Schlitz, genannt Görtz, zu verfügen, ein aus dem Hessischen stammender, vielseitig gebildeter Aristokrat, der seit 1762 als Prinzenerzieher fungierte. Er hat es tatsächlich verstanden, zu seinen beiden Zöglingen, vor allem zu Carl August, ein ausgezeichnetes Verhältnis herzustellen und ihnen die geistige Welt der Aufklärung zu vermitteln. Später jedoch verdächtigte ihn die Herzogin, daß er sein verantwortliches Amt nicht ohne eigensüchtige Ziele ausübte und sich auf den Erbprinzen Carl August einen ganz unangemessenen Einfluß zu verschaffen suchte, der ihm dann, unter dem Herzog Carl August, zu schwerwiegenden Vorteilen gereichen würde. Brachte sich hier womöglich ein künftiger Günstling, eine graue Eminenz rechtzeitig in Position? Auf alle Fälle glaubte Anna Amalia eine wachsende Entfremdung des Sohnes zu bemerken, die sie sich mit den Einflüsterungen des Grafen Görtz erklärte. Kurzerhand entfernen konnte und wollte sie ihn nicht, um einen offenen Konflikt mit dem Erbprinzen zu vermeiden, aber der Einfluß des Grafen sollte doch wenigstens durch eine andere geeignete Persönlichkeit balanciert werden. Da ein alter Braunschweiger Lehrer der Herzogin die Berufung ablehnte, fiel ihre Wahl schließlich auf einen Mann, der als Professor im nahen kurmainzischen Erfurt lebte: auf Christoph Martin Wieland.

Der vierzigjährige Menschenfreund und Professor war aus Schwaben gekommen und zählte bereits zu den berühmtesten deutschen Schriftstellern. Der Roman *Die Geschichte des Agathon* und die Versdichtung *Musarion oder die Philosophie der Grazien* wurden viel gelesen, auch in Weimar. Seine Übersetzung von 22 Dramen William Shakespeares war eine Pioniertat. Gerade arbeitete er an dem Roman *Der Goldne Spiegel oder Die Könige von Scheschian*, eine Art von aufklärerischem Fürstenspiegel, der sich an Joseph II. wandte, den hoffnungsvoll begrüßten Reformkaiser in Wien. Wieland schickte das Buch in die Kaiserstadt, nahm mit dem Fürsten Kaunitz, dem österreichischen Staatskanzler, Verbindung auf und harrte des Rufes nach Wien, um endlich die schlecht bezahlte und noch dazu angefeindete Erfurter Professoren-Fron abschütteln zu können. Aber es kam nichts, keine Antwort und erst recht keine Bestallung, nicht einmal ein Orden. Die Herzogin Anna Amalia von Sachsen-Weimar fand hingegen, daß der Verfasser dieses klugen Staatsromans der richtige Mentor sein könnte, um dem Erbprinzen Carl August den letzten Schliff für seine Regentschaft zu geben.

Als die Fürstin dem Dichter an einem Augusttag des Jahres 1772 das Anstellungsdekret zum Prinzenerzieher überreichte, konnten beide nicht ahnen, daß sie soeben einen Akt von weitreichender Bedeutung vollzogen. Von allen Entscheidungen, die Anna Amalia je traf, war diese die wichtigste. Der von Wieland literarisch und geistig beflügelte Carl August rief dann Goethe nach Weimar, dem Herder und endlich Schiller folgten, um nur die größten Namen zu nennen. Nicht die imperiale Weltstadt an der Donau, sondern die Miniaturresidenz an der thüringischen Ilm wurde das Zentrum der deutschen Literatur für mehr als ein halbes Jahrhundert.

Wieland war die erste der literarischen Koryphäen, die für immer in Weimar blieben. Er wurde hier der Herausgeber des *Teutschen Merkur*, des führenden Journals der späten deutschen Aufklärung. Er wurde der Autor seines Alterswerkes, der gefeierte Horaz-Übersetzer und nach vielen Seiten hin wirkender Anreger und Patriarch – mit seinem sprichwörtlichen Samtkäppchen, der langen Nase und den „Spindelbeinen" oft belächelt, mehr aber noch geachtet und geliebt. Dabei war sein Verhältnis zu Anna Amalia keineswegs ungetrübt, vor allem nicht in der ersten Zeit, als es ihm gelang, das Herz des schwierigen Carl August sofort zu gewinnen. Die Herzogin, erfüllt von Mißtrauen und wohl auch von einer gewissen Eifersucht, nannte den neuen Erzieher einen „schwachen Enthusiasten", unterstellte ihm gar „viel Eitelkeit und Eigenliebe". Später, nachdem die Bürde der Regentschaft von ihren Schultern genommen war, wuchs eine stille, fast heitere Intimität zwischen der Fürstin und ihrem Dichter. Sie wurden gemeinsam alt und haben es, einander immer wieder ermutigend, ertragen müssen, daß der Welt die zarten Pastellfarben des Rokoko allmählich abhanden kamen.

Vorläufig freilich war der Argwohn Anna Amalias keineswegs unberechtigt, da der Graf Görtz, unmittelbar nach Wielands Berufung, seine Fäden spann, um Carl August vorzeitig auf den Thron zu bringen. In einem Anflug von Resignation hat die Herzogin Ende 1773 mit dem Gedanken gespielt, solchen unwürdigen Intrigen zuvorzukommen und die Regentschaft freiwillig niederzulegen. Es war das Verdienst des Freiherrn von Fritsch, des leitenden Ministers, ihr die Rücktrittsabsichten auszureden und Ratschläge für die Beteiligung des Erbprinzen an der Regierungsarbeit zu unterbreiten. Von da an besserte sich das Klima, besonders das Verhältnis zum Thronfolger. Er nahm künftig an den Sitzungen des Geheimen Consiliums teil, um so in sein bevorstehendes Amt hineinwachsen zu können. Für den jüngeren Bruder Constantin wurde ein eigener Erzieher engagiert: Carl Ludwig von Knebel, gebürtiger Franke, ehemaliger friderizianischer Offizier und in die Literatur entlaufener Schöngeist, Goethes späterer „Urfreund".

Während Anna Amalia noch damit beschäftigt war, die Wogen zu glätten und in die letzte Phase ihrer Regentschaft einzutreten, ereignete sich eine Katastrophe, die anzeigte, wie schnell alle irdischen Werke buchstäblich in Schutt und Asche fallen können. Am 6. Mai 1774, um die Mittagszeit, brach im Dachstuhl des Schlosses ein Feuer aus, wohl als Folge eines Blitzschlages, raste durch sämtliche Stockwerke, brachte die hohe Kuppel zum Einsturz, verzehrte den Komödiensaal, bemächtigte sich der Schloßkirche und äscherte schließlich das ganze Schloß ein, die alte Wilhelmsburg. Nur der Turm, die sogenannte Bastille, trotzte dem Inferno. Zahlreiche Helfer, unter ihnen die Schauspieler der Seylerschen Gesellschaft, suchten Möbel, Bilder und sonstiges Zubehör zu retten, das meiste jedoch ging in den Flammen zugrunde, auch unersetzliche Kunstwerke. Anna Amalia, die gerade krank war, floh im Negligé und fand Aufnahme in dem Palais, das ihr Minister, der Freiherr von Fritsch, wenige Jahre zuvor ganz am Ende der Esplanade erbaut hatte. Zurück blieb die rauchende und zuletzt leergebrannte Schloßruine, die der Augenzeuge Musäus ein „zerstörtes Troja" nannte. Es sollte dreißig Jahre dauern, bis in der von chronischem Geldmangel geplagten Residenz ein neues Schloß errichtet werden konnte.

Der Minister von Fritsch war generös genug, sein Palais der Herzogin für immer zu überlassen. Als „Wittumspalais" wurde es für Anna Amalia in ihren letzten Lebensjahrzehnten zur Heimstätte und zu einem Schauplatz kultivierter Geselligkeit. Fritsch zog zunächst in das Haus am Frauenplan, das später durch Goethe, seinen berühmtesten Bewohner, zu Weltruhm gelangen sollte. Carl August richtete sich auf eigenen Wunsch im „Fürstenhaus" ein, dem kasernenartigen Neubau gleich neben der Bibliothek. Heute hat hier die Musikhochschule Franz Liszt ihr Domizil, damals wirkte das Gebäude eher trist und besaß auch noch nicht den respektablen Säulenvorbau, der erst im späten 19. Jahrhundert entstand. Die Trennung der Hofhaltungen, der Mutter und des Sohnes, scheint dem Verhältnis der beiden gut bekommen zu sein. Obwohl sie vor der Unwirtlichkeit des Fürstenhauses gewarnt hatte, akzeptierte Anna Amalia die räumliche Distanz, die jetzt zwischen ihr und dem Nachfolger eintrat. Das letzte Jahr ihrer Regentschaft war gekommen, die sie ohnehin immer als eine treuhänderische Aufgabe, ausgeübt für den noch unmündigen Sohn, verstanden hatte.

Die Ereignisse dieser Übergangszeit gehören schon weit eher der Biographie Carl Augusts an, vor allem die bedeutsame Reise, die er zusammen mit dem Bruder Constantin, dem Grafen Görtz, Herrn von Knebel und dem Oberstallmeister von Stein unternahm. In Frankfurt lernte er den fünfundzwanzigjährigen Goethe kennen, in Karlsruhe verlobte er sich mit der achtzehnjährigen Prinzessin Louise von Hessen-Darmstadt. Am Zustandekommen dieser Verbindung war Anna Amalia noch einmal entscheidend beteiligt, denn sie hielt es für vorteilhaft, daß dadurch ihr Sohn gleich zu mehreren europäischen Herrscherhäusern, auch zu denen von Preußen und Rußland, in enge verwandtschaftliche Beziehungen trat.

Am 3. September 1775 war der Tag gekommen, an dem die Ära der Herzogin Anna Amalia endete und die Epoche des Herzogs Carl August begann, die über ein halbes Jahrhundert dauern sollte. Es gab einen Festgottesdienst in der Jakobskirche, danach die offizielle Amtseinführung des neuen Herzogs im Fürstenhaus, ein Diner und einen Ball. Aufgeführt wurde eine Kantate, komponiert vom Kapellmeister Ernst Wilhelm Wolf auf einen Text von Wieland, der, ein wenig byzantinisch, Carl August als den „schönsten

Sohn der Sonne" pries, jedoch auch die Frau nicht vergaß, die den „Göttersohn" geboren hatte. Unter solchem Lobgesang zog sich Anna Amalia zurück von der Macht, für immer. Sie war erst sechsunddreißig Jahre alt. Aber hinter ihr lag ein Weg, der genügt hätte, ein langes Regentenleben glänzend zu rechtfertigen.

Die Frau, die auch nach damaligem Verständnis noch nicht alt war, scheint das Staatsruder ohne Wehmut aus der Hand gegeben zu haben, ja sie hat wohl diese Zäsur als eine Chance begriffen. Die Herzogin-Mutter, wie man sie fortan nannte, versah ihr Dasein mit einem Leitmotiv, das schon bei ihren bisherigen Aktivitäten deutlich angeklungen war, denn endlich besaß sie mehr Muße für die Musen. Anna Amalias „Musenhof", bald eine einzigartige Institution in der deutschen Kulturlandschaft, konnte erst entstehen, als die Herzogin nicht mehr dem real existierenden Fürstenhof von Weimar vorstehen mußte und sich befreit sah von den Pflichten für Staatsfinanzen, Feuerlöschwesen und Straßenbau.

Anna Amalia unterstützte daher von Anfang an alle Bemühungen ihres Sohnes, die jungen Hoffnungsträger des deutschen Geisteslebens nach Weimar zu rufen. Am 7. November 1775, morgens fünf Uhr, traf der sechsundzwanzigjährige Doktor Goethe aus Frankfurt ein, von Carl August zu einem Besuch geladen. Die Herzogin-Mutter hatte bereits den *Werther* gelesen und fand nun auch seinen Verfasser „äußerst liebenswürdig und witzig". Sie war „gewaltig gerührt", als der Dichter einige Szenen aus dem *Urfaust* vorlas, und hielt es für richtig, daß Carl August ihn zum Mitglied des Geheimen Consiliums ernannte. Der Minister von Fritsch, der dagegen protestierte, wurde von Anna Amalia zurechtgewiesen: „Sie sind eingenommen gegen Goethe, den Sie vielleicht nur aus unwahren Berichten kennen und den Sie von einem falschen Gesichtspunkt aus beurtheilen." Der genialische junge Poet wußte, was er an seiner Protektorin besaß. „Mit der Herzogin-Mutter habe ich sehr gute Zeiten", teilte er einer Freundin mit. Bereits kurz nach Goethes Ankunft kam die Berufung seines Gefährten Johann Gottfried Herder zum Oberhofprediger und Generalsuperintendenten auf die Tagesordnung. Auch diesen Schritt, der gegen die Kirchenverwaltung erst einmal durchgesetzt werden mußte, hat Anna Amalia ausdrücklich gebilligt.

Etwa zum gleichen Zeitpunkt stieß die dreiundzwanzigjährige Louise von Göchhausen, die Tochter des Eisenacher Schloßhauptmanns, zum kleinen Hofstaat der Fürstin, zunächst als Gesellschafterin, später als Erste Hofdame. Es fällt schwer, sich die zwergenhafte, verwachsene und skurrile „Gnomide", wie sie Wieland nannte, als junges Fräulein vorzustellen. Daß sie schnell alterte, kann man nicht sagen, da ihre Jugend nie geblüht hat und sie seit Anbeginn den Prototyp eines „alten Fräuleins" verkörperte. Die Brüder Stolberg, die Goethes erste Gäste in Weimar waren, attestierten ihr ein „wehrhaftes Mund- und Schreibwerk", von dem zahlreiche Bonmots überliefert sind. Als exzellente Vorleserin, Organisatorin und Kommentatorin avancierte sie zum Faktotum an Anna Amalias Musenhof, preisgegeben zuweilen den Streichen Carl Augusts und Goethes, jedoch von ihnen auch hochgeschätzt als eine Frau, die gleichermaßen gescheit parlieren und zuhören konnte. Für Anna Amalia blieb sie, trotz vereinzelter Reibereien, die unentbehrliche Adjutantin, bis zu deren Tod, den sie selber dann lediglich um wenige Monate überlebte. Die Nachwelt hat der Göchhausen den *Urfaust* zu verdanken, der nur in ihrer Abschrift erhalten ist.

Ein weites Betätigungsfeld fand das bucklige Fräulein sogleich in der Sphäre des Liebhabertheaters, das die Herzogin-Mutter mit Begeisterung zu ihrer Sache machte. Der Schloßbrand hatte auch den Theatersaal zerstört, die Komödianten der Seylerschen Truppe waren in Gotha untergekommen. Für die Wiederaufnahme des teuren Vergnügens standen weder ein repräsentativer Raum noch die finanziellen Mittel zur Verfügung. Da man aber auch weiterhin Theater sehen wollte, blieb nichts andres übrig, als es selbst zu kreieren. Zunächst agierten zwei Gruppen nebeneinander: eine adelighöfische unter der Leitung von Anna Amalias Oberhofmarschall, des Grafen Putbus, und eine bürgerliche, deren Initiator der junge Unternehmer Bertuch war. Es blieb Goethe vorbehalten, diese beiden Kreise zu einer einzigen Schar begeisterter Dilettanten zu verschmelzen. Eine anspruchslose, fast armselige Spielstätte fand man in dem Redoutenhaus, das der ehemalige Hofjäger Hauptmann an der Esplanade erbaut hatte, später auch in den Landschlößchen Ettersburg und Tiefurt sowie in den Parkanlagen dieser beiden Sommersitze. Den Rest besorgten der Eifer der Akteure, die Phantasie der Zuschauer und die Künste des Schreinermeisters Mieding, der, höchst einfallsreich und wohlfeil, die Kulissen zimmerte. Gegeben wurden Stücke, die anderswo bereits erprobt waren, etwa das Lustspiel *Der Westindier* des Engländers Cumberland, in dem Goethe, der Herzog Carl August, der Prinz Constantin, Charlotte von Stein, die Göchhausen, Herr von Knebel und der Freiherr Hildebrand von Einsiedel, Anna Amalias exzentrischer Kammerherr, das Ensemble bildeten. Ein ganz eigenes, unverwechselbar weimarisches Profil gewann das Liebhabertheater, als man Goethes mit leichter Hand hingeworfene „Nichtigkeiten", Lust-, Sing- und Liederspiele, ebenso leichtbeschwingt aufzuführen begann. Das Singspiel *Erwin und Elmire* hatte Anna Amalia höchstselbst in Musik gesetzt.

Um der Spielschar aus Kammerfrauen und Gesellschaftsdamen, aus Hofsekretären, Kammerräten und Angehörigen der herzoglichen Familie wenigstens einen festen künstlerischen Halt zu geben, wurde die Schauspielerin und Sängerin Corona Schröter aus Leipzig engagiert, die Goethe bereits in seiner Studentenzeit sehr verehrt hatte. Die schöne Frau mit den braunen Locken und den leuchtenden Augen war die einzige professionelle Schauspielerin inmitten eines Ensembles von Amateuren, die sich neben ihr ganz wacker gehalten haben müssen. Es kamen sogar Höhepunkte der Theatergeschichte zustande, etwa die Uraufführung der *Iphigenie* mit der Schröter in der Titelrolle, Goethe als Orest, Prinz Constantin als Pylades und Knebel als Thoas. Das Stück wurde im Redoutenhaus aus der Taufe gehoben und zog dann auch im Schloßpark von Ettersburg die Zuschauer in seinen Bann. Im Park von Tiefurt, Anna Amalias anderem Landschlößchen, entfaltete Goethes Singspiel *Die Fischerin* eine zauberische Wirkung, da es zu nächtlicher Stunde am Ufer der Ilm aufgeführt wurde. Corona Schröter sang darin die Ballade vom *Erlkönig*, die sie selbst, lange vor Schubert, vertont hatte.

Eigentlich war das Anwesen in Tiefurt ein ehemaliges Gutspächterhaus, so daß es kaum ein Schloß genannt werden konnte. Malerisch an der Ilmschleife nordöstlich von Weimar gelegen, entstand hier Anna Amalias Sommer-Refugium, wo „Liebe, Weisheit und Grazien" verschwistert wohnen sollten. Einige Anregungen für die Gestaltung des Parks holte sich die Herzogin-Mutter in dem berühmten Wörlitzer Park des Fürsten von Anhalt-Dessau, aber ihre Phantasie war groß genug, ein Stück Landschaft nach eigenen Vorstellungen zu inszenieren. Die alten Bäume und der Wasserlauf an der Ilm schufen den natürlichen Rahmen für die weit ausschwingenden Rasenflächen, die zu einem Musentempel, zu Hütten und Denksteinen leiteten. An dem als eine Grotte gestalteten Grab Vergils konnte man den antiken Dichter eines heiteren Landlebens feiern, und während man zu stillen Nischen oder zu bequemen Ruhebänken wandelte, schien das Reich Rousseaus bereits angebrochen zu sein. Dazwischen immer wieder Epitaphe, Altäre, Ehrensäulen, sogar ein Denkmal für Mozart – der erste Denkstein überhaupt, der dem Meister aus Salzburg errichtet wurde. Nicht auf eine Kulissenwelt war das Ganze angelegt, sondern auf die Erschaffung eines Mediums, in dem sich Natur und Kunst organisch verschränkten, zur Steigerung menschlicher Erlebnisfähigkeit und Erlebnistiefe. Noch in den Innenräumen des Hauses sollte die Natur gegenwärtig sein, wo sie als luftig gemaltes Dekor an den Wänden die Kabinette und Salons gleichsam in Lauben verwandelt.

Verwandelt sollten auch die Menschen werden, die hier ein und aus gingen, oder sich doch wenigstens auf anmutige Weise in einen Zustand höherer Heiterkeit versetzt sehen. Es wurde musiziert, gesungen, gezeichnet, gelesen und vorgelesen, Theater gespielt, gelustwandelt, vor allem aber debattiert und dabei auch gestritten. Daß gleichermaßen aristokratische Höflinge und bürgerliche Intellektuelle diesen Musenhof bevölkerten, war ein Novum in der deutschen Kultur. Goethe trug hier zum ersten Male Szenen aus seinem *Tasso* vor. Neben ihm, dem *Maître de plaisir* des Musenhofes, hieß Anna Amalia Gäste aus vielen Geistesprovinzen willkommen: Herder und dessen Frau, den Maler Oeser, den Homer-Übersetzer Voß, den Schriftsteller Jean Paul, später auch Schiller und die Brüder Humboldt, um nur einige Namen zu nennen. Geradezu ein Stammgast war der alternde Wieland, für den die Fürstin eine kleine Wohnung im Dorf Tiefurt mietete, damit er ihr nahe sein und sie täglich besuchen konnte. Als Satyrgestalt und behende Assistentin fungierte auch in diesem Arkadien das Fräulein von Göchhausen, stets unentbehrlich und um ein Witzwort nie verlegen.

Einen poetischen Niederschlag fand das Treiben des Kreises in einer Zeitschrift, dem *Journal von Tiefurt*, dessen Titel das bekannte *Journal de Paris* parodierte. Von der Herausgeberin Anna Amalia war das Blatt „zur Beförderung der Fröhlichkeit und guten Laune" gedacht, der Kammerherr von Einsiedel als „gnädigst verordneter Redacteur" und die Göchhausen als Redaktionssekretärin standen der Herzogin-Mutter zur Seite. Das Journal erschien von August 1781 bis Juni 1784 in einer Auflage von sage und schreibe elf Exemplaren, die von zwei Kopisten und vier Primanern des Weimarer Gymnasiums handschriftlich angefertigt wurden. Nie hat ein Periodikum mit so niedriger Auflage derartig prominente Mitarbeiter aufzuweisen vermocht, zu denen Goethe, Herder, der Herzog Carl August, mehrere Damen der Weimarer Gesellschaft sowie der Kriegsrat Johann Heinrich Merck in Darmstadt, das Urbild des Mephisto, gehörten. Alle Beiträge erschienen anonym und ergaben, zusammengenommen, ein kurioses Spiel aus Scherz, Satire, Ironie und tieferer Bedeutung. Profunde Betrachtungen über Kunst und Musik standen neben Scharaden und Preisrätseln, vorzügliche Übersetzungen antiker Klassiker neben leichtgeschürzten Epigrammen. Fürwahr ein weiter Bogen reichte von der feierlichen Ode bis zum blödelnden Ulk, von Goethes Gedicht *Das Göttliche* bis zum Bericht über das Eierlege-Vermögen der Tiefurter Perlhühner!

Trotz des exquisiten Kunstsinns, den Anna Amalie bei der Einrichtung ihres Tiefurter Sommersitzes walten ließ, war das Ambiente doch schlicht und vergleichsweise bescheiden. Für Marmor und Parkett fehlte das Geld, daher die gemalten Tapeten an den Wänden und die gewachste Leinwand auf den Fußböden. Geschmack mußte weitgehend die geringen finanziellen Mittel ausgleichen, was auch auf das Wittumspalais zutrifft, das, obwohl von durchaus nobel-urbanem Zuschnitt, doch jeglichen Prunk vermied. Die Räume, die sich die Herzogin-Mutter selbst vorbehielt, waren schlicht, fast karg, etwa ihr kleines Schlafgemach.

Dort, in dem Stadtpalais an der Weimarer Esplanade, verbrachte sie die Wintermonate, dort wurde die Herzogin zur Salonière. Im „Tafelrunde-Zimmer", gelegen in der Beletage, versammelte sich der gleiche Kreis, der zur Sommerszeit nach Tiefurt zu pilgern pflegte: Goethe, Herder und Wieland, die Kammerherren von Einsiedel und von Seckendorff, Charlotte von Stein und das unvermeidliche Fräulein von Göchhausen, Musäus, Bertuch und der Bibliothekar Fernow. Johann Joachim Bode stieß hinzu, einst der Verleger von Lessings *Hamburgischer Dramaturgie*, jetzt Sekretär in Weimar, Mitwirkender bei Anna Amalias Konzerten, Freimaurer und bedeutender Übersetzer. Er stand in den Diensten der Gräfin von Bernstorff, einer Diplomatenwitwe und Mäzenin, die ebenfalls zur Tafelrunde gehörte. Später fanden sich immer wieder neue Teilnehmer ein: der reiche englische Kunstliebhaber Charles Gore nebst seinen beiden Töchtern und der Kunstgelehrte Johann Heinrich Meyer, infolge seiner breiten schweizerischen Sprechweise „Kunscht-Meyer" genannt.

Er, der nicht nur die spitze Feder des Kunstrichters, sondern auch selbst Pinsel und Zeichenstift beherrschte, führte die Maler an, die im Wittumspalais gastliche Aufnahme fanden. Einer von ihnen, Weimars Maler-Chronist Georg Melchior Kraus, hat die Tafelrunde auf einem Aquarell festgehalten: die um den Tisch gescharte Gruppe, lesend und hörend, die Damen ein paar Handarbeiten fertigend, die Herren vornübergebeugt, Anna Amalia als Lichtgestalt in der Mitte, ganz rechts der leger zurückgelehnte Herder, der wohl einer soeben in den Raum gestellten Sentenz konzentriert nachhängt. Wiederum ein anderer Maler war Adam Friedrich Oeser, Goethes ehemaliger Zeichenlehrer, der oft aus Leipzig zu Besuch kam und dann die Plafonds des Wittumspalais mit Fresken versah. „Der Alte", erzählt Goethe, „hatte den ganzen Tag etwas zu kramen, anzugeben, zu verändern, zu zeichnen, zu deuten, zu besprechen, zu lehren, so daß keine Minute leer war. Herzogin Anna Amalia war sehr vergnügt, wenn er da war." Daß Oeser, obschon bereits Mitte der Sechzig angekommen, mit seinem österreichischen Charme eine Kammerjungfer der Herzogin-Mutter verführte, trug ihm nur ein kurzzeitiges Weimar-Verbot ein.

Die Tafelrunde trat an den Montag-Abenden zusammen und wurde, während der Wintermonate, zur festen Institution. Das Wittumspalais galt als das geistig-kulturelle Zentrum der Stadt, bevor, erst nach Anna Amalias Tod, Goethes Haus am Frauenplan diesen Rang einnahm. Herder, sonst keineswegs zum Loben aufgelegt, schrieb im März 1791 an Knebel: „Bei der Herzogin-Mutter wird gewöhnlich Montags gelesen. Einige Shakespearesche Stücke, Lessings *Nathan* und *Emilia Galotti*, Goethes *Iphigenie* und *Tasso*, Wielands *Pervone*, sein *Liebe um Liebe* u.a. sind so vorgetragen worden, sehr anmutig, und ich muß bekennen, daß Wielands Poesien mir noch nie in einem so reizenden Licht erschienen sind." Aus solchen Stimmen könnte man eine Anthologie zusammenstellen. Sie charakterisieren einen Kreis, in dem das Talent den Vortritt genoß vor der Geburt. Der von einer klugen Fürstin inaugurierte Musenhof war ein deutsches Pendant zu den Debattierclubs der großen französischen und englischen Salonièren, nicht mehr ein exklusiver, nach außenhin streng abgeschirmter höfischer Zirkel. Als einige Jahre später die Schriftstellerin Johanna Schopenhauer, die Mutter des Philosophen, in Weimar ihren bürgerlichen Salon eröffnete, erwies es sich, daß dort die gleichen Männer und Frauen verkehrten, die schon an der Tafel Anna Amalias im Wittumspalais gesessen hatten.

Dabei ging es nie feierlich oder gar gespreizt zu, trotz der Teilnahme von Dichtern, die wir heute Klassiker nennen. Man wollte sich gescheit unterhalten und die Geselligkeit pflegen, auch Scherze treiben und miteinander musizieren. Nach Wielands Erzählung wurde im Umkreis der Herzogin-Mutter „geklimpert, gegeigt, geblasen und gepfiffen, daß die Engel im Himmel ihre Freude daran hatten". Diese Art des zwanglosen Umgangs hielt auch in den Mansardenräumen im zweiten Stock des Wittumspalais Einzug, wo das Fräulein von Göchhausen wohnte. Die Sekundantin Anna Amalias ließ es sich nicht nehmen, dort ihre „Freundschaftsfrühstücke" zu veranstalten, die am Samstagmorgen stattfanden. Die Gäste waren angehalten, dazu Gedichte, Lieder und sonstige literarische Produktionen mitzubringen, die dann, bei „Freundschaftsbrötchen" und „Freundschaftsmokka", einer teils ernsthaften, teils humoristischen Begutachtung unterworfen wurden.

Anna Amalia, stets bestrebt, sich ein eigenes Bild von der Welt zu verschaffen, hatte schon bisher Reisen unternommen, obwohl solche Beschwernisse damals noch von vergleichsweise wenigen Frauen bewältigt wurden. Mehrfach war die Fürstin in ihrer braunschweigischen Heimat gewesen, einmal hatte sie die Kur in Aachen absolviert und den Rhein befahren, dabei auch Goethes Eltern in Frankfurt besucht. Der Lebenstraum einer Reise nach Italien blieb lange unverwirklicht, bis eine schwere Erkrankung der nahezu Fünfzigjährigen zu bedeuten schien, daß es nun höchste Zeit dazu war. Mitte August 1788 brach sie auf, wenige Wochen nach Goethes Rückkehr aus Italien, der dort bereits alle Vorkehrungen für den Aufenthalt seiner Fürstin getroffen hatte. Die Herzogin-Mutter reiste inkognito, unter dem Namen einer Gräfin Altstadt, aber jedermann wußte, wer sich hinter dem Tarnnamen verbarg. An ihrer Seite waren nur wenige Begleiter: die Göchhausen, der Kammerherr von Einsiedel, der Leibarzt sowie der junge Collina, der Sohn von Goethes römischen Wirtsleuten. In Rom stieß dann noch Herder zu der kleinen Gesellschaft.

Was für eine Welt lag der Herzogin zu Füßen, wenn sie von ihrem römischen Domizil, der Villa Malta auf dem Monte Pincio, umrauscht von Pinien und Orangenbäumen, hinunter auf die Ewige Stadt sah! Sie sah den Tiber und den Petersdom, die anderen Gotteshäuser und die antiken Altertümer – die ganze weite, von Natur, Kunst und Geschichte gleichermaßen geadelte Landschaft. Sie sah fast allabendlich den französischen Gesandten, Kardinal Bernis, der Verbindungen nach vielen Seiten herstellte. Sie besuchte Museen, Kirchen und wimmelnde Märkte. Sie war in der Villa d'Este zu Gast, in deren Park Herder bei Fackelschein Szenen aus Goethes *Tasso* vorlas. Sie erhielt eine Audienz bei Papst Pius VI., der es sich nicht nehmen ließ, der Protestantin ein Mosaikbild zu schenken. Und sie lernte Angelika Kauffmann kennen, die Malerin aus der Schweiz, die von der Weimarerin ein Bildnis schuf, „die schönste Poesie, die man auf mich hätte machen können", wie die Porträtierte entzückt schrieb.

Die pittoreske Welt des italienischen Volkslebens, dazu die Belcanto-Süße der Musik, die Lazzi der *Commedia dell'arte* sowie das Maskentreiben des Karnevals taten sich auf, als die Herzogin-Mutter nebst ihrem Anhang nach Neapel weiterfuhr und dort eine Villa mietete, am Fuß des Vesuvs und mit dem Blick auf die Bucht. Zur Königin Maria Karoline, einer Tochter Maria Theresias und energischen Reformerin, entstand schnell ein fast freundschaftliches Verhältnis. Zum täglichen Umgang zählte der englische Gesandte

Lord Hamilton, der Komponist Paisiello und der Erzbischof von Tarent, „ein ganz vortrefflicher Mann und ein anderer Hecht als unsere deutschen Bischöfe". So charakterisierte jedenfalls die Göchhausen, in einem Brief an Wieland, den kenntnisreichen und dabei hochmusikalischen Kirchenfürsten. Die Tempel von Paestum, das malerische Ischia und verschiedene Ortschaften an der adriatischen Küste waren weitere Reiseziele, wo sich der Erzbischof als kundiger Cicerone bewährte.

Daß die Heimkehr nach dem Norden nicht einfach nur ein Zurücklenken in die hergebrachten Bahnen und Sicherheiten sein würde, muß Anna Amalia gespürt haben, denn während sie, bei ihren Schiffsfahrten durch die Bucht von Neapel, dünne Rauchfahnen über dem Vesuv aufsteigen sah, hatte ein Vulkan ganz anderer Art zu speien begonnen. Aus Paris kamen die ersten Nachrichten vom Ausbruch der großen Revolution, deren Erdstöße und Wetterschläge den Kontinent nicht mehr zur Ruhe gelangen lassen sollten, bis zum Tod Anna Amalias und weit darüber hinaus. „Bis jetzt ist es noch völlige Anarchie, ob etwas Gutes herauskommen wird und kann, muß die Zeit lehren", schrieb sie aus Neapel an Herrn von Knebel. Fast scheint es, als habe sie sich den Abschied selber besonders schwer machen wollen, denn die Rückreise begann mitten im neapolitanischen Frühling des Jahres 1790. Anfang Mai wurde sie mit ihren Begleitern von Goethe in Venedig erwartet, der seiner alten Schutzherrin das Geleit über die Alpen zu geben gedachte. Man gönnte sich noch drei Wochen in der „schwimmenden Republik", wie das Fräulein von Göchhausen die Lagunenstadt nannte, im letzten Brief, den sie aus Italien an Wieland richtete. Dann war der leuchtendste Abschnitt von Anna Amalias ganzer Lebensbahn zu Ende, am 20. Juni 1790 traf sie wieder in Weimar ein.

Die Heimat schien ihr die kalte Schulter zeigen zu wollen, denn sowohl das Wittumspalais als auch das Tiefurter Schlößchen mußten infolge schwerer Wasserschäden erst einmal in einen bewohnbaren Zustand versetzt werden, so daß die Heimkehrerin im Belvedere ihren italienischen Erinnerungen nachhing. Ihnen war auch ein nachträgliches Reisejournal gewidmet, bestehend aus fingierten Briefen, die Gesehenes und Erlebtes festhalten sollten. Überhaupt standen jetzt italienische Studien im Mittelpunkt von Anna Amalias

Sinnen und Trachten, darunter die von ihr verfaßten Übersetzungen von Dichtungen Wielands in die italienische Sprache. Diese Bemühungen wurden dann an die römischen Freunde geschickt, etwa an die Malerin Angelika Kauffmann. Jedoch scheiterten die Pläne der Herzogin-Mutter für die Gründung einer italienischen Künstlerkolonie in Weimar teils am fehlenden Geld, teils an den drohenden Zeitläuften.

Beide Fatalitäten machten der alternden Fürstin zu schaffen, der leidige Geldmangel und die politisch-militärischen Sturmzeichen. Zwar kamen die Tafelrunden im Wittumspalais und in Tiefurt wieder in Gang, zu denen sich neue Teilnehmer, allen voran Schiller, gesellten. Aber ein für Anna Amalia unentbehrlicher Partner wie Herder, der einen Ruf nach Göttingen erhalten hatte, konnte nur mit Mühe in Weimar gehalten werden. Die Herzogin verkaufte persönlichen Schmuck, um dem bewunderten Hofprediger eine Badekur in Aachen zu ermöglichen.

Tief griff in ihr Dasein der Krieg ein, den die deutschen Potentaten seit 1792 gegen das revolutionäre Frankreich führten. Beide Söhne Anna Amalias nahmen als Generale daran teil, der Herzog Carl August und Prinz Constantin, der den Strapazen des Feldzuges nicht gewachsen war. Am 6. September 1793 raffte ihn, erst fünfunddreißigjährig, in Wiebelskirchen an der Saar der Typhus dahin. Die Mutter ließ ihrem Jüngsten im Park von Tiefurt einen Denkstein setzen und mit der Inschrift versehen: „Im zweiten Jahr des unseligen Krieges, der auch ihn hinwegnahm, Ihrem zweiten und letzten, zu früh geschiedenen Sohn Constantin, trauernd Amalia. Den gebildeten Jüngling, den werdenden Mann entriß die Parze."

Trotz solcher Verdüsterungen erlosch nicht ihre Neugier auf Menschen, die bisher unbekannte Ausblicke auf das Leben und die Kunst zu eröffnen vermochten. Den Schriftsteller Jean Paul schloß sie sogleich in ihr Herz, als er sich für einige Zeit in Weimar niederließ. Diesen erst vor kurzem aufgegangenen Stern am deutschen Literaturhimmel beschrieb die Fürstin in einem Brief an den gerade abwesenden Wieland folgendermaßen: „Sollten Sie ihn von ungefähr in einer großen Gesellschaft finden, ohne ihn zu kennen, so würden Sie ihn für einen großen Künstler wie Haydn, Mozart, oder für einen großen Meister in den bildenden Künsten ansehen, so ist sein Blick und sein ganzes Wesen. Kennt man ihn näher, so ist er ein sehr einfacher Mann, welcher mit vieler Lebhaftigkeit, Wärme und Innigkeit spricht. Liebe und Wahrheit sind die Triebfedern seiner Existenz." Wenn Anna Amalia von ihren italienischen Erlebnissen erzählte, hörte Jean Paul genau zu, um sie als Anregungen für seinen Roman *Titan* zu nutzen. Es war ein Verhältnis, das schließlich bis ins Persönliche hinein reichte, als die Herzogin-Mutter die Patenschaft für das erste Töchterchen des Dichters übernahm.

Wie eine Geistesverwandte hat Anna Amalia die französische Schriftstellerin Germaine de Staël aufgenommen, die, von Napoleon aus ihrer Heimat verbannt, um die Jahreswende 1803/04 einem Sturmvogel vergleichbar in die Weimarer Gesellschaft fuhr. Sie war eine Exzentrikerin, mit ihrem orientalisch hochgewundenen Turban eine Erscheinung von amazonenhaftem Gepräge und insofern ein völlig anderer Typus als die alternde Herzogin-Mutter, die noch immer ein Nachklang des Rokoko umspielte. Aber die Französin war eine *Femme de lettres* großen Stils, dazu eine Salonière, die in ihrem Schloß Coppet am Genfer See den Verfolgten des napoleonischen Regimes ein Asyl schuf. Wenn sie, schrill und pathetisch, die Tragödien Racines deklamierte, schien ein Hauch des Außerordentlichen durch das Wittumspalais zu wehen. Dort war Madame de Staël, zusammen mit dem Schriftsteller Benjamin Constant, der sie begleitete, fast allabendlich eingeladen, zum Souper und zum Kartenspiel.

Es waren letzte Aufheiterungen in einem Dasein, das durch den Tod naher Menschen immer häufiger verdunkelt wurde. Anna Amalias Tafelrunde begann sich zu lichten, erst durch das Hinscheiden Herders, der die schmerzlichste Lücke hinterließ, dann, anderthalb Jahre später, durch den Tod Schillers. Eine Genugtuung war noch die Eheschließung des Enkels Carl Friedrich mit der russischen Großfürstin Maria Pawlowna, zu der die Greisin ein herzliches Verhältnis gewann. Im November 1805 kam sogar der Bruder der Schwiegerenkelin, Zar Alexander I., nach Weimar, ein westeuropäisch gebildeter Monarch und ein Charmeur dazu, der auch Anna Amalia zu bezaubern vermochte und sie mehrfach höchstpersönlich zur Tafel führte. Aber seine Visite galt nicht in erster Linie der Schwester, sondern der Suche nach Verbündeten für den nächsten Krieg gegen das napoleonische Frankreich. So war der erste Besuch eines Zaren am weimarischen Hof beherrscht vom Ausblick auf kommende Spannungen und Verhängnisse.

Sie entluden sich, als im Jahr darauf Sachsen-Weimar von Preußen und Rußland in einen aussichtslosen Waffengang gegen Napoleon gezogen wurde. Das Herzogtum sollte nicht nur wieder einmal zu den Verlierern der Geschichte gehören, sondern es wurde sogar zum Hauptkriegsschauplatz. Am Morgen des 14. Oktober 1806 entbrannte ganz in der Nähe die Doppelschlacht bei Jena und Auerstedt, an der enge Verwandte Anna Amalias unmittelbar beteiligt waren. Ihr Sohn, Herzog Carl August, befehligte die Avantgarde der preußischen Hauptarmee, die wiederum unter dem Kommando ihres Bruders, des Herzogs Carl Wilhelm Ferdinand von Braunschweig, im Raum Auerstedt operierte. Während von dort Kanonendonner zu vernehmen war und retirierende Preußen bald keinen Zweifel mehr am unglücklichen Ausgang der Schlacht duldeten, ließ sich Anna Amalia von ihrer Schwiegertochter zur Flucht bewegen, die sie zusammen mit der Enkeltochter Caroline, der Göchhausen und dem Kammerherrn von Einsiedel noch am 14. Oktober antrat. Sie flohen über verstopfte Straßen und Chausseen, inmitten von Überlebenden, Verwundeten und herrenlosen Pferden, vorbei an geplünderten Städten und brennenden Dörfern, vom Chaos getrieben und überall vom Chaos erwartet.

Die fliehende Fürstin wollte ins heimatliche Braunschweig, aber erst unterwegs erfuhr sie das volle Ausmaß der Katastrophe, die ihr den Weg in die Stadt ihrer Kindheit und Jugend abschnitt. Die preußische Armee, bisher noch umrankt von der Aura Friedrichs des Großen, war bei Jena völlig zerschmettert worden. Anna Amalias Bruder, der einundsiebzigjährige Herzog von Braunschweig, hatte bei Auerstedt durch einen Kartätschensplitter das Augenlicht verloren und starb kurz danach, ebenfalls auf der Flucht. Sein Herzogtum wurde durch Napoleon von der politischen Landkarte getilgt und dem neuen Königreich Westfalen zugeschlagen, das den jüngsten Bruder des Korsen mit einer Krone versorgen sollte. Wie es mit Sachsen-Weimar weitergehen würde, schien völlig ungewiß, zumal der Herzog Carl August in den Wirren des preußischen Rückzugs verschollen und vorläufig unauffindbar war. Nur mit

Mühe vermochte seine Frau, die Herzogin Louise, den triumphie-
renden Napoleon zum Einstellen der Plünderung zu bewegen.

Indessen irrten Anna Amalia und ihre Begleiter über Erfurt nach
Göttingen, von da weiter nach Kassel, schließlich nach Eisenach,
wo man Ende Oktober beschloß, wieder nach Weimar zurückzu-
kehren, schon weil ein anderer Ausweg kaum offenstand. Die trüben Gedanken, die während ihrer Odyssee die Herzogin-Mutter
beschäftigten, überwogen noch die äußeren Gefahren. Mußte sie
nicht an diesen Tagen die Vernichtung ihres ganzen Lebenswerkes
befürchten? Wenig später schrieb der Sohn Carl August an Madame de Staël: „Sie sah ihre ganze Familie untergehen ... Mit großer
Ruhe ertrug sie alle diese Ereignisse, versenkte ihren Schmerz in
sich selbst."

Daß die Franzosen im Wittumspalais nur den Weinkeller geleert,
in Tiefurt aber deutlichere Spuren der Verwüstung hinterlassen hatten, nahm die Heimgekehrte gefaßt auf. Die Trauer um den toten
Bruder übertraf dergleichen Bagatellen, wie sie Herrn von Knebel
schrieb: „Ich beruhige mich mit dem Trost, daß ich ihn glücklich
finde, nicht mehr die Schmach der Menschheit zu empfinden, die
mehr als Tod ist und die Menschen zu Tieren heruntersetzt." Die
Lebenden bekamen bittere Worte zu hören, wenn die alte Fürstin
deren Entscheidungen weder verstehen konnte noch wollte. Sogar
der Sohn Carl August gehörte dazu, der genötigt war, dem Rheinbund beizutreten, auch der bewunderte Goethe, der sich zum be-
geisterten Napoleoniden zu mausern begann.

Es waren Ereignisse und Gesinnungen, unverständlich, ja unerhört aus der Perspektive eines Musenhofes, der allerdings nicht
mehr bestand. Die Epoche, der die Herzogin Anna Amalia entstammte und die sie als die ihrige anerkannte, war nicht erst am
Tag von Jena und Auerstedt dahingegangen. Ob die Saat, die sie
ausgestreut hatte, noch Früchte bringen würde, blieb einer unsi-
cheren Zukunft vorbehalten.

Sie starb wenige Monate nach ihrer Rückkehr, am 10. April 1807,
einem Freitag, zwischen vierzehn und fünfzehn Uhr, im Wittumspalais an einem Schlaganfall, „allen zur Trauer, mir zum besonderen
Kummer", wie Goethe notierte. Im Festsaal des Wittumspalais wurde die Tote öffentlich aufgebahrt und anschließend, einem alten

Brauch folgend, in der Nacht vom 13. auf den 14. April vor dem Altar der Stadtkirche zu St. Peter und Paul bestattet, als letzte Angehörige des ernestinischen Hauses, die ihr Grab in dieser Kirche fand. Einen Nachruf, den Goethe auf die Fürstin verfaßt hatte, verlasen die Geistlichen von allen Kirchenkanzeln des Herzogtums. „Sie gefiel sich im Umgang geistreicher Personen", hieß es darin, „und freute sich Verhältnisse dieser Art anzuknüpfen, zu erhalten und nützlich zu machen; ja es ist kein bedeutender Name von Weimar ausgegangen, der nicht in ihrem Kreise früher oder später gewirkt hätte."

Kurz darauf starb auch, obwohl dreizehn Jahre jünger als ihre Herrin, das Fräulein von Göchhausen, wie wenn für sie das Dasein nun keinen Sinn mehr gehabt hätte. Eigentlich sei das Fräulein, schrieb der Bibliothekar Fernow, schon seit dem 10. April tot, „sie war nur noch nicht gestorben. Amaliens Tod war auch der ihre, und seit diese nicht mehr war, war auch ihre Existenz so gut wie vernichtet."

Der Tod Anna Amalias schuf, wie bereits der Tod Schillers zwei Jahre zuvor, eine Zäsur, die das Ende von Weimars klassischer Periode markiert. Wie keine andere Persönlichkeit hat diese Frau den Aufstieg der Stadt von einer Zwergresidenz zu kultureller Weltgeltung vorbereitet, gefördert und begleitet. Es geschah, wenn man ihre Anfänge bedenkt, gleichsam aus dem Nichts heraus, wobei ihr außerdem nur höchst bescheidene materielle Mittel zur Verfügung standen. Courage, Phantasie, Vorurteilslosigkeit, Spontaneität, der geduldige Blick für das Machbare sowie ein sicheres Gespür für die Qualitäten von Mitarbeitern und Mitstreitern waren die Quellen, aus denen die Fürstin schöpfte, die doch so oft Augenzeugen als empfindsam und zerbrechlich erschienen ist. Ihr Lebenswerk betrachtete sie als ein Erbe, das dem Sohn Carl August zur Pflege und Mehrung überantwortet war. Nichts hat daher die Herzogin so ernst genommen wie die Bildung dieses Sohnes, durch geeignete Erzieher und durch ihr eigenes Beispiel. An der Begründerin von Weimars Ruhm mußten sich künftig der Sohn und alle seine Nachfolger messen lassen.

3. Kapitel

Mehr als ein Kaiser und König

– Carl August und Louise

„E r war damals sehr jung", erzählte Goethe im Todesjahr des Großherzogs Carl August seinem Adlatus Eckermann, „doch ging es mit uns freilich etwas toll her. Er war wie ein edler Wein, aber noch in gewaltiger Gährung. Er wußte mit seinen Kräften nicht wo hinaus, und wir waren oft sehr nahe am Halsbrechen. Auf Parforcepferden über Hecken, Gräben und durch Flüsse, und bergauf bergein sich tagelang abarbeiten, und dann nachts unter freiem Himmel kampieren, etwa bei einem Feuer im Walde: das war nach seinem Sinne. Ein Herzogtum geerbt zu haben war ihm nichts, aber hätte er sich eins erringen, erjagen und erstürmen können, das wäre ihm etwas gewesen."

Etwas vom Ungestüm, das bald darauf die Marschälle Nepoleons über die Schlachtfelder Europas stürmen ließ, war auch in Carl August von Sachsen-Weimar rege. Er besaß ein Naturell, in dem sich die Züge eines Soldaten mit denen eines Glücksritters, ja mit denen eines Abenteurers mischten, ohne daß ihm dabei Generosität, Humor und Takt gefehlt haben. Eine gewisse jugendliche Unbekümmertheit blieb ihm noch in vorgerückten Jahren, so daß die Schmähung vom „Altburschen zu Weimar" gar nicht unzutreffend war, mit der die Sachwalter der Reaktion den sechzigjährigen Fürsten herabsetzen wollten. Offenbar konnte man sich noch den greisen Carl August besser in der Schenke, am Lagerfeuer oder gar auf dem Paukboden vorstellen als im Thronsaal. „Übrigens hing die alte Droschke des Großherzogs kaum in Federn", erzählte Goethe weiter. „Wer mit ihm fuhr, hatte verzweifelte Stöße auszuhalten. Und das war ihm eben recht. Er liebte das Derbe und Unbequeme und war ein Feind aller Verweichlichung."

Eigentlich paßte der Mann, der sich zeitlebens viel vom Übermut eines Korps-Studenten erhielt, an keinen Musenhof, obwohl er dieser Institution seiner Mutter die Achtung nicht versagt und sogar oft an ihr teilgenommen hat. Im Grunde war ganz Sachsen-Weimar, das zersplitterte Hunderttausend-Seelen-Ländchen, viel zu klein für Carl Augusts Temperament und für seinen konzipierenden Geist. Goethe, der den Freund und Schirmherrn besser kannte als jeder andere Mensch, hat in einem seiner *Venezianischen Epigramme* die bescheidenen Dimensionen angedeutet, die dem Herzog von vornherein nur einen geringen Spielraum ließen:

Klein ist unter den Fürsten Germaniens freilich der meine,
Kurz und schmal ist sein Land, mäßig nur, was er vermag.

Was ihm jedoch an äußerer Macht und Geltung fehlte, wußte er
durch Einfallsvermögen und Großzügigkeit wettzumachen, deren
wichtigste Voraussetzung ja nicht etwa erheblicher materieller
Reichtum, sondern eine bestimmte innere Haltung ist. Mit einem
Minimum finanzieller Möglichkeiten hat der Herzog dem Dasein
des Freundes alle nur denkbaren Sicherheiten verschafft und darüber hinaus, das Werk der Mutter fortsetzend, die Stadt Weimar
endgültig zu einem Hort der europäischen Kultur gemacht, wovon
sie zehrt bis zum heutigen Tag. Dankbar konnte daher der Dichter
in seinem Epigramm fortfahren:

Denn mir hat er gegeben, was Große selten gewähren,
Neigung, Muße, Vertraun, Felder und Garten und Haus.
Niemand braucht' ich zu danken als Ihm, und manches bedurft' ich,
Der ich mich auf den Erwerb schlecht, als ein Dichter, verstand. ...
Niemals frug ein Kaiser nach mir, es hat sich kein König
Um mich bekümmert, und Er war mir August und Mäcen.

Einst hatte der Ritter Maecenas die großen römischen Dichter um
den Kaiser Augustus geschart, ihnen finanzielle Unabhängigkeit
beschert und ein sorgenfreies Arbeiten ermöglicht. Seither waren
beide Namen zu geläufigen Synonymen geworden: Maecenas wurde zum Gattungsnamen für einen freigebigen Gönner schöpferischer Menschen, Augustus zum Inbegriff einer Hochblüte für
Kunst und Wissenschaft. Für Goethe, um den sich weder ein Kaiser
noch ein König je bekümmert hatte, war der Herzog von Weimar
beides in einer Gestalt, „August und Mäcen".

Man könnte das Halbjahrhundert, dem der Herzog das Gepräge
gab, Weimars „Augusteisches Zeitalter" nennen, aber dieser Begriff
aus einer imperialen Sphäre scheint der Duodez-Residenz nicht
recht angemessen zu sein. Zudem war die Attitüde des Imperators
dem Herrscher völlig fremd, so gern er sich auch in der Rolle eines
Eroberers gesehen hätte. Der Glücksfall, den er für Weimar mit sich
brachte, bestand darin, daß hier auf eine bedeutende Regentin, die

Herzogin Anna Amalia, ein ebenso bedeutender Erbe folgte, sogar noch lange zu ihren Lebzeiten, denn die Mutter starb erst, als der Sohn schon seit über drei Jahrzehnten die Verantwortung trug. Für die kontinuierliche Entwicklung des Städtchens an der Ilm war das ein Segen, so unterschiedliche Persönlichkeiten Mutter und Sohn sonst auch sein mochten. Diese in der Kulturgeschichte sehr seltene, fast einzigartige Konstellation konnte fruchtbar in die Zukunft wirken durch die Intelligenz, die Hochherzigkeit und die Originalität von Anna Amalias Sohn und Nachfolger. Ein Eroberer und Imperator ist er dabei nicht geworden, wohl aber der Protektor schöpferischer Persönlichkeiten, um die sich Kaiser und Könige nicht zu kümmern pflegten.

Die Rolle des Schirmherrn deutscher Dichter und Philosophen ist ihm an der Wiege nicht geweissagt worden, eher schon die eines Kriegsmannes. Als der Erbprinz Carl August am 3. September 1757 zur Welt kam, muß seine Mutter das Lärmen marodierender Franzosen und Ungarn vernommen haben: Weimar war Spielball der rivalisierenden Mächte des Siebenjährigen Krieges geworden. Daß er, zusammen mit dem um ein Jahr jüngeren Bruder Constantin, vaterlos aufwuchs, dürfte für seine Entwicklung ziemlich bedeutungslos gewesen sein, denn Väter in jenen Kreisen pflegten sich um ihre Kinder kaum zu kümmern. Dafür waren Erzieher und andere Hofchargen verantwortlich, die auch diesen Prinzen nicht als ein Kind, sondern als einen kleinen Erwachsenen behandelten, noch dazu als einen, von dem sie wußten, daß er sie alle eines Tages nahezu schrankenlos kommandieren konnte.

Man steckte ihn in einen winzigen Staatsfrack, in weiße Strümpfe und Schnallenschuhe, zierte sein Haupt mit einer Perücke, seine Brust mit dem weimarischen Hausorden und seine Seite mit einem viel zu großen Degen, über den der Knabe zuweilen strauchelte. So schritt er gravitätisch, wenn auch gelegentlich stolpernd, die Phalanx der Höflinge ab, halb Marionette, halb Porzellanfigur, die kleine Kinderhand den Erwachsenen huldvollst zum Handkuß hinstreckend und an die Bedienten Almosen verteilend. Das Prinzlein war gerade sechs Jahre alt, als es die Sitzung des Landtages eröffnen mußte, mit einer aus lateinischen und französischen Phrasen destillierten barocken Suada, die man ihm vorher eingetrichtert hatte, ohne daß er selber davon etwas verstand. Besonders lustig oder gar spannend war das alles nicht für einen kleinen Jungen, der froh sein mußte, wenn er stundenweise zu den Jägern und Soldaten, zu den Pferden und Hunden entkommen oder mit einer Liliput-Kanone die Bäume an der Belvederer Allee zerschießen konnte.

Die Erziehung lag in den Händen des Grafen Johann Eustachius von Görtz zu Schlitz, eines Gefolgsmannes des Philanthropen Basedow, dessen pädagogische Grundsätze auch die seinen waren. Das gute Einvernehmen, das er mit seinem Schützling Carl August herzustellen vermochte, erregte allerdings das Mißtrauen der Herzogin Anna Amalia, die glaubte, daß sich hier ein Komplott des Sohnes und seines Erziehers gegen ihre Regentschaft zusammenbraute. Ganz aus der Luft gegriffen waren solche Befürchtungen nicht, denn Görtz verband die Vertrauensstellung, die er einnahm, tatsächlich mit sehr persönlichen Ambitionen und hat im Hintergrund auf das vorzeitige Ende von Anna Amalias Herrschaft hingearbeitet. Carl August wiederum wußte, daß die Mutter das Amt nur treuhänderisch ausübte, das eigentlich ihm gebührte. Warum durfte der Wechsel erst an seinem achtzehnten Geburtstag wirksam werden? War er, der Erbprinz, nicht gesund und in seinem Wartestand ziemlich unausgelastet?

Insofern erlangte der Zustand der Vaterlosigkeit für Carl August doch eine gewisse Bedeutung, nicht in pädagogischer, sondern in seelischer Hinsicht. Er besaß keine Geduld und glaubte die Durststrecke zum Ziel mit einer Hetzjagd abkürzen zu können. Es bedurfte später schmerzhafter Erfahrungen, den Fürsten von seiner Ungeduld zu kurieren. Wenigstens sollte sich auf die Dauer seine Lernfähigkeit noch stärker als seine Unrast erweisen, obwohl sie nie ganz aufhörte, ihn umzutreiben. Der erste Mensch, der beschwichtigend auf den jungen Mann einwirkte und in ihm den Glauben an die sanfte Kraft der Humanität pflanzte, war der Schriftsteller Christoph Martin Wieland, den die Herzogin als zweiten Erzieher, gleichsam als Korrektiv zum Grafen Görtz, engagierte. Wieland schien sich seiner Aufgabe recht sicher zu sein: „Man mache aus ihm einen aufgeklärten Monarchen, so will ich für sein Herz bürgen."

Das war nun freilich kaum mehr als ein Allgemeinplatz aus dem Arsenal einer schier unbegrenzt optimistischen Epoche, deren

Wortführer noch nicht ahnten, welchen Prüfungen künftig Vernunft und Fortschrittsglauben ausgesetzt sein würden. Immerhin schienen mit dem Rauch des abgebrannten Weimarer Schlosses auch die Zwistigkeiten des Herrscherhauses abzuziehen: Anna Amalia blieb im Amt, gewährte aber, dem Rat des Ministers Fritsch folgend, dem Erbprinzen Sitz und Stimme im Geheimen Consilium, der obersten Regierungsbehörde, um ihn so auf seine Lebensaufgabe vorzubereiten. Vor allem wurde ihm und dem Bruder Constantin die große Kavaliers- und Bildungstour zugestanden, die damals der Erziehung hoher Herren die gehörige Weltläufigkeit vermitteln sollte. Am 8. Dezember 1774 brach man auf: die Prinzen Carl August und Constantin, Graf Görtz, der Leibchirurgus Engelhardt, der Oberstallmeister von Stein sowie Carl Ludwig von Knebel, der neuerdings als Hofmeister dem jüngeren der beiden Prinzen attachiert war.

Herr von Knebel war es auch, der dafür sorgte, daß die Reise, schon drei Tage nach ihrem Beginn, Epoche machen sollte in der deutschen Kultur- und Geistesgeschichte. Am 11. Dezember suchte er, im Haus am Großen Hirschgraben zu Frankfurt, den fünfundzwanzigjährigen Goethe auf, dessen *Werther* ein Vierteljahr zuvor erschienen war und gewaltiges Aufsehen erregte beim Publikum. Es gelang Knebel, den jungen Autor zu den beiden weimarischen Prinzen zu führen, die im „Roten Haus" wohnten und gerade ein noch unaufgeschnittenes Exemplar von Justus Mösers *Patriotischen Phantasien* vor sich auf dem Tisch liegen hatten. Wo doch „sonst dem Deutschen Reiche Zersplitterung, Anarchie und Ohnmacht" vorgeworfen werde, wußte Goethe sogleich zu berichten, sei in Mösers Schrift „gerade die Menge kleiner Staaten als höchst erwünscht zu [sic!] Ausbreitung der Kultur" dargestellt. So schilderte der Dichter später in *Dichtung und Wahrheit* sein erstes Gespräch mit dem Erbprinzen von Weimar, der demnächst die Regierung eines solchen kleinen Staates antreten sollte und insofern die Rechtfertigung deutscher Ländervielfalt gern gehört haben wird. Man fand überhaupt schnell Gefallen aneinander und vereinbarte ein weiteres Treffen schon ein paar Tage danach in Mainz.

Dort kamen der Prinz und der Dichter auf Carl Augusts Mentor Wieland zu sprechen, den Goethe kurz zuvor in einer despektierlichen Farce der Lächerlichkeit preisgegeben hatte. Jetzt hielt er es für angebracht, einen Versöhnungsbrief an den berühmten Schriftsteller zu schreiben, mit dem ihn dann in Weimar eine nahezu ungetrübte kollegiale Beziehung verband. Noch wichtiger war es, daß die Frankfurter und Mainzer Begegnungen den Grundstein legten zu Goethes und Carl Augusts Lebensfreundschaft, ohne die keine Weimarer Klassik entstanden wäre.

Die Kavalierstour, die, wie sich zeigen sollte, ganz im Zeichen der Zukunft stand, wartete schon wenige Tage später mit einem weiteren wichtigen Ereignis auf. Am 19. Dezember 1774 verlobte sich Carl August, am Hof zu Karlsruhe, mit der fast gleichaltrigen Prinzessin Louise von Hessen-Darmstadt, die er bereits von einem Treffen in Erfurt kannte. Ihre Mutter, die inzwischen verstorbene Landgräfin Caroline, hatte in Darmstadt einem empfindsam-schöngeistigen Kreis vorgestanden, der dem Musenhof Anna Amalias nicht unähnlich war. Zusammen mit zwei ihrer Schwestern war Louise von der Zarin Katharina II. nach Sankt Petersburg beordert worden, wo sich die drei jungen Damen der taktlosen Begutachtung für eine geeignete Gemahlin des Thronfolgers Paul unterwerfen mußten. Diese unwürdige „Brautschau", die Louise nicht bestand und von der sie als untauglich befunden nach Hause zurückkehrte, steigerte in ihr eine bereits vorhandene Scheu zum tiefen Gehemmtsein gegenüber Männern, was dann die Ehe mit Carl August schwer belasten sollte. Vorläufig freilich war noch nicht die Rede von solchen Schwierigkeiten. „Sieht er als ein Verliebter gut aus? Ist er sehr ergriffen?" fragte beim Grafen Görtz die Herzogin Anna Amalia aus dem heimischen Weimar an, die doch aus eigener Erfahrung wissen mußte, daß es bei hochfürstlichen Eheanbahnungen aufs Verliebtsein nicht ankam.

Von Karlsruhe ging die Reise weiter, zunächst nach Straßburg, dann nach Paris, wo der Baron von Grimm, der unermüdliche Brückenbauer zwischen deutscher und französischer Kultur, alle Wege ebnete. Sie führten von der *Comédie Française* über die Salons der Enzyklopädisten bis an den Hof von Versailles, zu einer Audienz bei Ludwig XVI. und Marie Antoinette. Der Aufenthalt folgte einem Programm, wie es für vornehme Besucher aus der deutschen Provinz mehr oder weniger obligatorisch war, einschließlich der Visiten in den Boudoirs eleganter Kurtisanen, deren Reize auch dann genossen wurden, wenn in Karlsruhe eine Verlobte wartete. Mit ihr gab es ein Wiedersehen auf der Rückreise, beim Markgrafen von Baden, wo sich auch Goethe einfand, der gerade mit einigen Freunden unterwegs in die Schweiz war. Carl Augusts Braut sei ein Engel, gestand Goethe einer Bekannten, „der blinkende Stern konnte mich nicht abhalten, einige Blumen aufzuheben, die ihr vom Busen fielen und die ich in der Brieftasche verwahre". Beim Abschied versicherten dem Dichter der Bräutigam und die Braut, „es würde ihnen beiderseits angenehm sein, mich bald in Weimar zu sehn".

Dort, in der Heimatstadt, die demnächst Carl Augusts Residenz werden sollte, kam die Reisegesellschaft Ende Juni 1775 wieder an, vorläufig noch ohne die Prinzessin Louise und ohne den Doktor Goethe. Die wenigen Wochen, die bis zum achtzehnten Geburtstag des Erbprinzen blieben, nutzte Anna Amalia für die Entlassung des ihr längst suspekten Grafen Görtz. „Ich bin überzeugt, daß Görtz meinen Sohn verzogen hat, und zwar gründlich", ließ sie sich grimmig in einem Brief an den Minister Fritsch vernehmen. Es war so ziemlich ihre letzte Handlung als Regentin, bevor am 3. September 1775, an Carl Augusts achtzehntem Geburtstag, der Regentschaftswechsel vollzogen wurde. Eine Ära war zu Ende, eine neue begann, in die ein tatendurstiger junger Herr ungeduldig hineinsteuerte.

Carl August, nunmehr „von Gottes Gnaden Herzog von Sachsen-Weimar und Eisenach", gedachte seine Herrschaft gleich mit der Gemahlin zu beginnen, die ihm Kinder schenken und damit die weitere Thronfolge für eine ferne Zukunft sichern sollte. Ungeduldig, wie er auch hierin war, wollte er diesem Grundgesetz jedes monarchischen Regimes möglichst schnell Genüge tun, so daß er, gerade erst in sein Amt eingeführt, wieder nach Karlsruhe reiste. Dort wurde am 3. Oktober 1775 in aller Form die Ehe mit Louise von Hessen-Darmstadt geschlossen, begleitet von einem keineswegs üppigen Zeremoniell, jedoch nach Ausfertigung des Ehevertrages, der Mitgift und Vermögensansprüche der Braut genau regelte. Auf der Rückfahrt kam es in Frankfurt zu einer erneuten Begegnung mit Goethe, den das jungvermählte Paar nochmals dazu ermunterte, die beschwerliche Fahrt vom Main an die Ilm nicht zu scheuen. „Ich geh nach Weimar! Freut Sie das? Ich will sehn, obs möglich ist, mit Wieland auszukommen", schrieb der Dichter fast ausgelassen an die Schriftstellerin Sophie von La Roche, die einmal, in grauer Vorzeit, mit Wieland verlobt gewesen war.

Inzwischen, am 17. Oktober, hielten Carl August und Louise unter Glockenläuten und Kanonendonner pompösen Einzug in ihrer Residenz, neugierig erwartet von der Herzogin-Mutter Anna Amalia, dem Prinzen Constantin und den versammelten Honoratioren. Das Paar bezog das damals schmucklose und wenig anheimelnde Fürstenhaus neben der Bibliothek, während Anna Amalia fortan im Wittumspalais lebte. Daß sie, die lange die Geschicke des Landes geleitet und es dabei zu beträchtlicher Popularität gebracht hatte, den Weimarern noch immer als die eigentliche Herzogin galt, ist Louise schnell bewußt geworden. Es hat nicht dazu beigetragen, ihr das Eingewöhnen in der neuen Heimat zu erleichtern, obwohl sie sich redlich darum bemühte.

Drei Wochen nach dem feierlichen Einzug des herzoglichen Paares entstieg, vor dem Deutschherrenhaus des Kammerpräsidenten von Kalb unweit der Stadtkirche, Goethe mit seinem Diener Seidel dem Reisewagen. Es war Freitag, der 7. November 1775, morgens 5 Uhr, noch in der Dunkelheit. Er kam nur zu Besuch, vielleicht für ein paar Wochen, aus denen dann fast 57 Jahre werden sollten. Allerdings brachte er im Gepäck seine Manuskripte mit, darunter den *Urfaust* und ein Konvolut Gedichte. Ob Carl August mit der Einladung, die er mehrfach an den Poeten gerichtet hatte, bereits weitergehende Absichten und Ziele verband, ist schwer zu sagen, aber nicht auszuschließen. Jedenfalls gewann der Patriziersohn aus der Reichsstadt Frankfurt die Herzen im Sturm, allen anderen voran die Sympathie Wielands, der schon nach dem ersten gemeinsamen Mittagessen geradezu ins Schwärmen geriet: „Wie verliebt ich in ihn wurde, da ich am nämlichen Tage an der Seite des herrlichen Jünglings zu Tische saß." Zu denen, die sich sofort zu dem Neuankömmling bekannten, gehörten auch die Herzogin-Mutter Anna Amalia und die Herzogin Louise, während andere, besonders einige altgediente Höflinge sowie die Philister unter Weimars Bürgern, den Favoriten des neuen Herrschers mit unverhohlenem Mißtrauen beobachteten.

Stein des Anstoßes war das wilde Betragen, das sich der Herzog und sein Protegé in der Öffentlichkeit erlaubten. Was sollte man von diesen Herren halten, wenn sie Gläser aus den Fenstern des Fürstenhauses auf die Straße warfen, mit einer kläffenden Hundemeute durch das nächtliche Weimar johlten oder dem gerade in den Ehestand getretenen Bertuch die Wohnung demolierten? Es war ein gräßliches Lärmen, von dem die ganze deutsche Poetenrepublik widerhallte, so daß sich der Dichter Klopstock, der feierliche Sänger des *Messias*, zu einem strengen Abmahnungsschreiben an Goethe entschloß, das dieser erst nach zwei Monaten, noch dazu in einem ziemlich arroganten Ton, beantwortete. Charlotte von Stein, die Gattin des Oberstallmeisters, besaß durchaus einen Blick für Goethes Qualitäten und knüpfte mit ihm in jenen Tagen ein höchst diffiziles Verhältnis an, das ihrem Dasein viel Glanz und Bestätigung bescheren sollte. Aber den Herzog fand sie durch den Umgang mit diesem genialischen Eindringling unvorteilhaft verändert, wie sie nach einem Besuch Carl Augusts einem Korrespondenten kummervoll mitteilte: „Gestern war er bei mir, behauptete, daß alle Leute mit Anstand, mit Manieren nicht den Namen eines ehrlichen Mannes tragen könnten! ... Daher er auch niemanden mehr leiden mag, der nicht etwas Ungeschliffenes an sich hat."

Es gab Beobachter, die den geräuschvollen Eskapaden sogar einen gewissen Sinn unterstellten. Das stundenlange Knallen mit Riemenpeitschen, das der Herzog und sein Kumpan auf dem Marktplatz erschallen ließen, war durch die immer noch gültige Stadtordnung von 1590 ausdrücklich verboten. Aber es gab natürlich niemanden, der es gewagt hätte, Seiner Durchlaucht ein paar Taler Strafe abzuverlangen, und so konnten die beiden Störenfriede weiterhin damit den ehrsamen Bürgern auf die Nerven fallen. Sollte vielleicht, wenn der Landesherr derartig eklatant geltendes Recht brach, den Zeitgenossen signalisiert werden, daß er überhaupt entschlossen war, der Urväter Weisheit auf den Kehrichthaufen der Geschichte zu befördern? Sollte womöglich das wüste Peitschenknallen eine Revolution von oben ankündigen? Das waren Fragen, die wenige tiefsinnige Gemüter beschäftigten, andere haben einfach darüber gelacht.

Der Herzogin-Mutter Anna Amalia wurde Goethe schnell als *Maître de plaisir* ihres Musenhofes unentbehrlich, vor allem als

Spielmeister, Autor und Hauptdarsteller ihres Liebhabertheaters, das allerdings vornehmlich Carl August finanzierte. Daß es Neider und Heckenschützen gab, die ihre Rohre auf den Günstling richteten, kümmerte ihn kaum. Wie eine „Schlittenfahrt" gehe sein Leben dahin, „wunderlich Aufsehn" erregend, ließ er verlauten, und an den Freund Herder schrieb er Mitte Januar 1776: „Lieber Bruder, wir habens von jeher mit den Scheißkerlen verdorben, und die Scheißkerle sitzen überall auf dem Fasse." Etwa zum gleichen Zeitpunkt schrieb Wieland an den Kriegsrat Merck in Darmstadt: „Goethe kömmt nicht wieder von hier los. Carl August kann nicht mehr ohne ihn schwimmen noch waten. 's ist aber noch nichts Entschiednes." Es waren die entscheidenden Tage, an denen die enge Gefährtenschaft zu wachsen begann, die beide, den Herzog und den Dichter, für immer verbinden sollte. Bald duzten sie einander sogar, wovon Goethe jedoch nur unter vier Augen Gebrauch machte, da er mehr Respekt vor den hergebrachten Hierarchien besaß, als es die „Scheißkerle" für möglich hielten.

Mit Allotria und Lausbüberei hatte dies alles nur wenig oder gar nichts zu tun. Mehr als ein halbes Jahrhundert später, nach Carl Augusts Tod, erzählte Goethe seinem Famulus Eckermann, daß schon damals, beim achtzehnjährigen Herzog, „Keime und Knospen" anzeigten, „was einst der Baum sein würde. Er schloß sich bald auf das innigste an mich an und nahm an allem, was ich trieb, gründlichen Anteil. Daß ich fast zehn Jahre älter war als er, kam unserem Verhältnis zugute. Er saß ganze Abende bei mir in tiefen Gesprächen über Gegenstände der Kunst und Natur und was sonst allerlei Gutes vorkam. Wir saßen oft tief in die Nacht hinein, und es war nicht selten, daß wir nebeneinander auf meinem Sofa einschliefen."

In den ersten Monaten des Jahres 1776 unternahm Carl August energische Schritte, die darauf hinausliefen, den Vertrauten in seinem Hof und sein Land dauerhaft zu integrieren. Aus dem Gast mußte ein Mitarbeiter, aus dem Frankfurter Patriziersproß ein Weimarer Bürger werden, wenn nicht dessen Aufenthalt ein brillantes Feuerwerk bleiben sollte, das schnell verpuffte. Am 16. März 1776 gewährte er seinem Favoriten ein Jahresgehalt von 1 200 Talern, am 21. April schenkte er ihm das Gartenhaus am Stern: die erste Gabe einer ganzen Kette von generösen Zuwendungen, die dazu bestimmt waren, den Freund für immer an Weimar zu binden. Am 11. Juni ernannte er ihn zum Geheimen Legationsrat mit Sitz und Stimme im Geheimen Consilium, wodurch der Verfasser des *Werther* einer der höchsten Beamten des ganzen Herzogtums wurde.

Diese Schritte mußten einer Heerschar von Widersachern abgetrotzt werden, auch solchen, die dem Herzog wohlgesonnen waren. Der Minister von Fritsch protestierte und kam um seine Entlassung ein, da „ich in einem Collegio, dessen Mitglied gedachter Dr. Goethe anjetzt werden soll, länger nicht sitzen kann". Hierauf schrieb ihm Carl August einen klugen Brief, der anzeigte, daß dieser Monarch mit Bravour die Schule Wielands durchlaufen hatte: „Einen Mann von Genie nicht an dem Ort gebrauchen, wo er seine außerordentlichen Talente nicht gebrauchen kann, heißt, denselben mißbrauchen ... Was das Urteil der Welt betrifft, welche mißbilligen würde, daß ich den Dr. Goethe in mein wichtigstes Collegium setzte, ohne daß er zuvor weder Amtmann, Professor, Kammer- und Regierungsrat war, dieses verändert gar nichts. Die Welt urteilt nach Vorurteilen, ich aber und jeder, der seine Pflicht tun will, arbeitet nicht, um Ruhm zu erlangen, sondern um sich vor Gott und seinem eignen Gewissen rechtfertigen zu können, und suchet auch ohne den Beifall der Welt zu handeln." Fritsch zog seine Demission zurück und arbeitete nachher mit Goethe ersprießlich zusammen, obwohl er literarisch zeitlebens ein Gellert-Verehrer blieb.

Wenn die Berufung Wielands die wichtigste Entscheidung Anna Amalias gewesen ist, so war die Etablierung Goethes in Weimar die bedeutsamste Tat von Carl Augusts ganzem Regentenleben. Er hat alles getan und aufgeboten, um diesen „Mann von Genie" nach Weimar zu holen, hier seßhaft zu machen und auf die Dauer zu halten. Es war eine permanente, über Jahrzehnte erbrachte mäzenatische Leistung, die keiner weiteren Rechtfertigung bedarf.

„Regieren!!" hieß es frohlockend in Goethes Tagebuch vom 8. Oktober 1777. Er leitete das Straßenbauwesen, die Kriegskommission, die herzogliche Vermögensverwaltung und kümmerte sich zwanzig Jahre lang, wenn auch zuletzt vergeblich, um die Reaktivierung des zum Erliegen gekommenen Bergbaus bei Ilmenau. Er erledigte die schier uferlose Kleinarbeit, selbst wenn sie oft nur aus

Quisquilien bestand, und hat tatsächlich an den meisten Sitzungen des Geheimen Consiliums teilgenommen, bis zum Antritt seiner italienischen Reise. Weit folgenreicher noch waren die Impulse, die ihm das geistige Klima Weimars verdankte. Dazu zählte auch der Ruf, den Carl August an Johann Gottfried Herder ergehen ließ, der bereits ein knappes Jahr nach Goethes Ankunft das Amt des Hofpredigers erhielt und später Generalsuperintendent und Oberkonsistorialrat wurde.

Carl August und Goethe sind an diesen Bemühungen gemeinsam gewachsen, und so war es wohl mehr als nur eine Huldigung, wenn der Dichter seinem Herzog zu dessen 26. Geburtstag, am 3. September 1783, das *Ilmenau*-Gedicht dedizierte, das die Summe der ersten Regentenjahre zog:

So mög', o Fürst, der Winkel deines Landes
Ein Vorbild deiner Tage sein!
Du kennest lang' die Pflichten deines Standes
Und schränkest nach und nach die freie Seele ein.
Der kann sich manchen Wunsch gewähren,
Der kalt sich selbst und seinem Willen lebt;
Allein wer andre wohl zu leiten strebt,
Muß fähig sein, viel zu entbehren.

Inwieweit das „Entbehren", von dem Goethe hier doppelbödig spricht, auch auf Carl Augusts Ehe gemünzt war, muß offen bleiben, es ist aber anzunehmen. Denn die Verbindung mit Louise von Hessen-Darmstadt hatte eine Lebensgemeinschaft begründet, unter der beide Eheleute, die Herzogin und der Herzog, zunehmend litten. Louise, an und für sich schon dem Eros abgeneigt und seit der fehlgeschlagenen Petersburger Brautfahrt zutiefst gedemütigt, war die Erfüllung der ehelichen Pflichten ein Greuel. Carl August bestand jedoch darauf, da er von seiner Frau die Fortpflanzung der Dynastie und vor allem die Geburt eines Erbprinzen erwartete.

Nichts wäre ungerechter, als der jungen Herzogin eine latente oder offene Gefühlskälte vorzuwerfen. Das Gegenteil war der Fall: Die literarischen Freundschaften ihrer Mutter und die eigene Belesenheit hatten zur Steigerung von Louises Empfindsamkeit geführt, der aber jede Sinnlichkeit fehlte. Nicht von ungefähr wurde ihr in zahlreichen Briefen der Zeitgenossen der Vergleich mit einem „Engel" zuteil, der weit über den Niederungen menschlicher Lüste und Begierden schwebte. Carl August wiederum, außerstande, auf die Erfüllung seiner offenbar stark entwickelten sexuellen Bedürfnisse zu verzichten, hielt sich mit allerlei Liebschaften und „Miseleien" schadlos. Das elsässische Wort „Misel", das eigentlich Mäuschen bedeutet, hatte er dem Vokabular seines Freundes Goethe entnommen, der darunter leichtgeschürzte junge Mädchen verstand, ausschließlich geeignet zur Befriedigung der Fleischeslust.

Nahestehende Bekannte bemerkten das Ehe-Dilemma und beklagten es, daß hier zwei Menschen, die sie beide schätzten, nicht zueinanderfinden konnten. Bereits im März 1776 fragte Wieland, ratlos und betrübt, in einem Brief an Lavater: „Warum kann Carl August den Engel nicht aus meinen Augen sehen, warum kann Louise den edlen, guten, biederherzigen Carl August nicht mit meinen Augen sehen? Warum? Warum?" Daß der Herzog sich mit Dorfschönen tummelte und dann, polternd und flegelhaft, seine bellenden Hunde durch die Gemächer der Herzogin hetzte, wußte alle Welt, die davon wahre Skandalgeschichten, auch weit übertriebene, kolportierte. Schlimm muß es freilich oft genug gewesen sein, was Louise, meistens nur andeutungsweise, wenigen Vertrauten zu erkennen gab, etwa im Juli 1777 der Frau von Stein: „Was mich in Belvedere betrifft, so kümmere ich mich wenig um das Menschengeschlecht und wünsche, es kümmerte sich wenig um mich ... Der Herzog schmollt seit einigen Tagen mit mir, und ich weiß nicht, weshalb, aber ich bin sehr ruhig."

Die Fürstin hat dann trotzdem, im Lauf von schweren anderthalb Jahrzehnten, sieben Kinder zur Welt gebracht, von denen nur drei das Erwachsenenalter erreichten. Der Erbprinz Carl Friedrich kam erst am 2. Februar 1783 zur Welt, von seinem Vater emphatisch begrüßt: „Ein Verewiger, ein Fortpflanzer, ein Endzweck, Erbe, kurzum ein Sohn!" Kein Geringerer als Herder taufte den Prinzen, der später die russische Großfürstin Maria Pawlowna heiratete und schließlich Carl Augusts Nachfolger wurde. Die Prinzessin Caroline Louise, geboren am 18. Juli 1786, ein kränkliches Kind, sollte sich der besonderen Zuneigung Goethes erfreuen, mit dem sie auch noch als Gattin des Erbprinzen von Mecklenburg-Schwerin im engen Gespräch blieb. Sie starb dreißigjährig, von Goethe in dem Gedicht „Trauerloge" beklagt. Prinz Carl Bernhard, das letzte der Kinder, erblickte am 30. Mai 1792 das Licht der Welt. Er wurde Soldat, zur Freude seines Vaters, focht in der Schlacht bei Waterloo mit und brachte es als General in niederländischen Diensten sowie als Kommandant der Insel Java zu hohem Ansehen.

Währenddessen blieb die Ehe Carl Augusts und Louises weiterhin starken Bedrängnissen ausgesetzt, die an beiden nicht spurlos vorübergingen. Es dauerte noch viele Jahre, bis der Herzog erkennen mußte, daß seine Frau in Krisenzeiten sehr wohl ihren Mann zu stehen wußte. Erst spät, fast schon an der Schwelle des Alters, vermochten die beiden gelassener, zuletzt beinahe kameradschaftlich miteinander umzugehen. Louises Rang als First Lady des Landes hat Carl August nie ernsthaft in Frage gestellt, auch nicht auf dem Höhepunkt der ehelichen Irritationen. Andererseits billigte die Herzogin die kulturellen Aktivitäten ihres Mannes und unterstützte ihn dabei, Goethe sowie andere Zelebritäten nach Weimar zu holen und hier zu halten.

Der Gang der Ereignisse war in den ersten Regierungs- und Ehejahren Carl Augusts allerdings nicht vorauszusehen, die Zukunft lag irgendwo hinter einer dichten Nebelwand, sowohl im menschlich-familiären als auch im öffentlich-politischen Raum. Der junge Herzog mußte schnell begreifen, daß er mit seinem kleinen Land in die schwer durchschaubaren Konstellationen eingebunden war, die das altersschwache Heilige Römische Reich beherrschten. Sie ließen dem einzelnen Landesherrn kaum einen Spielraum, nicht einmal für innere Reformen. Wohin es mit dem Reich inzwischen gekommen war, zeigte sich drastisch, als nach dem Aussterben der bayerischen Linie des Hauses Wittelsbach Kaiser Joseph II. in Bayern einmarschierte, obwohl ihn doch die Reichsverfassung zur Aufrechterhaltung des inneren Friedens verpflichtete. Friedrich der Große, der König von Preußen, seit Anbeginn der Antipode Habsburgs, machte seinerseits mobil und erschien mit seinen Truppen in Böhmen. Der Bayerische Erbfolgekrieg fand nur deshalb ein schnelles und unblutiges Ende, weil die Kaiserin Maria Theresia, hinter dem Rücken ihres Sohnes Joseph, Verhandlungen mit dem

Erzfeind Friedrich begann und so eine weitere Eskalation verhinderte. Der Konflikt zeigte immerhin, daß das Reich zum Spielball der rivalisierenden Vormächte Österreich und Preußen geworden war. Carl August, der dieser Polarisierung zu entgehen suchte, neigte aus Gründen der Tradition und der dynastischen Beziehungen, jedoch auch aus persönlicher Sympathie dem König von Preußen zu, der ja der Onkel seiner Mutter war.

Unmittelbar vor dem Beginn des Bayerischen Erbfolgekrieges, im Mai 1778, reiste er nach Berlin, zusammen mit Goethe, der bei dieser Gelegenheit der preußischen Metropole nicht viel Geschmack abzugewinnen vermochte. Es war nur der Auftakt einer Serie von Reisen durch Nord- und Mitteldeutschland, die der politischen Sondierung galten, ohne daß ein nennenswerter Ertrag dabei herauskam. Von ganz anderer Art waren die Früchte, die eine Reise in die Schweiz einbringen sollte. Der Herzog trat sie im September 1779 an, in Begleitung Goethes und des Kammerherrn von Wedel. Man besuchte des Dichters Eltern am Großen Hirschgraben zu Frankfurt, den Kriegsrat Merck in Darmstadt und schweifte wochenlang durch die Schweizer Berg- und Gletscherwelt. In Zürich wurde vierzehn Tage beim Prediger Lavater Station gemacht, der seit langem ein Vertrauter der Herzogin Louise war. Carl August sollte hier, nach Goethes Willen, das Beispiel einer intakten Familie erleben und dabei eine Art moralische „Brunnenkur" absolvieren, offenbar ohne jeden Erfolg, denn der schwärmerische Prophet, mit dem Goethe später selber brach, dürfte kaum nach dem Gusto des herzoglichen Feuerkopfes gewesen sein. Auf der Rückreise nahm man am Stiftungsfest der Stuttgarter Karlsschule teil, wo der zwanzigjährige Zögling Schiller den bewunderten Goethe neben dem Herzog von Weimar stehen sah, nicht ahnend, welche Rolle diese beiden hohen Gäste einmal in seinem ferneren Leben spielen sollten.

Wo aber war eine Aufgabe, die dem Tatendrang des fünfundzwanzigjährigen Carl August hätte genügen können? Der Musenhof seiner Mutter, ein Magnet für Schöngeister und Enthusiasten, konnte ihn nicht ausfüllen und seinem Geltungsdrang keine Nahrung geben. Er nahm daran teil, agierte in der einen oder anderen Rolle auf dem Liebhabertheater, stellte Geld zur Verfügung, schrieb gelegentlich sogar ein paar Kleinigkeiten für das *Journal von Tiefurt.* Sein Naturell war freilich eher auf die sichtbare Welt gerichtet, von der er gern wenigstens einen Bruchteil angepackt und nach seinen Vorstellungen gemodelt hätte. Er nahm sein Mäzenatentum sehr ernst und schuf Wieland, Goethe und Herder, später auch Schiller und anderen schöpferischen Persönlichkeiten die Rahmenbedingungen, die er materiell und ideell ermöglichen konnte. Aber der Herzog war viel zu klug, in die Arbeit dieser Männer hineinregieren zu wollen. Es wäre ihm und der Weimarer Klassik schlecht bekommen.

Ein Terrain, auf dem er seinen ästhetischen Geschmack mit seinem energischen Unternehmungsgeist zu verbinden vermochte, war die Gestaltung des Parks an der Ilm, zu dem die berühmte Landschaftsinszenierung des Fürsten Leopold von Anhalt-Dessau im Park zu Wörlitz die erste Anregung gab. Ein Stein mit der Inschrift „Francisco Dessaviae Principi" erinnert noch heute an diesen fürstlichen Initiator. Wiederum war es Goethe, der auf die Idee kam, auf dem linken Ufer der Ilm, zum Namenstag der Herzogin Louise im Juli 1778, ein Fest zu arrangieren. Dieses Szenarium unter freiem Himmel wurde dann zum Ausgangspunkt des weitläufigen Parks, der sich an der dahinschlängelnden Ilm mit ihren Wiesen und mäßig hohen, jedoch felsigen und steilen Anhöhen zu erstrecken begann.

Es war eine Sisyphusarbeit, die Geduld, Phantasie, Kraft und Zeit erheischte, denn erst einmal mußten Acker und Weiden von verschiedenen Besitzern und Nutzern erworben werden. Langsam entstanden Gedenksteine, Grotten und Pavillons, wurden Quellen gefaßt und Pfade angelegt, alte Bäume gerodet und neue gepflanzt, verschwiegene Winkel und malerische Ausblicke komponiert, die künstliche Ruine, das Tempelherrenhaus und das Römische Haus, als Sommerwohnung Carl Augusts, gebaut. Allmählich wuchsen die Teile zu einem Organismus zusammen, der im Wechsel der Tages- und Jahreszeiten, von Schatten und Licht, von Ruhe und Bewegung, von Nähe und Ferne, von natürlichem Wachstum und behutsamer Stilisierung gleichsam die Schwingungen der menschlichen Seele nachvollzog. Dem Herzog gingen dabei tüchtige Gärtner und Bauleute zur Hand, aber das Ganze war doch sein Werk, auch in den Details und Feinheiten. Er wurde darüber selbst zu einem ausgezeichneten Botaniker, und nicht selten konnte man ihn mit dem Spaten oder mit der Baumschere im Ilmtal hantieren sehen. So intensiv wie die Arbeit an seiner Park-Schöpfung hat Carl August sonst nur noch die Jagd beschäftigt, der er sich, wie fast alle seiner gekrönten Standesgenossen, bis ins Alter hinein leidenschaftlich ergab. Beim „Hetzen und Jagen" war er ganz der Protagonist seiner Zeit und seines Standes, jedoch waren ihm die Bewährung persönlichen Mutes und das Verausgaben seiner Körperkräfte ebenso wichtig. Dem Zeitgeist entsprach auch die florierende Freimaurerei, für die in Weimar, schon seit dem Jahr 1764, die Loge „Anna Amalia zu den drei Rosen" zuständig war. Als Meister vom Stuhl fungierte der Minister von Fritsch, der dafür sorgte, daß sein Herzog und der Legationsrat Goethe rasch von „Lehrlingen" zu „Gesellen" und schließlich zu „Meistern" befördert wurden. Es geschah wenige Wochen bevor Goethe, auf Betreiben Carl Augusts, vom Kaiser in den Adelsstand erhoben wurde.

Auch die erotischen Eskapaden, die sich der Herzog gestattete, waren nichts Besonderes im *Ancien régime*, in dem hohe Herren sich Mätressen hielten und illegitime Kinder zeugten. Der ehelich unbefriedigte Carl August suchte und fand hier ein Ventil, dessen er sich meistens ohne sonderliche Skrupel bediente. Das Treiben mit den „Misels" gehört hierher, auch das Werben um die schöne Schauspielerin Corona Schröter, die ihn allerdings, sekundiert von Goethe, erfolgreich in die Schranken wies. Ein Mädchen im thüringischen Stützerbach und die Gattin eines Leipziger Bankiers sollen Kinder von ihm zur Welt gebracht haben, aber die meisten dieser Affären verlieren sich in den trüben Niederungen des Klatsches und der Gerüchte. Ein Sohn ging aus der Liaison mit der Sängerin Louise von Rudorff, der „lieben Rudel", hervor, die in den Diensten der Herzogin-Mutter Anna Amalia stand. Kurzerhand heiratete Herr von Knebel, der einst die Verbindung zwischen Carl August und Goethe begründet hatte, dieses Opfer der herzoglichen Gunst, obwohl er über dreißig Jahre älter war, und erkannte den Sohn als den seinigen an. Der Sohn, der lange in Knebel den Vater verehrte, besuchte die Universität Jena, von Carl August insgeheim alimentiert und von Goethes Sympathie begleitet, erfuhr aber dann durch eine Indiskretion seine wahre Herkunft, was in ihm einen tiefen Stachel zurückließ.

Dauernde Befriedigung und Ruhe waren für den Herzog auf solchen Seitenpfaden nicht zu gewinnen, aber der Zustand der Ruhe blieb ihm überhaupt fremd. Er strebte über seine weimarische Kleinwelt hinaus und entdeckte ein weites Feld, das auf den Tatendrang eines immer noch jungen Fürsten nur zu warten schien: das Feld der Reichspolitik, das freilich auch ein Minenfeld war, hochexplosiv und gefährlich. Spätestens seit Joseph II. die Hand nach Bayern ausgestreckt hatte, wußte man, daß die Reichsverfassung vor dem Kaiser nicht sicher war, der habsburgischer Hausmacht den Vorrang gab vor der Einhaltung des Reichsfriedens. Daß er, nach dem Scheitern dieses Abenteuers, weiterhin seinen begehrlichen Blick auf Bayern gerichtet hielt und es durch einen Austausch mit den habsburgischen Niederlanden an Österreich zu bringen gedachte, bedrohte den Status quo der deutschen Staatenwelt, zu dessen Aufrechterhaltung auch Friedrich II., der alternde König von Preußen, wenig geeignet schien. Ihn interessierte Preußen, nicht das Reich, während dem Kaiser nur die eigenen Erblande wichtig waren. Die deutschen Fürsten standen auf wankendem Boden, schutz- und führungslos, zwischen den beiden Polen Österreich und Preußen, Habsburg und Hohenzollern. Schritte taten not, die dem weiteren Verfall des alten Reiches Einhalt geboten. Der badische Minister Wilhelm von Edelsheim legte seine Gedanken dazu in einem Memorandum nieder. Der Fürstenbund, wie ihn dieser Staatsmann vorschlug, war als eine dritte politische Kraft in Deutschland gedacht und richtete sich de facto gegen die österreichischen und die preußischen Hegemonialbestrebungen.

Carl August war von der Schrift sogleich fasziniert, als sie ihm durch den Fürsten von Anhalt-Dessau vor Augen kam. Hier schien eine Aufgabe zu winken, wie sie ihm schon lange vorgeschwebt hatte. Er stürzte sich mit Vehemenz in das Räderwerk der Diplomatie und war als „reisiger Kurier" unterwegs zwischen mittel- und südwestdeutschen Fürstenhöfen. Auf einer der ersten dieser Reisen, August 1784, nahm er noch Goethe als Geheimschreiber mit, der jedoch kein Hehl daraus machte, daß ihm das ganze Unternehmen nicht gefiel. Die Verwicklung seines Herzogs in ein außenpolitisches Abenteuer mit höchst ungewissem Ausgang war schließlich, neben zahlreichen anderen Gründen, auch ein Anlaß für Goethes

Abreise nach Italien, die ja einer Flucht aus den Bindungen und Verpflichtungen der letzten Jahre gleichkam.

Indessen war der Fürstenbund-Plan zur Kenntnis des Königs von Preußen gelangt, der, betagt und kriegsmüde, aber noch immer konzipierend und kombinierend, die Idee durchaus praktikabel fand, wenn es nur gelang, sie im preußischen Sinne umzumodeln. Es gehört zu den diplomatischen Meisterleistungen des greisen Friedrich, daß er das Kunststück zuwege brachte, sich des Planes zu bemächtigen, ihm seine antipreußische Spitze zu nehmen und daraus eine Allianz zu schmieden, die unter dem Vorwand der Erhaltung des gegenwärtigen Reichs-Gefüges faktisch gegen Österreich gerichtet war. Die deutschen Fürsten waren viel zu schwach, sich der preußischen Umarmung zu entziehen und unterschrieben am Ende ein Papier, das ihren ursprünglichen Intentionen eigentlich nicht entsprach. Dem Fürstenbund, den zunächst Preußen, Hannover und Sachsen eingingen, schlossen sich in den Jahren 1785 und 1786 zahlreiche deutsche Potentaten an, sogar einige katholische, obwohl der Pakt eindeutig protestantisch dominiert war. Der Herzog von Weimar trat im April 1786 bei, wenige Monate vor dem Tod Friedrichs von Preußen.

Der Eifer, den Carl August auf das Zustandekommen des Bundes verwandte, hing mit seinen Interessen als Reichsfürst zusammen, jedoch ebenso mit seinem Aktivismus, der stets auf der Suche nach großen Zielen war. Auch seine Abenteuerlust wurde befriedigt, denn manche Mission war nur unter konspirativen Umständen zu erfüllen. Zwischen Wittenberg und Treuenbrietzen mußte der Herzog, vermummt und frierend, stundenlang auf ein Gefährt warten, das ihn dann zu nächtlicher Stunde nach Berlin brachte, wo er Geheimverhandlungen führen wollte. Den Gipfel erreichten diese Umtriebe, als einige Projektemacher allen Ernstes den tolldreisten Vorschlag unterbreiteten, der Herzog von Weimar möge doch seine Kandidatur für den ungarischen Thron anmelden, um, die Hand nach der Stephanskrone ausstreckend, dem Kaiser in Wien das Recht auf diese Krone streitig zu machen. Für Carl August wäre es der sichere Untergang gewesen, wenn er sich auf diese Schimäre eingelassen hätte. Nicht erst die Erinnerung an jenen Winterkönig, der einst mit seinem Griff nach der böhmischen Krone den Dreißigjährigen Krieg ausgelöst hatte, ließen den Herzog von dem Trugbild Abstand nehmen. Der Beginn der Französischen Revolution und die dadurch bewirkte Annäherung Preußens an Österreich bescherten dem Fürstenbund ohnehin ein schnelles Ende, bevor er überhaupt richtig in Erscheinung getreten war, und zogen auch einen Schlußstrich unter alle Pläne, die phantasievolle Gemüter daran geknüpft hatten.

Aus dem Sog des preußischen Militärstaates vermochte sich Carl August allerdings nicht zu befreien. Im Februar 1788 übernahm er als Generalmajor das Kommando des 6. preußischen Kürassierregiments, noch vor Goethes Rückkehr aus Italien, der von dieser Entscheidung seines Schirmherrn mit gemischten Gefühlen hörte. Den soldatischen Neigungen des Herzogs kam aber der Posten durchaus gelegen. „Ohne Krieg und ohne Exerzierzeit wird mein Blut zu dick." Den Ausspruch, der aus einer etwas späteren Zeit stammt, wird man zwar kaum als Carl Augusts letztwilliges Credo nehmen dürfen, aber ganz ohne Berechtigung war die leicht hingeworfene Selbstcharakterisierung nicht. Auch war ihm, dem pekuniär keineswegs glänzend ausgestatteten Fürsten, der Sold hochwillkommen, den er als preußischer General erhielt.

Das 6. Kürassierregiment war eine Elite-Truppe, die sich in den Schlachten der Schlesischen Kriege, von Kesselsdorf bis Leuthen und Hochkirch, immer wieder ausgezeichnet hatte. Es war in Aschersleben garnisoniert, im Vorfeld des Harzes, zwischen Quedlinburg und Bernburg gelegen, nördlich von Luthers Geburts- und Sterbestadt Eisleben. Dort mußte Carl August zweimal jährlich, im Frühjahr und im Herbst, für einige Wochen präsent sein, um darüber zu wachen, daß das Regiment „General Herzog von Weimar" schlagkräftig blieb und die ihm antrainierte Politur behielt. Das geschah auf Exerzierplätzen, Reitbahnen und Stoppelfeldern, auch bei Manövern und Paraden, sogar bei den „Revuen" in Potsdam, wo das Regiment mitsamt seinem Kommandeur unter klingendem Spiel am König vorbeidefilieren mußte. Es war mittlerweile nicht mehr Friedrich der Große, der längst in seiner Gruft in der Garnisonskirche lag, sondern dessen Nachfolger Friedrich Wilhelm II., Preußens „dicker Willem", ein ziemlich unmilitärischer Bonvivant, mit dem sich Carl August ganz gut verstand.

Gelegentlich wurden von Aschersleben her Ausflüge in die Umgebung unternommen, so nach Ballenstedt, die Duodez-Residenz des Fürsten von Anhalt-Bernburg. „Ich hatte bisher diese Bekanntschaft vermieden", berichtete der Fürst in einem Brief, „und deshalb immer die Anwesenheit des Herzogs wie auch anjetzt der Herzogin in Aschersleben ignoriert; nun aber nahm ich nicht allein diesen Besuch an, sondern ich ließ auch noch an demselben Nachmittag meine Tochter nach Aschersleben fahrn, die aber die Herrschaften nicht zu Haus gefunden hatte: am folgenden Morgen ... kam der Herzog, die Herzogin, einige Offiziere von Aschersleben und der Geheimerat Göthe, der als Schriftsteller sehr berühmt ist, hier an." Goethe reiste von da nach dem Harz weiter, während die Herzogin Louise noch bei ihrem Mann in Aschersleben blieb. Das Paar wird auch darüber gesprochen haben, daß die Weimarer Bürger ihren Herrn nicht gern in preußischer Generaluniform sahen.

Das Ascherslebener Intermezzo war nur kurz, denn die Zeitumstände setzten ihm ein Ende. Im Sommer 1790 sah es noch nach Krieg zwischen Preußen und Österreich aus; der Herzog von Weimar wurde mit seinen Kürassieren ins schlesische Feldlager beordert. Dann aber brachte die englische Diplomatie einen Modus Vivendi zwischen den beiden deutschen Vormächten zustande. Der neue Kaiser, Leopold II., hielt es für richtig, einen Ausgleich zu suchen und das gemeinsame Augenmerk auf die Gefahr zu lenken, die sich jenseits des Rheins zusammenbraute. Die inzwischen ausgebrochene Französische Revolution warf alle bisherigen Koalitionen über den Haufen und provozierte eine neue, die sich anschickte, eben jenem Umsturz den Garaus zu machen. Carl August, in dem beruhigten Bewußtsein, daß sich der alte Pulverdampf verzogen hatte und der nächste noch nicht zu riechen war, rief seinen Freund Goethe nach Schlesien, um mit ihm gemeinsam dem öden Zustand des Wartens ein paar interessante Wochen abzugewinnen. Man besichtigte zusammen auf der Friedrichsgrube die erste Dampfmaschine des Kontinents, besuchte die Krönungsstadt Krakau sowie das ehrwürdige Czenstochau und fuhr in das berühmte Bergwerk zu Wieliczka ein. Es waren anregende Tage, die jedoch kaum einen Vorgeschmack gaben auf die dramatischen Ereignisse der nächsten Zukunft.

Knapp zwei Jahre später, nach dem mißglückten Fluchtversuch Ludwigs XVI. und der französischen Kriegserklärung an Österreich, brach der lange erwartete militärische Konflikt offen aus. Auch die Aschersleber Kürassiere wurden in Marsch gesetzt; Carl August blieb gerade noch Zeit, das Haus des Garnisonsarztes Helmershausen am Weimarer Frauenplan zu kaufen und Goethe zu lebenslanger Nutzung zu überlassen. Wiederum zwei Jahre darauf schenkte er es dem Freund ganz, fügte 1 500 Taler „zur schicklichen Einrichtung" noch hinzu und ordnete außerdem an, daß die Kammer weiterhin die Grundsteuer bezahlte. So kam auch in den Tagen, an denen Mars den Vortritt vor den Musen eingeräumt bekam, Carl Augusts generöses Mäzenatentum nicht zu kurz. Der Herzog erwartete allerdings von Goethe, daß er ihn auf dem bevorstehenden Feldzug begleitete.

Am 25. Juli 1792 richtete der Herzog von Braunschweig, preußischer Oberkommandierender und Onkel Carl Augusts, sein törichtes Manifest an die Franzosen, denen er die Zerstörung von Paris androhte, falls der königlichen Familie etwas zustoßen sollte. Schon eine Woche zuvor, am 18. Juli, hatte der Herzog von Weimar mit seinen Kürassieren den Rhein überschritten. Langsam ging es voran, bei Gala-Frühstücken und Feuerwerken, als ob der Krieg eine Lustbarkeit und ein Spaziergang wäre. Regengüsse verwandelten allerdings die Chausseen in Schlamm, so daß Goethe froh sein mußte, im Zelt Carl Augusts eine Schlafstelle zu finden. Der Herzog ritt meistens an der Spitze seiner Schwadronen und wäre im Gefecht bei Fontoy fast das Opfer einer französischen Kugel geworden, wenn nicht ein preußischer Husar den Schützen buchstäblich in letzter Sekunde niedergestreckt hätte. Ritterlich, wie Carl August war, ließ er auch verwundete Franzosen bergen und versorgen. Am Morgen des 20. September, eines Donnerstages, wogte dichter Nebel um die Hügel von Valmy, so daß die Situation unüberschaubar war. Carl August hatte schon am Vortag beobachtet, daß der Rückzug der Franzosen zum Stillstand gekommen war, aber die preußische Führung hielt das für eine Mystifikation. Man wiegte sich in Sicherheit und Siegeszuversicht, glaubte den Feind auf der Flucht und war daher überrascht, als er gegen 11 Uhr mit der Kanonade begann, die als ein symbolträchtiges Ereignis in die Geschichte eingehen sollte. Stundenlang dröhnten die Kanonen und sandten Geschosse in den feuchten Lehmboden, ohne daß sie die geringste Bewegung beim Gegner bewirkten. Es war ein donnerndes Duell der Geschütze, neu und unerhört in der Kriegsgeschichte, vom Augen- und Ohrenzeugen Goethe noch aus der Rückschau von Jahrzehnten genau beschrieben: „Ich war nun vollkommen in die Region gelangt, wo die Kugeln herüber spielten; der Ton ist wundersam genug, als wär' er zusammengesetzt aus dem Brummen des Kreisels, dem Butteln des Wassers und dem Pfeifen eines Vogels." Die psychologische Wirkung muß beispiellos gewesen sein, denn als Carl August nach dem Ende des Bombardements zum Gegenangriff riet, hatte der Herzog von Braunschweig längst resigniert. Alles war verloren, nicht nur diese Bataille, die in Trümmern, Morast, wieder hereinbrechendem Regen und lähmender Ernüchterung ruhmlos endete. Die tatsächlichen Verluste auf beiden Seiten waren gering, die Selbstzweifel unter den Alliierten jedoch um so größer. Am Abend will Goethe zu einigen Offizieren die später so oft zitierten Worte gesprochen haben: „Von hier und heute geht eine neue Epoche der Weltgeschichte aus, und ihr könnt sagen, ihr seid dabei gewesen."

Daß der Rückzug nicht in heillose Flucht ausartete, war nur den verschlammten Straßen zu danken, die jeden Schritt zu einer doppelten Kraftanstrengung werden ließen. Der Regen peitschte, der Hunger ging um, die Ruhr grassierte. „Dieser Feldzug wird als eine der unglücklichsten Unternehmungen in den Jahrbüchern der Welt eine traurige Gestalt machen", schrieb Carl August nach Hause an seinen Minister Voigt. Der Winter wurde in Frankfurt verbracht, wo sogar die Herzogin Louise ihren Gemahl besuchte, während im nunmehr sehr fernen Paris Ludwig XVI. die Guillotine besteigen mußte. Zu König Friedrich Wilhelm II., der die Lorbeeren seines großen Onkels so schlecht verwaltete, begann sich Carl Augusts Verhältnis merklich zu trüben. „Ich bin recht wohl, aber nicht im besten Geruche bei Hofe", gestand der Herzog hinter der vorgehaltenen Hand seiner Mutter Anna Amalia.

Der nächste Waffengang rief die Preußen und mit ihnen den Herzog von Weimar vor die Wälle der alten Bischofsstadt Mainz, wo Parteigänger der Revolution die erste Republik auf deutschem

Boden proklamiert hatten. Die Belagerung setzte im April 1793 ein; fast wäre Carl August bei einem Geländeritt von französischen Chasseurs gefangen genommen worden. Wieder wurde der unerläßliche Goethe herbeizitiert, der mißvergnügte Briefe in die Heimat schrieb. „Kunstlos und fast trostlos sitze ich in der schönsten Gegend von Deutschland und sehe nichts als Verwüstung und Elend", hieß es in einer solchen Epistel an den Kunstfreund Meyer, der unterdessen den Umbau von Goethes Haus am Weimarer Frauenplan vorantrieb. Mainz kapitulierte am 23. Juli 1793, woraufhin es zu blutiger Revanche der Bevölkerung an den Sympathisanten der Revolution kam, die man für die Drangsale der letzten Monate verantwortlich machte. Unmittelbar vor der Behausung Carl Augusts drohte ein Mann das Opfer der Lynchjustiz zu werden, als Goethe einschritt und die Menge anherrschte, „hier sei das Quartier des Herzogs von Weimar, der Platz davor sei heilig; wenn sie Unfug treiben und Rache üben wollten, so fänden sie noch Raum genug".

Es waren unrühmliche Aktionen, die Carl Augusts Idealvorstellungen vom Soldatentum kaum entsprochen haben dürften. Er nahm noch an einigen Gefechten teil, bei Pirmasens, bei Kaiserslautern, und mußte seinen glücklosen Bruder Constantin beklagen, der, als kursächsischer Generalmajor, am 6. September 1793 in Wiebelskirchen an der Saar einem typhusartigen Fieber erlag. Danach schien es hoch an der Zeit zu sein, nach fast zwei Jahren endlich wieder einmal in Weimar zu erscheinen. Manches lag dort im Argen: die Staatsfinanzen, die Disziplin der Jenaer Studenten, der stagnierende Schloßbau. Der Herzog, des Krieges müde, kam bei der preußischen Führung um seine Entlassung ein, die man ihm Anfang 1794 gewährte, nicht ohne ihn vorher noch zum Generalleutnant zu befördern.

Die zwölf Jahre, die nun folgten, sollten die kulturellen Bestrebungen in Weimar zu höchster Blüte gelangen lassen. Wahrscheinlich wären sie kaum möglich geworden, wenn Carl August nicht sein Ländchen, vorsichtig, aber beharrlich, in den Windschatten der großen Politik gesteuert hätte. Der Sonderfrieden von Basel, mit dem Preußen aus dem Krieg gegen Frankreich ausschied, fand in dem Herzog einen überzeugten Anwalt. Daß er 1798 wieder preußische Dienste nahm und Generalinspekteur der Magdeburgischen

Kavallerie wurde, berührte den inneren und äußeren Frieden nicht, solange Preußen neutral blieb und jeden Konflikt vermied.

So konnten sich in Jena ungestört junge Enthusiasten und Geistesabenteurer versammeln, die als Frühromantiker Epoche machen sollten. Es waren Schriftsteller und Philosophen, geschart um den etwas älteren Professor Johann Gottlieb Fichte, gegen den Carl August allerdings seine Vorbehalte hatte. Als dieser unruhige Denker mit seiner Schrift *Über den Grund unseres Glaubens an eine göttliche Weltregierung* den Verdacht des Atheismus auf sich lenkte, mußte er Jena verlassen.

„Menschen, die nicht wissen, was sie der allgemeinen Schicklichkeit zuliebe verschweigen oder wenigstens nicht öffentlich sagen sollen, sind höchst unbrauchbar", grollte der Herzog. August Wilhelm Schlegel, überzeugter Gefolgsmann des entlassenen Präzeptors, konstatierte: „Der wackere Fichte streitet eigentlich für uns alle, und wenn er unterliegt, so sind die Scheiterhaufen wieder ganz nahe herbeigekommen." Das war die Sorge eines zur Hypertrophie aufgelegten Intellektuellen, denn von Scheiterhaufen konnte keine Rede sein. Die Jenaer Literaten durften weiterhin die Romantisierung der Welt betreiben und ihre Gegner auf die publizistische Guillotine schleppen. Wenn der Kreis der Schelling, Tieck, Novalis sowie der Brüder Schlegel und deren Frauen schließlich doch zerfiel, lag es eher an ihren inneren Wirrsalen und Zerwürfnissen als am Herzog von Weimar.

Die Stadt Jena, an deren Universität auch Naturforschung und Geisteswissenschaften reüssierten, war damals eine Erscheinung, die, nach einem Wort Schillers, „vielleicht auf Jahrhunderte nicht wiederkommen werde". Goethe war oft wochenlang zu Gast und fand hier, während eines denkwürdigen Gesprächs im Juli 1794, den Zugang zu Schiller. Die Freundschaft der beiden „Dioskuren", die erst mit Schillers Tod im Mai 1805 endete, erschuf recht eigentlich die Ära der Weimarer Klassik, die in jene Friedensjahre fiel und wohl durch sie erst ermöglicht wurde. Dem Weimarer Hof blieb der Dichter der *Räuber* geraume Zeit ziemlich unheimlich, bis sich Carl August des unbesoldeten Jenaer Geschichtsprofessors annahm und ihm ein Salär gewährte, das er mehrfach erhöhte. Schillers wichtigste Gönnerin in Weimar war die Herzogin Louise, zu deren

42. Geburtstag am 30. Januar 1799 die Uraufführung der *Piccolomini* stattfand.

Ein Schmerzenskind des Herzogs war der lange aufgeschobene Neubau des Schlosses. Seit 1789 bestand eine Schloßbaukommission, in der sich besonders Goethe hervortat. Das Projekt litt, außer am chronischen Geldmangel, an der Fluktuation der Architekten, die immer wieder absprangen und den Fortgang stocken ließen. Dem Hamburger Arens folgte der Stuttgarter Thouret, aber erst durch den Berliner Heinrich Gentz, den Bruder des politischen Schriftstellers Friedrich Gentz, wurden der Ost- und der Nordflügel fertiggestellt, so daß die herzogliche Familie am 1. August 1803 vom Fürstenhaus ins Schloß ziehen konnte – gerade noch rechtzeitig, um der designierten Schwiegertochter, der russischen Großfürstin Maria Pawlowna, einen hinlänglichen Wohnsitz zu bieten. Fast dreißig Jahre waren vergangen, seit die Flammen das alte Schloß, die Wilhelmsburg, in eine Ruine verwandelt hatten. Ein Torso blieb jedoch noch immer der Westflügel, den der Architekt Coudray, Goethes Altersfreund, um 1830 vollendete, erst nach Carl Augusts Tod.

Dem Herzog war am Schloßbau vor allem aus Prestigegründen gelegen, denn als persönliche Wohnung nutzte er seit Jahren das Römische Haus im Park, keineswegs nur im Sommer. Da er, seit der Geburt des Sohnes Bernhard, das eheliche Lager offenbar immer seltener aufsuchte, bot ihm das Römische Haus eine Art eleganter Junggesellenwohnung, in der er auch eine junge Dame ungestört empfangen konnte, die seine späteren Jahre beleben und erhellen sollte. Es war die Schauspielerin und Sängerin Caroline Jagemann, die Tochter des Bibliothekars der Herzogin-Mutter Anna Amalia, die auch die Ausbildung des begabten Mädchens bezahlt hatte. Im Februar 1797 stand die Zwanzigjährige zum ersten Male auf den Brettern des Weimarer Theaters, dessen Direktor Goethe sie dann oft zu schaffen machte. Zu ihren ersten Weimarer Rollen gehörte die Titelpartie von Paul Wranitzkys Oper *Oberon*, die nach Wielands gleichnamiger Versdichtung entstanden war. Wieland, der die Premiere im Parterre miterlebte, rief fassungslos: „Das ist mein Oberon! So habe ich ihn mir gedacht!"

Vom erotischen Flair, das die rotlockige Caroline ausgestrahlt haben muß, scheinen die überlieferten Porträts nur einen höchst unvollkommenen Eindruck zu vermitteln, es ist aber vielstimmig bezeugt. Sie war eine Vollblutkomödiantin, ein Irrwisch und eine Tragödin, je nach Bedarf, und immer eine Primadonna. Sie spielte sich souverän durch das Fach der guten Rollen, von der Konstanze in der *Entführung aus dem Serail* bis zur Thekla im *Wallenstein*, von der Elisabeth in *Maria Stuart* bis zur Beatrice in der *Braut von Messina*, von der Eleonore im *Tasso* bis zur *Iphigenie*. Sie konnte brillieren, faszinieren und intrigieren, wovon Goethe einen herben Geschmack erhielt, der als Theaterdirektor über eine von ihr angezettelte Kabale zu Fall kam. Die Jagemann darf den fragwürdigen Ruhm für sich in Anspruch nehmen, der vielleicht einzige Mensch gewesen zu sein, der zwischen dem Herzog und Goethe wenn nicht Zwietracht, so doch immerhin Verstimmung gesät hat.

Diese vorübergehende Trübung hätte kaum aufkommen können, wenn Carl August nicht dem Charme Carolines verfallen wäre. Sie hat allerdings dem Werben des Mittfünfzigers lange Widerstand entgegengesetzt, bis sie ihm doch erlag und sich zu seiner „Gemahlin linker Hand" oder „Nebenfrau" machen ließ, übrigens nicht ohne das Einverständnis der Herzogin Louise, die ihren Mann auf diese Weise in einem ruhigen Hafen aufgehoben sah. Die Monarchin sollte sich darin nicht täuschen, denn die Schwankungen, die ihre Ehe mit dem Herzog bisher belastet hatten, begannen nun einer gelassenen Altersfreundschaft zu weichen. Caroline gebar Carl August drei Kinder, zwei Söhne und eine Tochter. Er schenkte ihr das Deutschherrenhaus am Töpfermarkt, in dem Goethe einst seine ersten Weimarer Tage verbracht hatte, und erhob die Favoritin als Frau von Heygendorf in den Adelsstand, unter Hinzufügung des gleichnamigen Rittergutes bei Allstedt. Beim ersten Ball, den Frau von Heygendorf im Deutschherrenhaus gab, war auch die Herzogin Louise zugegen.

Es gab natürlich einige standesbewußte Damen und Herren, die an dem „Konkubinat" des Souveräns gehörigen Anstoß nahmen. Der kleine Hof der Frau von Heygendorf koste mehr als der große, zischte Charlotte von Stein, die dem Herzog das Verhältnis genauso verübelte wie Goethe die Hinwendung zur Demoiselle Vulpius. Dem Ruf Carl Augusts und erst recht Weimars konnte die menschlich-allzumenschliche Affäre keinen Abbruch tun. Um die Jahres-

. 1: Empfang von Herzog Johann Friedrich dem Großmütigen auf dem Markt zu Weimar
:. Ölgemälde von H. W. Schmidt.

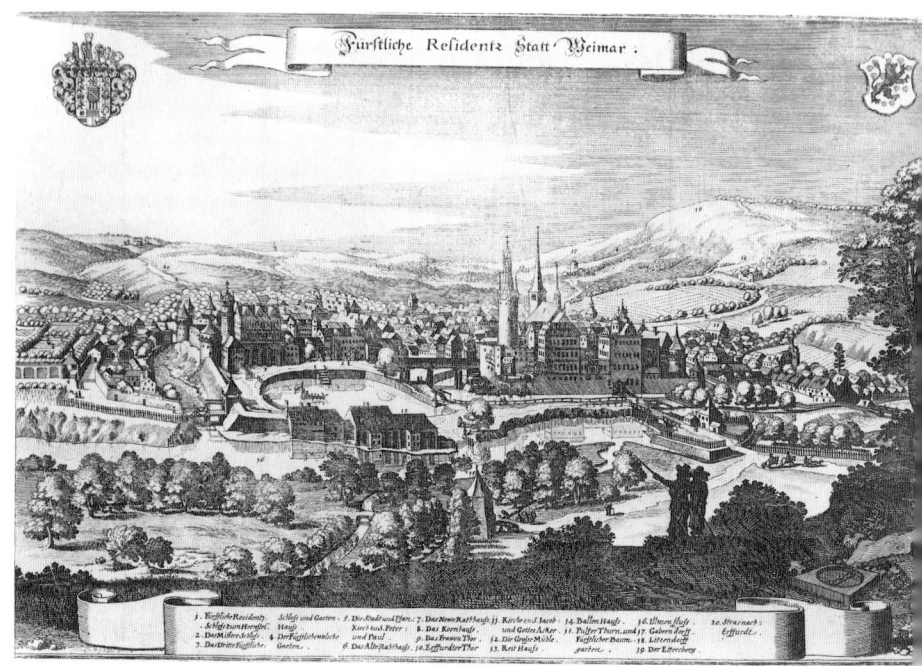

Abb. 2: „Fürstliche Residentz Statt Weimar" (um 1650). Kupferstich von Caspar Meri

Abb. 3: Johann Sebastian Bach gibt 1714 in der Schloßkapelle ein Konzert. Ölgemälde von W. Schmidt.

Abb. 4: Herzogin Anna Amalia von Sachsen-Weimar-Eisenach.
Ölgemälde von J. E. Heinsius, 1773.

Abb. 5: Der Rokokosaal in der Herzogin Anna Amalia Bibliothek.

Abb. 6. Louise von Göch-
hausen, die erste Hofdam
Anna Amalias. Zeichnung
von J. W. von Goethe.

Abb. 7: Christoph Martin Wieland. Bleistift-
zeichnung von J.W. von Goethe, 1776.

Abb. 8: Herzogin Anna Amalia mit ihren Kindern Carl August und Constantin. Ölgemälde des Weimarer Hofmalers J. F. Löber, vor 1772.

Abb. 9: Das Weimarer Residenzschloß nach dem Brand von 1774.
Radierung von J. G. Schenk, um 1780.

1. Hofrath H. Meyer 2. Frau v. Frilsch geb v. Wolffsbül. 3. G.R. v. Goethe. 4. G.R. v. Einsiedel. 5. Herzogin Anna Amalia. 6. Frl. Elise Gore. 7. Charles Gore. 8. Frl. Emilie Gore. 9. Frl. v. Goechhausen. 10. Frau v. Herder.

. 10: Die Tafelrunde der Herzogin Anna Amalia. Stich nach einem Aquarell von
. Kraus, um 1795.

Abb. 11: Knabenbildnis Carl Augusts in Galaklei- dung mit Adler- und Fal- ken-Orden. Gemälde von J.G. Ziesenis, um 1769.

Abb. 12: Johann Wolfgang von Goethe. Zeichnung von G. M. Kraus, 1776.

Abb. 13: Carl August. Gemälde von J. F. A. Tischbein, 1795.

Abb. 14: Herzogin Louise
von Sachsen-Weimar-
Eisenach, die Gattin Carl
Augusts. Olgemälde von
J. F. A. Tischbein, 1810.

Abb. 15: Caroline
Jagemann, Schauspielerin
und Geliebte Carl
Augusts. Pastell von
L. Seidler, um 1810.

Abb. 16: Herzog Carl August im grünen polnischen Rock.
Ölgemälde von F. Jagemann, 1805.

Abb. 17: Napoleon und Herzogin Luise auf der Schloßtreppe.
Kupferstich von einem unbekannten Künstler.

18: Bücherverbrennung beim Wartburgfest. Stahlstich von W. Pobuda.

Abb. 19: Carl August, von der Jagd zurückkehrend. Tuschzeichnung von C. A. Schweburth, 1830.

Abb. 20: Carl August und Johann Wolfgang von Goethe.
Stich von C.A. Schwertgeburth, 1860.

Abb. 21: Die Fürstengruft auf dem Weimarer Historischen Friedhof.

Abb. 22: Ankunft des Leichnams von Großherzog Carl August in Weimar.
Aquarell von einem unbekannten Künstler, 1828.

Abb. 23: Erbprinzessin, später Großherzogin Maria Pawlowna 1804.
Ölgemälde von J. F. A. Tischbein.

24: Einzug der Maria Pawlowna in Weimar. Ölgemälde von F. Preller d. Ä.

Abb. 25: Großherzog Carl Friedrich von Sachsen-Weimar-Eisenach mit Sternorden. Kreidezeichnung von L. Seidler.

Abb. 26: Franz Liszt. Ölgemälde von Ary Scheffer, 1838.

. 27: „Souvenir de la cour de Weimar / Gesellschaft am Weimarer Hofe". Zeichnung
B. v. Arnswald, um 1835.

Abb. 28: Großherzogin Sophie, die Gattin Carl Alexanders.
Zeichnung um 1845.

Abb. 29: Großherzogin
Maria Pawlowna von
Sachsen-Weimar-Eisen-
ach. Gipsbüste von
K. A. von Donndorf.

Abb. 30: Carl Alexander
von Sachsen-Weimar-Ei-
senach, um 1898.

Abb. 31: Szenenbild aus dem ersten Akt der Uraufführung von Richard Wagners
„Lohengrin" am 28. August 1850 in Weimar. Holzschnitt.

Abb. 32: Schloß Ettersburg. Gezeichnet von R. Bauer, gestochen von R. Brinkmann.

Abb. 33: Die Wartburg von Nordosten. Zeichnung von J. W. von Goethe.

Abb. 34: Sophie, Großherzogin von Sachsen-Weimar-Eisenach. Druck
nach einem Gemälde von F. Dürck.

Abb. 35: Das Goethe- und Schiller Archiv in Weimar.

Abb. 38: Großherzogin Caroline, die Gattin von Wilhelm Ernst, April 1903.

Abb. 36: Walther von Goethe, der Enkel des Dichters. Zeichnung von B. von Schmeling.

Abb. 37: Großherzog Wilhelm Ernst, um 1903.

Abb. 39: Eröffnung der Max-Klinger-Ausstellung im Großherzoglichen Museum für Kunst und Gewerbe, 23. Juni 1903. Im Vordergrund auf dem Sessel: Großherzogin Caroline, neben ihr in Uniform: Großherzog Wilhelm Ernst. Hinter ihm in Uniform: Harry Graf Kessler.

Abb. 40: Henry van de Velde (1. von rechts) erklärt sein Theatermodell, 1904. Ganz links: Harry Graf Kessler.

wende 1803/04 kam die französische Schriftstellerin Germaine de Staël zu einer Visite. In ihrem Deutschland-Buch gelangte sie zu dem bemerkenswerten Resümee: „Von allen deutschen Fürstentümern macht keines besser als Weimar die Vorzüge eines kleinen Landes fühlbar, dessen Oberhaupt ein Mann von Geist ist und der, ohne daß dadurch der Gehorsam litte, seinen Untertanen auch zu gefallen suchen kann."

Manche sahen in Madame de Staël, die Napoleon aus Frankreich verbannt hatte, eine Unglücksbotin, deren Erscheinen den Marschtritt der Armeen des Korsen aufgeregt ankündigte. So schien es in der Tat bis zum Ende der Laufbahn Napoleons zu bleiben: noch im Sommer 1812 war Germaine die letzte Besucherin aus dem Westen, die das unzerstörte Moskau sah. Bis dahin sollte allerdings noch viel Zeit vergehen, vorläufig glaubte man in Weimar vor der Kriegsfurie sicher zu sein. Das Heilige Römische Reich und ganz Europa erzitterten jedoch unter dem Ansturm des neuen Caesars, der sich Ende 1804 zum Kaiser der Franzosen krönte. Ein knappes Jahr darauf signalisierte der Besuch Zar Alexanders I. bei seiner Schwester, Carl Augusts Schwiegertochter Maria Pawlowna, daß es auch für Sachsen-Weimar immer schwieriger wurde, sich aus der Polarisierung der Mächte herauszuhalten. Es folgten der Sieg Napoleons bei Austerlitz und, unter seinem Patronat, die Gründung des Rheinbundes, zu dem sich sechzehn deutsche Fürsten zusammenschlossen. Am 6. August 1806 legte Kaiser Franz I. die Krone des alten Reiches nieder, das der Herzog von Weimar noch vor zwanzig Jahren hatte retten wollen.

In diesem kritischen Augenblick riskierte der König von Preußen, der sonst so zaudernde Friedrich Wilhelm III., den Krieg gegen Napoleon, ohne starken Bundesgenossen, wider alle Vernunft und Erfolgsaussicht. Carl August, seit einigen Jahren wieder im preußischen Dienst, übernahm das Kommando der Avantgarde der Hauptarmee, die abermals unter dem Oberbefehl seines Onkels, des Herzogs von Braunschweig, stand. Er kam gar nicht dazu, in die militärischen Ereignisse einzugreifen, weder ins Gefecht bei Saalfeld, wo der preußische Prinz Louis Ferdinand fiel, noch in die Doppelschlacht bei Jena und Auerstedt, wo die ruhmbedeckte Armee Friedrichs des Großen binnen weniger Stunden zerschmettert wurde. Es war die Katastrophe, lange geahnt und befürchtet, jedoch im Grunde nicht für möglich gehalten, nur die Flucht schien noch Rettung zu versprechen. Carl August blieb bei seiner Truppe, mit der er sich zur Elbe durchzuschlagen suchte. „Herzog von Weimar und Eisenach wären wir wohl einstweilen gewesen", soll er unterwegs ausgerufen haben.

Währenddessen schlug im heimischen Weimar die große Stunde der Herzogin Louise, die dort allein residierte, denn auch die anderen Familienangehörigen waren geflohen. Der Kanonendonner von Jena war noch nicht verhallt, als die letzten Preußen panikartig das Weite suchten und schon die ersten französischen Husaren durch die Gassen sprengten. Im Lauf der nächsten beiden Tage, am 14. und 15. Oktober 1806, warfen sich vierzigtausend ausgehungerte, siegestrunkene, beutelüsterne Franzosen und Rheinbund-Soldaten auf eine Stadt, die noch immer nicht viel mehr als sechstausend Einwohner zählte! Über die Plünderungen, Greueltaten und Vergewaltigungen gibt es Berichte, die ein Arsenal des Schrekkens ausbreiten. Auch Goethe wurde in seinem Haus am Frauenplan nur durch das beherzte Eingreifen Christianes vor dem Schlimmsten bewahrt.

Im Schloß stürmte der erzürnte Napoleon die Treppe hinauf, wo ihn die Herzogin Louise, stehend und in würdiger Haltung, empfing. „Wo ist Ihr Mann?" schnaubte der Kaiser. „Ich werde Ihren Mann vernichten!" Er sei seiner Pflicht gefolgt, entgegnete die Fürstin ruhig, nicht ohne damit den Kaiser zu beeindrucken, der für eine solche couragierte Kontrahentin durchaus Respekt aufzubringen vermochte. Es gelang ihr dann, von Napoleon das sofortige Verbot der Plünderungen zu erwirken. Dieses dringende Anliegen wurde noch durch einen Schuhmacher unterstützt, der vor dem Eroberer auf offener Straße einen Fußfall tat, so daß die Herzogin und ein alter Handwerksmeister die Stadt gerettet haben.

Carl August allerdings blieb in der nächsten Zeit verschollen. Die Gefahr für sein Land, das Napoleon nur zu gern von der politischen Landkarte getilgt hätte, war noch nicht vorüber. Da er aber für die weitere Zukunft einen Ausgleich mit dem Zaren suchte, hielt er es für klug, auf dessen Schwester, Carl Augusts Schwiegertochter, Rücksicht zu nehmen. Nur Maria Pawlowna, die geborene russische Großfürstin und künftige Herrscherin Weimars, hat dem Herzog das Land und den Thron erhalten, obwohl sie selbst bei den Verhandlungen überhaupt nicht in Erscheinung trat.

Anfang November konnte Carl August in Potsdam einen jungen Mitarbeiter begrüßen, der ihm seit einigen Jahren diente. Es war der achtundzwanzigjährige Friedrich Müller, der später, in den Adelsstand erhoben, als Kanzler von Müller das gesamte weimarische Justizwesen leiten und ein Vertrauter des alten Goethe werden sollte. Jetzt brachte er sein Meisterstück als Carl Augusts geschicktester Diplomat zustande, denn er vermochte das Herzogtum aus dem Scherbenhaufen zu retten, den der verlorene Krieg hinterlassen hatte. Die Bedingungen waren auch so noch hart genug. Der Herzog mußte sich zum Eintritt in den Rheinbund, zu 2,2 Millionen Francs Kontributionen und zu einem ständigen Kontingent von 800 Landeskindern für Napoleons Armee verpflichten. Düster war ihm zumute bei der Rückkehr in die arg gebeutelte Residenzstadt Weimar, wo kurz darauf, am 10. April 1807, seine Mutter Anna Amalia starb.

Die Rheinbundjahre, die nun überstanden werden mußten, waren ein permanenter Drahtseilakt, bei dem ein aus der Sicht Napoleons höchst unsicherer Kantonist wie der Herzog von Weimar jederzeit abstürzen konnte. Der trügerische Glanz, den der Fürstentag zu Erfurt im Herbst 1808 auch auf Weimar lenkte, ließ aus Carl August keinen überzeugten Gefolgsmann des Korsen werden, im Gegensatz zu Goethe, dem der Kaiser in Erfurt eine Audienz gewährte und das Kreuz der Ehrenlegion verlieh. Carl August kam nicht umhin, die illustre Versammlung aus der Nachbarstadt nach Weimar einzuladen, wo eine Jagd, ein Hofball und ein Gastspiel der *Comédie Française* arrangiert wurden. Daß ausgerechnet auf dem Schlachtfeld von Jena eine Hasenjagd stattfand, empfanden sensiblere Zeitgenossen als geschmacklos.

Natürlich wußte Carl August, daß ihn die Spione des französischen Polizeiministers Fouché umlauerten, daß sogar seine Briefe von den berüchtigten Postspitzeln der Besatzungsmacht erbrochen und kopiert wurden. Man verübelte es ihm, daß er zum Vizepräsidenten seines Landeskollegiums den mißliebigen preußischen Offizier Müffling berief, der aus Weimar am liebsten ein Nest des antinapoleonischen Widerstandes gemacht hätte. Man beargwöhnte die Gespräche, die der Herzog in den böhmischen Bädern mit Angehörigen des österreichischen Kaiserhauses führte, allen voran mit der Kaiserin Maria Ludovica, die eine glühende Napoleon-Hasserin war. Den preußischen Patrioten galt Carl August als ein Hoffnungsträger, etwa dem angehenden Diplomaten Varnhagen von Ense, der mit ihm in Teplitz zusammentraf: „Ein entscheidender Anhalt aber und starker Träger solcher Hoffnungen war vor allem der Herzog von Weimar, der hier im sicheren Böhmen manchen Zwang abwarf und unter Freunden seine politische Gesinnung gar nicht verleugnete." Höchste Vorsicht war jedoch geboten, denn der Fürst wußte nur zu gut, daß Napoleon nicht zweimal zu begnadigen pflegte.

Im Mai 1812 scharte der Korse, schon auf dem Weg nach Rußland, in Dresden noch einmal alle Vasallen um sich. Carl August unternahm dabei, ermächtigt durch einen Brief des Zaren, einen schwachen Vermittlungsversuch, um den Eroberer von dem bevorstehenden Abenteuer abzuhalten. Der neue Alexanderzug war jedoch in vollem Lauf, was der zu allem entschlossene Kaiser ausdrücklich bestätigte: „Wir sind schon zu weit gegangen." Sieben Monate später kam er als ein Geschlagener, auf der Flucht von den Schneefeldern Rußlands, zu nächtlicher Stunde im Schlitten durch Weimar. An „Monsieur Göt" ließ er Grüße bestellen, an den Herzog nicht. Der sei für ihn der „unruhigste Fürst in Eurpoa", herrschte kurz darauf Napoleon den Kanzler von Müller an. Ende April 1813 kam der Empereur zu seinem letzten Besuch, bei dem ihm Carl August, nach einem Bericht des französischen Gesandten, widersprochen haben soll: „Dieses System gründet sich auf gigantische und unausführbare Gedanken, es zieht grenzenlose Kriege und den Verderb Europas nach sich." Im Herbst, nach der Leipziger Völkerschlacht Mitte Oktober, trat der Herzog offen auf die Seite der Verbündeten über.

Der inzwischen Sechsundfünfzigjährige zog wieder die Generalsuniform an und führte das dritte Armeecorps bis in die Niederlande. Er kam nach Paris, wo er, noch immer ein Kavalier alter Schule, Napoleons geschiedene Gattin Joséphine besuchte und auf den französischen Thron die Bourbonen zurückkehren sah, denen die Herzogin Louise attestierte, sie seien eine „degenerierte Rasse".

Mit der Zukunft hingegen schien London im Bunde zu sein, dem Carl August von Paris aus einen Besuch abstattete. Kohlengruben und Erzbergwerke haben ihn dort besonders interessiert. Die Heimkehr an die Ilm, Anfang September 1814, war nur ein kurzes Atemholen vor der Reise an die Donau, denn in Wien begann nun der Kongreß, der über das weitere Schicksal Europas und damit auch der deutschen Länder entscheiden sollte.

Zwei Wochen nach seinem 57. Geburtstag, am 17. September 1814, kam der Herzog in der Donaumetropole an, die bereits von Gästen aus aller Herren Ländern nur so wimmelte. Er mietete eine Wohnung im „Müllerischen Gebäude am Roten Thurm", während die Schwiegertochter Maria Pawlowna, als eine Schwester des Zaren Alexander, in der Hofburg logieren durfte. Zur kleinen weimarischen Verhandlungsdelegation gehörte der dreiunddreißigjährige Ernst Christian August von Gersdorff, der aus dem oberlausitzischen Herrnhut stammte, seit kurzem dem Geheimen Consilium angehörte und in Wien eine erste Probe seines diplomatischen Geschicks gab. Er blieb, bis zum Tod Carl Augusts, einer seiner wichtigsten Mitarbeiter.

Der Wiener Kongreß ist als ein gewaltiges Spektakelstück in die Geschichte eingegangen, das den Gästen neben den politischen Verhandlungen auch Lustbarkeiten aller Art bot. Bälle, Redouten, Prater- und Schlittenfahrten, Paraden, Jagden und Illuminationen, Feuerwerke und Reiterspiele, Hofkonzerte, Theatervorstellungen und Prozessionen waren oft nur eine Fortsetzung der Politik mit anderen Mitteln, die Fürst Metternich, als österreichischer Außenminister und einfallsreicher Festordner, virtuos beherrschte. Carl August, durchaus kein Kostverächter, nahm daran teil und brachte es fertig, sich selbst und andere weidlich zu amüsieren. Bei der pompösen Schlittenfahrt, die das versammelte Monarchen-Geschwader hinaus nach Schönbrunn führte, nahm er als einziger Teilnehmer das althergebrachte „Schlittenrecht" in Anspruch, das ihm erlaubte, seine Dame herzhaft zu küssen. „Die übrigen waren zu züchtig, um dasselbe zu fordern", meldete ein Spitzel der Polizeihofstelle. *Le Congrès danse et ne marche pas.*" – „Der Kongreß tanzt, kommt aber nicht von der Stelle", war der Kommentar des alten Fürsten de Ligne, an dessen Witz sich Carl August fast allabendlich ergötzte. Er war auch unter den Trauergästen, als der Fürst während des Kongresses starb, um den Monarchen und den Delegierten, nach so vielen Festivitäten, auch noch das Schauspiel der Beerdigung eines k.k. Feldmarschalls zu verschaffen. Der Weimarer saß im Theater am Kärntnertor, um den *Fidelio* mitzuerleben, und im Redoutensaal der Hofburg, wo am 29. November 1814 Beethoven vor den Potentaten des Abendlandes das Konzert dirigierte, das ihm den größten Triumph seiner ganzen Laufbahn bescherte. Auf Bitten von Carl Augusts Schwiegertochter mußte es um zwei Tage verschoben werden. Der Herzog unternahm Ausflüge bis nach Graz und Salzburg und durchstreifte vor allem die berühmten Wiener Kunstsammlungen. „Es ist unglaublich", schrieb er an Goethe, „was hier für Schätze der Wissenschaft und Künste aufgehäuft sind, und wie viele bedeutende Menschen man hier antrifft, denen es sehr ernst um ihre Gegenstände ist." Vorsicht war nur vor den Spitzeln geboten, die nicht fertig wurden mit Observieren, Protokollieren und Denunzieren. Graf Benzel-Sternau, ein Wiener Aristokrat, allenthalben für vertrauenswürdig gehalten, tatsächlich nur mit Zuträgereien beschäftigt, ging diesem dubiosen Gewerbe in den höchsten Gesellschaftskreisen nach und interessierte sich auch für Carl Augusts Konversation und Korrespondenz.

Der Herzog spann zunächst noch an einem Traum, der dann freilich schnell zerstob auf dem glatten Kongreß-Parkett. Sein hoher albertinischer Verwandter, König Friedrich August I. von Sachsen, hatte Napoleon bis zum Ende der Leipziger Völkerschlacht die Treue gehalten und war daher von den Verbündeten in die Gefangenschaft abgeführt worden, zunächst nach Berlin, später nach Preßburg. Da Verrat, dem französischen Außenminister Talleyrand zufolge, nur eine Frage des Datums war, der König Friedrich August aber das richtige Datum verpaßt hatte, schien er sein ganzes Land an die Sieger verwirkt zu haben. Wie wäre es, so Carl Augusts Traum, wenn ihm, dem Ernestiner, das Land der Albertiner zufiele? Wenn auf diese Weise die verhängnisvolle Leipziger Teilung nach mehr als dreieinhalb Jahrhunderten aufgehoben würde? Wenn das albertinische Sachsen und die ernestinischen Fürstentümer in Thüringen unter einem, Carl Augusts, Zepter vereinigt wären? Ein einziges ungeteiltes wettinisches Staatswesen würde wieder erstehen, wie einst in den Tagen Friedrichs des Sanftmütigen. Die Schmach von Mühlberg wäre getilgt und Johann Friedrich dem Großmütigen, dem Verlierer der Geschichte, späte Genugtuung zuteil geworden! Die Vision war viel zu grandios, als daß sie der Realpolitik hätte standhalten können. Der Besitz ganz Sachsens gehörte bereits zu den Forderungen König Friedrich Wilhelms III. von Preußen, getreu dem Vermächtnis Friedrichs des Großen, der es seinen Nachfolgern zur Pflicht gemacht hatte, erst innezuhalten, wenn das Erzgebirge die Südgrenze des Hohenzollern-Staates geworden sei. Energisch unterstützt wurde der König hierin durch Zar Alexander I., der im gleichen Zug ganz Polen an Rußland zu bringen gedachte. Die sächsisch-polnische Frage beherrschte dann den Wiener Kongreß und hätte beinahe einen neuen Krieg provoziert. Wenn König Friedrich August schließlich Sachsen behalten durfte, allerdings in seinem Umfang empfindlich geschmälert, und Dresden keine preußische Provinzhauptstadt wurde, so hat das nur die vereinte Staatskunst Metternichs, Talleyrands sowie des englischen Außenministers Castlereagh bewirkt, die ein zu stark aufgeblähtes Preußen für bedenklich hielten. Dem europäischen Gleichgewicht war damit Genüge getan, nicht jedoch den Intentionen des Herzogs von Weimar, die sich nun ein für allemal ins Schattenreich unverwirklichter Träumereien verflüchtigten.

Um Carl August aber doch noch eine Rangerhöhung angedeihen zu lassen, beschlossen die Großmächte am 11. Februar 1815, ihn zum Großherzog zu erheben, der künftig auf die Titulierung „Königliche Hoheit" Anspruch hatte. Das Avancement Sachsen-Weimar-Eisenachs zum Großherzogtum wurde am 5. April 1815 offiziell bekanntgegeben. Gleichzeitig erreichte Carl August nahezu eine Verdoppelung der Fläche seines Landes, durch ehemalige fuldaische, kurhessische und andere Gebiete sowie durch einige Enklaven des Deutschen Ordens. Jedoch blieben die Weimarer und Eisenacher Landesteile auch weiterhin ohne natürliche Verbindung, so daß der Reisende, der unterwegs von der Wartburg nach der Ilm war, fremdes Staatsgebiet durchqueren mußte. Am 8. Juni 1815 trat der neue Großherzog dem Deutschen Bund bei, einem lockeren Gebilde, bestehend aus fünfunddreißig souveränen Fürsten und vier Freien Städten. Artikel 13 der Bundesakte versprach: „In allen Bundesstaaten wird eine landständische Verfassung stattfinden."

Der Großherzog ging sogleich mit Aplomb an die Arbeit und besuchte schon auf der Rückreise aus Wien einige seiner neuen Territorien. Das inzwischen antiquierte Geheime Consilium wich einem modernen Staatsministerium, mit dem hochverdienten Christian Gottlob von Voigt als Präsidenten. Staatsminister waren fortan für einzelne Ressorts verantwortlich, so auch der ebenfalls zum Staatsminister ernannte Goethe, der weiterhin die „Oberaufsicht über die unmittelbaren Anstalten für Kunst und Wissenschaft" ausübte. Besonders ernst nahm Carl August das Ausarbeiten einer Verfassung für das gesamte Großherzogtum, gemäß Artikel 13 der Deutschen Bundesakte.

Als er am 5. Mai 1816 das Grundgesetz seines Großherzogtums unterzeichnete, war er der erste deutsche Fürst, der seine Verfassungs-Zusage einlöste, und er blieb, von einigen süddeutschen Monarchen abgesehen, für lange Zeit auch der einzige. Die vergleichsweise liberale Konstitution gestattete neben den Rittergutsbesitzern und Bürgern auch den Bauern, gewählte Vertreter in den Landtag zu entsenden, der das Recht erhielt, über die Bewilligung von Steuern zu entscheiden und die staatliche Finanzpolitik zu kontrollieren. Der Herrscher konnte keine Gesetze mehr ohne die Zustimmung des Landtages erlassen, die Rechtspflege wurde zur Aufgabe unabhängiger Gerichte. Die wohl wichtigste Errungenschaft bestand in der uneingeschränkten Pressefreiheit, die ein aufregendes Novum war für deutsche Schreiber und Leser seit den gescheiterten Experimenten Josephs II. in Österreich vor mehr als drei Jahrzehnten. Mit der weimarischen Verfassung begann die Abnabelung des Staates von der Person des Monarchen, der Untertan konnte sich zum Staatsbürger entwickeln.

Daß solche Festlegungen und Zugeständnisse das Regieren keineswegs erleichterten, mußte Carl August bald erfahren. In Jena erschienen gleich mehrere Zeitschriften mit einer mehr oder weniger oppositionellen Tendenz. Der bisher von dem kritischen Publizisten Joseph Görres herausgegebene und in Preußen verbotene *Rheinische Merkur* zog von Koblenz nach Jena um. Überall wurde gegen „Despotismus und Aristokratismus" gewettert. Erste Warnungen trafen in Weimar ein, von den Regierungen in Berlin, Wien und Sankt Petersburg, die den Großherzog für mitschuldig erklärten an dem Tumult, der sich da so gefährlich unter seinem Schutz entfaltete. Aber Carl August sah sich außerstande, die Pressefreiheit einzuschränken, da sie dann keine Pressefreiheit mehr gewesen wäre. Sein durch die Verfassung verbrieftes Wort wollte er nicht zurücknehmen.

Binnen kurzem wurde der sechzigjährige Großherzog zu einer populären Gestalt, fast zu einem Volksmann, besonders bei den Angehörigen der Burschenschaft, die Jenaer Studenten im Juni 1815 gründeten. Es waren junge Leute, gleichzeitig ergeben altdeutsch-romantischen Vorstellungen und westlich-konstitutionellen Ideen, die sie zu einem nicht immer schlüssigen, jedoch höchst brisanten Gedanken-Konglomerat vermischten. Viele von ihnen kannten einander aus Friedrich Ludwig Jahns Turnbewegung oder aus den Freiwilligenverbänden des Jahres 1813, als sie, Schillers *Jungfrau von Orleans* im Tornister, für die Freiheit und Einheit des deutschen Vaterlandes gekämpft hatten. Um beide Ziele sahen sie sich jetzt betrogen, der Blutzoll der Befreiungskriege schien umsonst gewesen zu sein. Unbeirrbar und geräuschvoll, unter dem Gesang patriotischer Lieder und dem Schwenken von Fahnen mit den Uniformfarben der Lützower Jäger, meldeten die Burschenschafter ihre Forderungen an, schon bald unterstützt und verstärkt durch Gesinnungsgenossen an anderen deutschen Universitäten.

Carl August nahm dieses Treiben mit Sympathie auf, der antinapoleonische Furor der Studenten sowie ihr Eifer für Zucht und Korperertüchtigung fanden seinen Beifall. Als die Burschenschafter für den 18. und 19. Oktober 1817, zum dritten Jahrestag der Leipziger Völkerschlacht und zur dreihundertsten Wiederkehr von Luthers Thesenanschlag, auf die Wartburg bei Eisenach zu einer Erinnerungsfeier luden, gewährte der Großherzog seine Unterstützung. Er stellte den Studenten die Säle der Burg und Brennholz für das geplante abendliche Freudenfeuer zur Verfügung. Am meisten zählte, daß er das Fest überhaupt gestattete, das in keinem anderen deutschen Land möglich gewesen wäre.

Es kamen mehr als fünfhundert Studenten aus zehn deutschen Universitätsstädten zusammen, zu denen sich vier angesehene Prosoren aus Jena gesellten, allesamt idealistisch gestimmte Männer, die dann der preußische Polizeichef von Kamptz als einen „Haufen verwilderter Professoren und verführter Studenten" apostrophierte. Sie sangen vaterländische Lieder, mahnten deklamatorisch deutsche Einheit und Freiheit an, priesen auch lautstark den Großherzog Carl August, der als einziger deutscher Fürst in der Verfassungsfrage Wort gehalten habe. Nur eine Minderheit radikal eingestellter Jünglinge verbrannte am Abend des 18. Oktober bei einem Autodafé reaktionäre Schriften, jedoch auch den *Code Napoléon*, außerdem einen preußischen Ulanenschnürleib, einen Zopf als Symbol des *Ancien régime* sowie einen österreichischen Korporalstock. Die spektakuläre Szene war nur ein Ereignis am Rand des Wartburgfestes, nicht einmal ein offizieller Teil davon. Aber die Öffentlichkeit und besonders die deutschen sowie außerdeutschen Kabinette hielten sich vor allem an diesen Vorfall.

Die Freude Carl Augusts über die ihm von den Studenten zuteil gewordenen Huldigungen war nur kurz, denn nun wurde er zum Adressaten geharnischter Proteste und Zurechtweisungen der auswärtigen Obrigkeiten. Er habe sich zum Schutzherrn der Burschenschaften machen lassen, zum fürstlichen Nestbeschmutzer und Protektor des „garstigen Wartburger Feuergestanks". Das Wort vom „Altburschen zu Weimar" kam auf, gegen den offenbar verbaler Tadel allein wenig fruchtete. Fürst Metternich in Wien brachte es auf die Formel: „Mit Verachtung straft man den Altburschen nicht, er ist sie gewöhnt." Dergleichen Drohgebärden waren immerhin ernst zu nehmen, aber noch blieb der Großherzog ungerührt. Als ihm im Juli 1818, anläßlich der Taufe seines Enkels Carl Alexander, Burschenschafter einen Fackelzug darbrachten, lud er ihre Vertreter an die Festtafel ins Schloß. Im Deutschen Bundestag zu Frankfurt ließ Carl August eine Note überreichen, die um Verständnis für die Burschenschaften warb und das Wartburgfest als einen von der weimarischen Verfassung sanktionierten Vorgang zu rechtfertigen suchte.

Da kam es zu einem dramatischen Zwischenfall, der mit einem Schlag die Lage weiter zuspitzte. Carl Ludwig Sand, Mitglied der Jenaer Burschenschaft und Teilnehmer des Wartburgfestes, hielt den in Mannheim lebenden Erfolgsschriftsteller August von Kotzebue für einen Spion des Zaren. Getrieben von dunklen national-romantischen Vorstellungen, ließ sich Sand am 23. März 1819 in Kotzebues Mannheimer Domizil melden, unter dem altdeutschen Wams das Johannesevangelium, Theodor Körners Gedichte und das für die folgende Exekution bestimmte „Schwert". Mit dem Dolch versetzte er dem Poeten drei tödliche Stiche, dann stürzte er ins Freie und fiel mit dem Ruf auf die Knie: „Ich danke dir, Gott, für diesen Sieg." Seine Hinrichtung im Jahr darauf ließ Sand zum Märtyrer und zum Ahnherrn des politischen Terrorismus in Deutschland werden.

Auf seine Weise suchte der Fürst Metternich Nutzen aus der Untat zu ziehen, die, wie er zynisch bemerkte, „der vortreffliche Sand auf Kosten des armen Kotzebue" vollbracht hatte. Sie gab den erwünschten Vorwand ab für den Generalangriff auf die gesamte politische Opposition in Deutschland. Ins böhmische Karlsbad beschied Metternich im August 1819 die Minister der wichtigsten Mitgliedstaaten des Deutschen Bundes, jedoch bezeichnenderweise keinen Vertreter des Großherzogtums Sachsen-Weimar. Zwischen Kurkonzerten und Soupers wurde jenes Bündel von rigiden Notstandsverordnungen auf den Weg gebracht, die als „Karlsbader Beschlüsse" unrühmlich in die Geschichte eingingen. Sie kündigten der Öffentlichkeit die Herrschaftspraktiken der nächsten Jahrzehnte an: Entfernung oder gar Verhaftung mißliebiger Professoren, Verbot der Burschenschaften, Zensur, Spitzelunwesen, Verfolgung aller „revolutionären Umtriebe", deren Urheber man jetzt „Demagogen" nannte. Die Karlsbader Beschlüsse wurden wenig später im Frankfurter Bundestag durchgepeitscht und erlangten für alle deutschen Länder Gesetzeskraft.

Sie banden auch dem Großherzog von Sachsen-Weimar die Hände, wollte er nicht härteste Strafmaßnahmen auf sich und sein Land herabbeschwören. Der Jenaer Professor Lorenz Oken, Herausgeber der oppositionellen Zeitschrift *Isis* und Teilnehmer des Wartburgfestes, mußte entlassen werden. Um die Jenaer Burschenschaft nicht verbieten zu müssen, bat sie der Großherzog um ihre Selbstauflösung, die am 11. November 1819 vollzogen wurde. Der preußische Polizeichef von Kamptz drängte noch weiter darauf, „dem politischen Unfug in Jena" ein Ende zu setzen, auch intervenierte nochmals Sankt Petersburg. Es hätte solcher Warnungen kaum mehr bedurft, um den Großherzog begreifen zu lassen, daß seine Liberalität dort enden mußte, wo sie mit den Ansprüchen der „Heiligen Allianz" zusammenstieß.

Was ihm blieb in diesen späten Jahren, war die Freundschaft mit Goethe, die einst fast gleichzeitig mit seiner Regierung begonnen hatte. Es waren nur noch wenige Zeugen seiner Jugend am Leben, mit denen zusammen er alt geworden war: die Großherzogin Louise, der Herr von Knebel und Goethe. Das Alter kündigte sich durch spürbare Beeinträchtigungen an, durch Übergewichtigkeit und eine merkliche Neigung zum Schlagfluß, wie man damals die Apoplexie nannte. Aber Carl August hätte gegen sein innerstes Daseinsgesetz, gegen seine Barock-Natur verstoßen müssen, wenn er zu einer mäßigeren, sozusagen vernünftigeren Lebensweise bereit gewesen wäre. Er war es gewöhnt, aus dem Vollen zu schöpfen, und wollte daher nicht auf Bier, Wein und die geliebten Zigarren verzichten. Auch fuhr er noch immer auf seinem holpernden Wagen in den Wald, um bei Wind und Wetter der Jagd nachzugehen. Die Altersleiden sollten durch Kuraufenthalte in den böhmischen Bädern beschwichtigt werden, wo allerdings das Pokulieren und das Polonaise-Tanzen mit Frau von Heygendorf, der ehemaligen Demoiselle Jagemann, hingebungsvoller betrieben wurden als das Brunnentrinken.

Daß er, Carl August, trotz des hereinbrechenden Alters jung geblieben war, hatten die Jenaer Burschenschafter erfahren. Daß sich der noch ältere, mittlerweile vierundsiebzigjährige Goethe in ein achtzehnjähriges Mädchen namens Ulrike von Levetzow verliebte und sie sogar zu seiner Frau zu machen wünschte, erlebte Carl August mit im böhmischen Marienbad, Sommer 1823, ja es war ihm beschieden, eine Rolle in dieser Romanze zu spielen. Da Goethe sich weder Ulrike noch ihrer Mutter gegenüber direkt erklären wollte, nahm er die Mittlerdienste seines alten Gönners und Freundes in Anspruch. Der Großherzog legte den Staatsfrack nebst allen Orden an und begab sich als Brautwerber zu Ulrikes Mutter, um die Hand des Mädchens für den sachsen-weimarischen Staatsminister von Goethe zu erbitten. Nachdem, wie Ulrike siebzig Jahre später erzählte, Frau von Levetzow die Werbung zunächst für einen Scherz gehalten hatte, steigerte der fürstliche Bittsteller seinen Antrag: er wolle die junge Frau zur ersten Dame an seinem Hof erheben und ihr, für die Zeit nach Goethes Tod, eine jährliche Pension von 10 000 Talern gewähren. Frau von Levetzow war freilich klug genug, den ihr und der Tochter gemachten Avancen zu widerstehen. Sie hielt den Altersunterschied für unüberbrückbar und sah wohl auch die Antipathie, ja Feindschaft voraus, die eine blutjunge Lebensgenossin Goethes bei seiner Familie und überhaupt in der Weimarer Gesellschaft provozieren mußte. Man müsse Ulrike selbst fragen, gab Frau von Levetzow höflich, aber hinhaltend zu bedenken. Das Heiratsprojekt war wohl schon gescheitert, als der Großherzog bekümmert den Rückzug antrat. Ulrike, die unvermählt blieb, wurde fünfundneunzig Jahre alt. Goethe, der nie wieder die böhmischen Bäder besuchte, verlieh dem Erlebnis poetische Dauer in seiner *Marienbader Elegie*, dem ergreifendsten Credo, das die Welt von ihm kennt.

Wieder einmal bewährt hatte sich der Freundschaftsbund Carl Augusts und Goethes, obwohl er einer solchen Erprobung längst nicht mehr bedurfte. Er überdauerte auch noch die letzten Schwankungen und Meinungsverschiedenheiten, an denen, wie schon mehrfach, Frau von Heygendorf beteiligt war. Im März 1825 brannte in Weimar das Theater ab, die Stätte der Uraufführungen des *Wallenstein* und des *Wilhelm Tell*. Der Großherzog leitete, gelassen eine Zigarre rauchend, die Löscharbeiten und befahl, da der alte Musentempel nicht mehr zu retten war, die Nachbarhäuser zu schützen. Ein neues Theater mußte möglichst schnell entstehen, da es für die Jubiläumsfeierlichkeiten im Herbst benötigt wurde. Der Architekt Coudray, den schon lange ein neuer Theaterbau beschäftigte, legte rasch einen mit Goethe abgesprochenen Entwurf vor, der auch die Billigung Carl Augusts fand. Die Jagemann jedoch, die ihren alten Antipoden Goethe brüskieren wollte, wußte den Großherzog umzustimmen, so daß nicht Coudray, sondern der Baurat Carl Friedrich Christian Steiner den Auftrag für das Gebäude erhielt, das dann bis 1907 bestehen sollte. Goethe nahm den Affront ungerührt hin: „Ein neues Theater ist am Ende immer doch nur ein neuer Scheiterhaufen, den irgendein Ungefähr über kurz oder lang wieder in Brand steckt." Lohnte es sich deswegen, einen Zwist mit dem alten Gefährten heraufzubeschwören?

Die Jubiläumsfeierlichkeiten begannen am 3. September 1825, Carl Augusts achtundsechzigstem Geburtstag, zur Erinnerung an den Antritt seiner Regentschaft vor genau fünfzig Jahren. Goethe war auch an diesem Festtag der erste Gratulant, als er, frühmorgens nach sechs Uhr, zusammen mit dem Landgrafen Christian von Hessen am Römischen Haus im Park erschien. Der Kanzler von Müller hat die Rührung des Dichters beschrieben, der zunächst nur die Worte hervorgebracht habe: „Bis zum letzten Hauch beisammen." Vom Großherzog, der Goethes Hände ergriffen habe, sei der leise Ausruf zu hören gewesen: „O achtzehn Jahre und Ilmenau!" Mehr bedurfte es nicht, um den Bogen zurückzuschlagen in jene frühen Tage, an denen er, achtzehnjährig, zusammen mit dem soeben gewonnenen Kameraden durch die Wälder bei Ilmenau geritten war und dort von der Wiederbelebung des Bergbaus geträumt hatte. Der Festtag ging vorüber mit den für solche Gelegenheiten obligaten Feiern, mit dem Defilee der auswärtigen Gesandten und einem Dankgottesdienst, mit Illuminationen und Gedenkreden. In der Freimaurerloge wurde ein von Goethe gedichtetes Lied gesungen, in dem es hieß: „Laßt fahren hin das allzu Flüchtige! / Ihr sucht bei ihm vergebens Rat ..."

Schon zwei Monate später, am 7. November 1825, galt es ein zweites Jubiläum zu begehen: den fünfzigsten Jahrestag von Goethes Ankunft in Weimar. Der Großherzog richtete ein gravitätisches Handschreiben an den Freund „den für immer gewonnen zu haben, Ich als eine der höchsten Zierden Meiner Regierung achte". Gegen zehn Uhr mußte sich Carl August, gemeinsam mit der Herzogin Louise, einen Weg durch das mit Gästen überfüllte Haus am Frauenplan bahnen, um dem Geheimen Rat seine Glückwünsche auch persönlich auszusprechen. Daß er dabei, wie stets im engsten Kreis, das freundschaftlich-burschikose „Du" benutzte, ist anzunehmen.

Es waren Feiern, die von der Erinnerung lebten und dem Großherzog ankündigten, daß es Zeit schien, das Haus zu bestellen und Vorkehrungen für die letzte Heimstatt zu treffen. Schon 1823 hatte er seinen Architekten Coudray beauftragt, auf dem Neuen Friedhof im Süden Weimars eine Gruft zu errichten. Es entstand ein schlichtes Mausoleum in dorischem Stil mit Säulenportikus und Kuppel sowie dem Grabgewölbe in der Tiefe, bereit zur Aufnahme der Sarkophage des Fürstenhauses. Dort sollten, nach ausdrücklicher Anweisung Carl Augusts, mitten unter seinen toten ernestinischen Verwandten auch die Särge der beiden Dichter stehen, deren Wirken mit seiner Regentschaft untrennbar verbunden war. Schillers Gebeine hatte man 1826 aus seiner ursprünglichen Ruhestätte, dem zerbröckelnden Kassengewölbe auf dem Jakobsfriedhof, geborgen und in der Bibliothek aufbewahrt. Am 16. Dezember 1827 wurden sie feierlich nach der Fürstengruft überführt und dort beigesetzt.

Der siebzigjährige Großherzog war eingestimmt auf die Leidenszeit, die während der nächsten Monate vor ihm lag. Er war nicht eigentlich krank, aber die Beschwernisse nahmen nun rapide zu, die ihm schon lange zu schaffen machten: Atemnot, Schlaflosigkeit, Zittern der Hände, krampfartige Schmerzen im Brustbereich. Der fortschreitende Verfall hinderte ihn nicht am täglichen Erledigen der Amtsgeschäfte, auch konnte man ihn noch oft im Park sehen, wo er, eine Militärmütze auf dem Kopf, die Zigarre genießend und umgeben von seinen Hunden, die Schwester des Philosophen Schopenhauer an einen alten Pächter erinnerte. Nachdem Carl August im April nur mit Mühe eine Erkältung überstanden hatte, beschloß er, nach Berlin zu reisen, um, wie er Goethe gestand, „von der Außenwelt bei dieser Gelegenheit Abschied zu nehmen". Am 29. Mai 1828 verließ der Großherzog seine Residenz, begleitet von einigen Offizieren, unter ihnen der Major Friedrich Ludwig von Germar.

In der preußischen Hauptstadt unterwarf sich der Fürst noch einmal zahlreichen Verpflichtungen, die seine geschwächte Gesundheit sichtlich überforderten. Am liebsten war ihm der Umgang mit Alexander von Humboldt, der an Carl August den merkwürdigen Zustand einer schwebenden Transparenz und Entrücktheit beobachtete – „eine solche Luzidität wie bei den erhabenen, schneebedeckten Alpen der Vorbote des scheidenden Lichts." Humboldt hat dann in einem schönen Brief von diesen letzten Begegnungen mit dem Weimarer Gast berichtet, der „heiter, aber sehr erschöpft" gewesen sei und die schwierigsten Fragen gestellt habe „über Physik, Astronomie, Meteorologie und Geognosie, über Durchsichtigkeit eines Kometenkerns, über Mondatmosphäre, über die farbigen

Doppelsterne, über Einfluß der Sonnenflecke auf Temperatur, Erscheinen der organischen Formen in der Urwelt, innere Erdwärme". Dann sei er „mitten in seiner und meiner Rede" eingeschlafen und habe, als er es merkte, freundlich gesagt: „Sie sehen, Humboldt, es ist aus mit mir!" Einmal wäre er auf die Frömmler und auf das „Niederschlagen aller freien Geistesrichtungen" zu sprechen gekommen. „Dazu sind es unwahre Bursche", habe er ausgerufen, „die sich dadurch den Fürsten angenehm zu machen glauben, um Stellen und Bänder zu erhalten! Mit der poetischen Vorliebe zum Mittelalter haben sie sich eingeschlichen." Es war Carl Augusts abschließendes Verdikt über die Dunkelmänner, die der „Heiligen Allianz" zu einer romantischen Folie verhalfen.

Am 13. Juni wurde die Rückfahrt nach Weimar angetreten und in Wittenberg eine Übernachtung eingelegt. Dort mußte der Kutscher ganz langsam Schadows Luther-Denkmal umfahren, denn der Großherzog wollte genau das Standbild des Mannes betrachten, für dessen Lehre sein Ahnherr einst mutig gestritten hatte und zu einem Verlierer der Geschichte geworden war. Dann ging die Fahrt weiter zum Schloß Graditz bei Torgau, wo Carl August sich Pferde vorführen ließ. Gegen Abend gab er für seine Offiziere im Schloß ein Essen, nicht ohne sich dabei über Friedrich den Großen zu verbreiten, der hier in der Nähe die verlustreichste Schlacht des Siebenjährigen Krieges geschlagen hatte. Die Erzählung muß in grellem Kontrast zu Carl Augusts Befinden gestanden haben, das sich von Stunde zu Stunde verschlechterte. Er klagte über einen rasenden Krampf in der Brust, die Herren in seiner Umgebung hörten ihn stöhnen: „Ach, daß Gott erbarm!" Der Großherzog zog sich zurück, den Major von Germar an der Seite, rauchte noch eine Zigarre zu Ende und trat ans geöffnete Fenster, um die abendliche Kühle tief einzuatmen. Dann sank er tot zusammen, am 14. Juni 1828, um 9 Uhr abends.

Der Leichnam wurde in feierlichem Kondukt nach Weimar gebracht und im Römischen Haus, dem geliebten Sommersitz, öffentlich aufgebahrt. Der Erbgroßherzog Carl Friedrich und seine Gemahlin Maria Pawlowna waren gerade in Sankt Petersburg zu Besuch und kamen, trotz eilender Fahrt, nicht mehr rechtzeitig zur Bestattung an. Sie erfolgte ohne das neue Herrscherpaar, aber unter gewaltigem Zulauf der Weimarer sowie auswärtiger Gäste, am 9. Juli 1828. Nach einem Trauergottesdienst wurde der Sarkophag mit den sterblichen Überresten des Großherzogs Carl August in die Fürstengruft getragen und dort beigesetzt, nicht weit von den Gebeinen Schillers.

Als die Trauernachricht in Goethes Haus am Frauenplan eintraf, war der Maler Joseph Stieler mit dem Altersporträt des Dichters beschäftigt. Kaum ein anderes Ereignis hätte Goethe so erschüttern können wie der Tod des alten Freundes und Gönners, durch den er nach Weimar gekommen und da auch geblieben war. Er mahnte nun, das eigene, nicht mehr ferne Ende vor Augen, Stieler zur Eile an, denn der Großherzog sei weggegangen und nicht mehr wiedergekommen. Wer könne verbürgen, daß man morgen noch erwache? An den Trauerfeierlichkeiten nahm Goethe, wie stets bei solchen Anlässen, nicht teil. Er suchte im Renaissance-Schloß zu Dornburg gleichermaßen Abstand und innere Besänftigung. Er schrieb an den Kammerherrn des neuen Großherzogs einen Brief, den er selber einen „Monolog des wunderlich sinnenden Einsiedlers" nannte. Der Dichter zog darin die Summe des „großbedeutenden Daseins", das sich dem seinigen so eng verbunden hatte. In den Vollmondnächten über der Saale gelangte er, langsam Ruhe findend, zu der Überzeugung, „daß eigentlich keine Trauer in der Welt sein sollte". Gleich nach seiner Rückkehr ins Haus am Weimarer Frauenplan, Mitte September 1828, besuchte ihn die verwitwete Großherzogin Louise, die daraufhin sagte: „Goethe und ich verstehen uns nun vollkommen, nur daß er noch den Mut zu leben hat und ich nicht."

Die Großherzogin Louise lebte keine zwei Jahre mehr, meistens in ihrer Sommerresidenz Wilhelmsthal bei Eisenach, hingegeben mannigfachen karitativen Aufgaben. Sie starb am 14. Februar 1830 und wurde in der Fürstengruft an der Seite ihres Mannes beigesetzt, mit dem sie ein dreiundfünfzigjähriges Dasein in früher Fremdheit und später Nähe verbracht hatte.

Goethe starb erst 1832 und fand seine letzte Ruhestätte ebenfalls in der Fürstengruft, getreu der Verfügung Carl Augusts, von dem er bis zuletzt immer wieder gesprochen hat. Er erhob ihn sogar, wie Napoleon, unter die „dämonischen Naturen", wie am 2. März 1831 gegenüber Eckermann: „Auch der verstorbene Großherzog war eine dämonische Natur, voll unbegrenzter Tatkraft und Unruhe, so daß sein eigenes Reich ihm zu klein war, und das größte ihm zu klein gewesen wäre. Dämonische Wesen solcher Art rechneten die Griechen unter die Halbgötter." Es habe niemals ein Kaiser nach ihm gefragt und sich kein König um ihn bekümmert, hatte der dankbare Dichter einst in jenem venezianischen Epigramm gerühmt, aber dieser Fürst sei ihm „August und Mäcen" gewesen. Nicht nur für Goethe, sondern für die Kulturblüte eines ganzen Gemeinwesens in friedloser Zeit ist Carl August von Sachsen-Weimar, der Erbe Anna Amalias, mehr als ein Kaiser und König gewesen.

4. Kapitel

Die Fürstin aus dem Osten

– Carl Friedrich und Maria Pawlowna

Die ersten Vorboten, die Weimarer Bürger von ihrer jungen Erbprinzessin zu Gesicht bekamen, waren die kleinen zottigen Kosakenpferde, die achtzig Planwagen durch die staunende Stadt zogen. So eine exotische Prozession hatten die braven Residenzler noch nie gesehen, die wußten, daß hier die Aussteuer der Prinzessin, die einmal ihre Herrin sein würde, als kostbares Frachtgut durch die Straßen schwankte. Die transportierten Reichtümer waren so immens, daß der russische Zoll seine Bedenken angemeldet hatte, obwohl es sich doch um das Eigentum einer Angehörigen der Zarenfamilie handelte! Es bedurfte der persönlichen Intervention der Zarin-Mutter, um diesen Schätzen den Weg über die Grenze zu öffnen.

Von solchen Schwierigkeiten ahnten die Weimarer natürlich nichts, aber sie hätten sich kaum darüber gewundert, wenn eine Kunde davon in die Öffentlichkeit gedrungen wäre. Denn kurz nach der Ankunft der russischen Karawane wurden die mitgebrachten Besitztümer in nicht weniger als zehn Sälen des Fürstenhauses ausgestellt, so daß sie jedermann besichtigen konnte. Der Sozialneid scheint damals noch nicht weit verbreitet gewesen zu sein, sonst hätte man sich bei der öffentlichen Präsentation der märchenhaften Mitgift etwas mehr Zurückhaltung auferlegt. Aber es überwog wohl die naive Freude des Publikums über die glänzende Partie, die dem Erbprinzen Carl Friedrich von Sachsen-Weimar da sichtlich beschieden war. Soviel stand fest: seine ihm eben erst angetraute Gemahlin, die Großfürstin Maria Pawlowna von Rußland, war so reich, wie es sonst nur orientalische Fabelwesen zu sein pflegten. Das *Journal des Luxus und der Moden* brauchte jedenfalls neun Seiten, um die Schau im Fürstenhaus detailliert zu beschreiben.

Porzellan-, Gold- und Silber-Service waren zu sehen, Möbel und Tapeten, Gobelins, Spiegel und Kronleuchter, Vasen, Gläser und Samoware, Teppiche, Stoffe und die Garderobe der hohen Dame, sogar deren „Thronbett" und Leibwäsche. Die vollständige Ausstattung einer russisch-orthodoxen Kapelle war von der Newa an die Ilm befördert worden, denn der Weimarer Hof hatte im Ehevertrag der Prinzessin zugestehen müssen, daß sie ihren Glauben behalten durfte. Die Kinder, die aus der Verbindung mit Carl Friedrich hervorgehen würden, sollten allerdings in der evangelisch-lutherischen Konfession erzogen werden. Dabei war der Ausstellung nicht einmal zu entnehmen, daß die Prinzessin und spätere Herzogin mit regelmäßigen finanziellen Zuwendungen durch das Zarenhaus rechnen durfte, bis an ihr Lebensende. Fürwahr: eine Glücksfee schien unterwegs nach Weimar zu sein, und vielleicht hatten nicht nur die Ernestiner, sondern auch ihre Untertanen etwas davon!

War es ein Wunder, daß sie alle dem Tag entgegenfieberten, an dem die junge Fürstin höchstpersönlich in ihrer Mitte erscheinen sollte? Der Herzog Carl August ritt dem Paar bis an die polnische Grenze entgegen, die Herzogin Louise nebst den anderen Familienangehörigen warteten in Naumburg. Dort lernte Maria Pawlowna, bei einer ersten Begrüßung, ihre neuen Verwandten kennen. Bei Roßla, an der Grenze des Herzogtums Sachsen-Weimar, stieg das Erbprinzenpaar in eine Galakalesche um, die sechs silbern beschlagene Isabellenpferde zogen. Dann begann, am frühen Nachmittag des 9. November 1804, die *Via triumphalis* zur Residenz, gesäumt von Landleuten in bunten Trachten, weißgekleideten Ehrenjungfrauen und neugierigen Kindern, die ins Innere der immer wieder anhaltenden Kutsche kleine Geschenke reichten. Da saß sie, die zukünftige Herrscherin, wie sie bald darauf der Maler Tischbein konterfeit hat: freundlich lächelnd, ein Diadem in den aufgesteckten dunklen Locken über großen und ausdrucksvollen Augen, von zarter, fast elfenhafter Gestalt – eine Prinzessin aus dem Bilderbuch! Von der Altenburg her, hoch über der Ilm, sah Maria die Stadt zum ersten Male, die der Petersburgerin wie aus einer Spielzeugschachtel hingewürfelt vorgekommen sein muß. Sodann fuhr die Kalesche hinunter, über die Ilm, durch Ehrenpforten und vorbei an schmetternden Musikkapellen, bis hin zum Schloß, wo die vorausgefahrene Herzogin Louise und die Herzogin-Mutter Anna Amalia zum Willkommen auf der Treppe standen. Das alternde Fräulein von Göchhausen war ebenfalls dabei, das allerdings, nicht ganz ohne Ironie, am Rande vermerkte: „... auch unser Vater Wieland ist begeistert und macht wieder Verse."

Verse schrieb auch Schiller, der damals überhaupt allem Russischen aufgeschlossen gegenüberstand, denn er hatte mit der Arbeit an seinem *Demetrius* begonnen. Jetzt verfaßte er den allegorischen

Prolog *Die Huldigung der Künste*, der beim ersten Theaterbesuch der Großfürstin aufgeführt wurde, wenige Tage nach ihrer Ankunft in Weimar. Sie gewährte dem Dichter eine erste Audienz, die ihn so beeindruckte, daß er seinem Dresdner Gewährsmann Körner ausführlich darüber berichtete. Man habe mit der Erbprinzessin „eine unschätzbare Aquisition gemacht", ließ Schiller verlauten. „Das Deutsche spricht sie mit Schwierigkeit, versteht es aber, wenn man mit ihr spricht, und liest es ohne Mühe. Auch ist es ihr Ernst, es zu lernen. Sie scheint einen sehr festen Charakter zu haben, und da sie das Gute und Rechte will, so können wir hoffen, daß sie es durchsetzen wird. Schlechte Menschen, leere Schwätzer und Schwadronierer möchten schwerlich bei ihr aufkommen." Es war ein Kurz-Psychogramm, das diese Frau in ihrem langen Weimarer Wirken vollkommen bestätigen sollte.

Bereits bei der flüchtigen Lektüre der Berichte über Maria Pawlownas Weimarer Einzug fällt auf, daß ihr soeben angetrauter Gemahl, der Erbprinz Carl Friedrich, darin nur eine Nebenrolle spielt. Man schien ihn halt mit in Kauf zu nehmen, als monarchische Staffagefigur, fast als den Schleppenträger seiner glänzenden Gemahlin. Als solcher wäre er durchaus geeignet gewesen, denn der Prinz war eine stattliche Erscheinung, beinahe ein „Beau", wenn nicht sein provinzielles Auftreten jede weltmännische Lebensart hätte vermissen lassen. Jedenfalls galt er seinen Gothaer Verwandten als „der geistreichen Marie platter Mann", was sicher eine Übertreibung, jedoch nur eine Übertreibung der Wahrheit gewesen ist.

Carl Friedrich war am 2. Februar 1783 zur Welt gekommen, begrüßt sogleich durch ein Goethe-Gedicht. Die Mutter umhegte und verhätschelte ihn von Anfang an, sehr zum Unwillen des Vaters Carl August, der bei seinem Stammhalter die eigene Robustheit und Energie vermißte. Dem Herzog wäre sein Zweitgeborener, Prinz Bernhard, als Nachfolger lieber gewesen, da er schon im Knabenalter ein soldatisches, furchtloses Naturell zu erkennen gab, aber gegen das Erstgeburtsrecht vermochte auch der Landesherr nichts auszurichten. Gottfried Theodor Stichling, ein Enkel Herders und später als Minister einer der engsten Mitarbeiter Carl Friedrichs, attestierte ihm „eine kindlich-reine, fromme, wohlwollende Seele, das Wort ‚kindlich' im strengsten Sinne genommen." Erzieherische

Mißgriffe sollen das passive Wesen verschuldet haben, unter dem der Prinz und nachmalige Großherzog selbst gelegentlich litt. Da er aber wußte, daß man ihn für einen naiven Menschen hielt, und er es nicht dulden wollte, wie ein solcher behandelt zu werden, kehrte er zuweilen seinen fürstlichen Status und einen Standesdünkel heraus, den man gerade ihm, dem gutmütigen Philister, kaum zugetraut hätte.

Er war und blieb sein Leben lang ein großes Kind, das Spielzeug sammelte und Märchen liebte, nicht geradezu ein Kretin, wie Böswillige behaupteten, sondern eher ein Weltfremdling, keineswegs unsympathisch, aber des Anstoßes durch eine starke Partnerin stets bedürftig. Der Vater Carl August muß wohl befunden haben, daß dergleichen Eigenschaften für das Dasein eines weimarischen Privatiers und Hausbesitzers ausreichten, jedoch nicht für das Amt des Souveräns. So schickte er den neunzehnjährigen Sohn auf die Bildungsreise nach Paris, in der Hoffnung, daß er in der „Hauptstadt Europas" die bisher vermißte Politur und Behendigkeit gewinnen würde. Es wurde ein Fehlschlag: der Prinz kehrte unverrichteter Dinge wieder zurück, als steifleinener Kleinstädter, der keine nennenswerte Horizonterweiterung vorzuweisen hatte. Damals verhandelte Carl August bereits mit dem Hof in Sankt Petersburg, um dem Sohn eine Gemahlin und sich selbst eine Schwiegertochter zu verschaffen.

Der Gedanke, eine so enge verwandtschaftliche Beziehung zur Zarenfamilie zu suchen, war ziemlich vermessen, fast tolldreist, denn die Dynastie Romanow galt als eines der mächtigsten und reichsten Herrscherhäuser des Kontinents. Ihr gegenüber verharrten die Ernestiner nahezu im Stadium der Bedeutungslosigkeit, so daß sich die angestrebte Verbindung vom moskowitischen Standpunkt her als völlig unausgewogen darstellen mußte. Daß Carl August einen solchen Plan zu fassen und dann energisch zu verwirklichen suchte, war überhaupt nur mit der perspektivlosen Situation zu erklären, in der sich sein Herzogtum zehn Jahre nach dem Ausbruch der Französischen Revolution befand. Das Ende des Heiligen Römischen Reiches schien nur noch eine Frage der Zeit zu sein, der nächste Sturm konnte es vollends zum Einsturz bringen. Ob nach einem solchen Zusammenbruch die kleineren deutschen Länder und Herrschaften noch eine Chance zum Überleben hatten, war unerforschlich. Auf alle Fälle war es ratsam, sich zeitig genug einflußreiche Bundesgenossen zu suchen, besonders außerhalb des Reichsverbandes, der schon jetzt keinen hinlänglichen Schutz mehr gewährte und vielleicht schon bald der Vergangenheit angehörte. Ein Fürst, der aus seiner Nähe zum Zarenthron politisches Kapital schlagen konnte, war jedenfalls nicht so leicht aus dem Sattel zu heben wie ein anderer, dem solche Beziehungen fehlten. Außerdem war die Sanierung der weimarischen Staatsfinanzen eine permanente, bisher nie völlig gemeisterte Herausforderung, die, mit dem steinreichen Haus Romanow im Hintergrund, vermutlich mit mehr Aussicht auf Erfolg bewältigt werden konnte.

Carl Augusts für den Sohn geschmiedeter Eheplan ging also von einer handfesten Kalkulation aus, was jedoch, beim Stiften fürstlicher Heiraten, vollkommen normal war. Die persönliche Zuneigung oder Abneigung der beiden unmittelbar betroffenen jungen Partner spielte kaum eine Rolle. Die Berechnungen des Herzogs sollten später tatsächlich aufgehen, sowohl in finanzieller als auch in dynastisch-politischer Hinsicht. Manche kulturelle und soziale Leistung der Weimarer Obrigkeit konnte nur mit den Geldern der Landesherrin aus Rußland finanziert werden, besonders in den Jahrzehnten nach Carl Augusts Tod. Politisch sollte sich die Vermählung des Erbprinzen mit einer russischen Großfürstin noch eher auszahlen, schon während der Degen Napoleons die Landkarte Mitteleuropas veränderte. Aber das waren Ereignisse, die einer zunächst noch unabsehbaren Zukunft angehörten, als im März 1799 der Emissär des Herzogs von Weimar nach Sankt Petersburg aufbrach.

Carl August betraute mit der heiklen Mission den Kammerherrn Wilhelm von Wolzogen, einen Jugendfreund und Schwager Schillers. Er war ausgestattet mit weitläufigen Instruktionen sowie Briefen des weimarischen Herzogspaares, gerichtet an die Eltern der russischen Prinzessin, Zar Paul I. und Zarin Maria Fjodorowna. Die Zarin war einst als Sophie Dorothea von Württemberg-Mömpelgard zur Welt gekommen und hatte sich auch als russische Kaiserin ihre Anhänglichkeit an die deutsche Kultur bewahrt, etwa die Begeisterung für Schiller, was der Erfüllung von Wolzogens Auftrag sehr zustatten kam.

Zar Paul hingegen galt als der Inbegriff eines Autokraten, dessen despotisches Regiment berüchtigt war. Der Sohn Katharinas der Großen lebte in ständiger Furcht vor Palastrevolutionen, von denen ja eine seine Mutter zur unumschränkten Herrschaft gebracht hatte. Durch Katharina war er stets hintangesetzt und als ungeeignet für sein späteres Amt behandelt worden, wodurch sich ein Minderwertigkeitskomplex herausgebildet hatte, den er wiederum mit selbstherrlichen Allüren und Entscheidungen zu kompensieren suchte. Er war sogar für russische Verhältnisse der Extremfall eines Tyrannen von geradezu orientalischem Zuschnitt, dabei angstgetrieben und unberechenbar, was ihn nicht daran hinderte, Besuchern aus dem Westen, etwa Wolzogen, eine joviale Maske vorzugaukeln.

Übrigens war Paul in erster Ehe mit einer Schwester der Herzogin Louise von Weimar verheiratet gewesen, die ja seinerzeit, als Braut-Kandidatin für das Beilager des Thronfolgers, den Zarenhof besucht und durch die ihr dort widerfahrene Zurückweisung eine tiefe seelische Verletzung davongetragen hatte. Die erste Frau Pauls war nach kurzer Ehe gestorben, ihre Nachfolgerin wurde jene Württembergerin, die den Namen Maria Fjodorowna annahm. Sie gebar ihrem Mann insgesamt zehn Kinder, von denen Wolzogen bei seinem ersten Aufenthalt die ältesten kennenlernte. Vor Maria Pawlowna kamen zur Welt: der Thronfolger und spätere Zar Alexander; der Großfürst Konstantin; die Großfürstin Alexandra, die einen österreichischen Erzherzog heiratete; die Großfürstin Jelena, die den Erbprinzen von Mecklenburg-Schwerin ehelichte. Maria wurde, als fünftes Kind, am 4. Februar (nach gregorianischem Kalender am 16. Februar) des Jahres 1786 geboren. Unter ihren jüngeren Geschwistern waren die Großfürstin Katharina, die es später bis zur Königin von Württemberg brachte; die Großfürstin Anna, die Königin der Niederlande wurde; der Großfürst Nikolaus, der 1825, als Nachfolger seines kinderlos verstorbenen Bruders Alexander, den Zarenthron besteigen und zum gefürchteten „Gendarm Europas" avancieren sollte.

Maria Pawlowna war also ein Mädchen von dreizehn Jahren, als der Brautwerber Wolzogen ihre Hand für seinen Erbprinzen erbat. Man wurde sich schneller einig, als der Herzog Carl August zu hoffen gewagt hatte. Immerhin mußte der Zar mehrere Töchter in einigermaßen standesgemäßen Ehen unterbringen, und außerdem schien es ihm vorteilhaft zu sein, an verschiedenen Punkten der europäischen Staatenwelt durch enge verwandtschaftliche Beziehungen auf die Dauer präsent zu werden. Die juristischen und vermögensrechtlichen Einzelheiten sollten allerdings einem umfangreichen Ehevertrag vorbehalten bleiben, der noch ausgehandelt werden mußte. Dafür wollte man sich Zeit lassen, da die Hochzeit der eben erst dreizehnjährigen Maria mit dem jetzt sechzehnjährigen Carl Friedrich frühestens in zwei Jahren erfolgen konnte. Der Prinz solle erst einmal seine Bildungsreise absolvieren, befand die Zarin, und sich anschließend nach Sankt Petersburg begeben, wo dann nach gehöriger Vorbereitung die Ehe eingesegnet werden könnte. Einigen Fragen der Monarchin glaubte Herr von Wolzogen entnehmen zu können, daß ihr auch das persönliche Glück der Tochter nicht gleichgültig war.

Der Diplomat durfte sich schmeicheln, einen beachtlichen Erfolg erzielt zu haben. Mit Maria hatte er mehrmals plaudern und ihr eine Vorstellung von ihrer künftigen Heimat vermitteln können. Bezaubert war er von dem Charme, den das Mädchen, halb noch Kind, halb schon Fräulein, zu entfalten begann, beeindruckt auch von ihrem Klavierspiel, das er zu hören bekam. Es war die Kunst, die Maria Pawlowna später in Weimar, mit durchaus respektablem Können, weiterhin betrieb.

Aus den Berichten, die Wolzogen für seinen Herzog zu Papier brachte, geht nicht hervor, ob er die gewitterschwüle Atmosphäre am Zarenhof registriert hat, die durch den Verfolgungswahn des Autokraten Paul und durch Putschgerüchte immer neue Nahrung erhielt. Der Michailowski-Palast war bereits im Bau, die mit Wassergräben, Zugbrücken und Geschütztürmen befestigte Zitadelle, wo sich der Zar, mitten in der Hauptstadt, vor wirklichen oder auch nur imaginären Feinden zu verschanzen gedachte. Er führte einen Kampf gegen Schatten, verstieß die letzten Getreuen und verschonte mit seinem hybriden Mißtrauen nicht einmal mehr die Zarin Maria Fjodorowna. Dem Thronfolger Alexander ließ er aus einem Geschichtsbuch das Kapitel vorlesen, in dem Folter und Tod des Zarewitschs Alexej geschildert wurden, der in ein Komplott gegen seinen Vater, Peter den Großen, verstrickt gewesen war. In den Petersburger Salons wurde offen darüber gerätselt, ob sich der Zar überhaupt noch im Vollbesitz seiner geistigen Kräfte befand.

Alle lebten in Angst und Schrecken, sogar die Zarenfamilie, was an der mittlerweile fünfzehnjährigen Maria nicht spurlos vorübergegangen sein kann, obwohl sie sich später nie darüber geäußert hat. Es muß ihr schwergefallen sein, die bei dem Schweizer La Harpe erlernten Grundsätze einer philosophischen Aufklärung unter solchen Umständen anzuerkennen und an sie zu glauben. La Harpe, ein hochgebildeter, toleranter Menschenfreund, war der Erzieher des Thronfolgers Alexander, dehnte aber seinen wohltätigen Einfluß auch auf dessen Geschwister aus. Daß er überhaupt in diesem von der Außenwelt streng abgeschirmten Kreis wirken konnte, hatte noch die verstorbene Zarin Katharina durchgesetzt. Bei ihm erwarb Maria das Bildungsfundament, das dann die Bewunderung der Weimarer Dichter fand. Sie übte sich im Klavierspiel, und sie lernte vor allem Selbstdisziplin und Selbstbeherrschung, so daß kaum jemand in ihr Inneres zu blicken vermochte. Auch der Kammerherr von Wolzogen hatte ja bei seiner ersten Petersburger Visite ein Sonntagskind zu sehen bekommen.

Der Diplomat war mit seiner Brautwerbung so erfolgreich gewesen, daß ihn der dankbare Carl August zum Geheimrat und Mitglied des Geheimen Consiliums ernannte. Ansonsten konnte man jetzt, wie es schien, dem weiteren Fortgang der Angelegenheit gelassen entgegensehen. Man hatte, im Hinblick auf die Jugend der Brautleute, noch etwas Zeit und mußte zunächst die von der Zarin gewünschte Bildungsreise des Erbprinzen vorbereiten. Während so an der Ilm vertrauensvoll die Zukunft anvisiert wurde, zog an der Newa, Februar 1801, Zar Paul in seine neue Fluchtburg, den binnen kurzem aus dem Boden gestampften Michailowski-Palast. Schwere Doppeltüren schlossen sich hinter ihm und seiner Familie, auch hinter der Großfürstin Maria.

Die Verschwörung, die sich inzwischen zusammenbraute, war keine Ausgeburt von Pauls angstgequälter Phantasie. Angehörige der Hocharistokratie, abgeschobene Günstlinge der vorherigen Zarin sowie mißvergnügte Gardeoffiziere kamen überein, daß es so wie bisher nicht weitergehen durfte. Sogar Graf Pahlen, der Stadtkommandant von Sankt Petersburg, war in die Konspiration eingeweiht. Er zog den Thronfolger ins Vertrauen und erklärte ihm, man wolle seinen Vater zur Abdankung zwingen, dann in einem Palais in der Nähe unter Hausarrest stellen und anschließend Alexander zum neuen Regenten ausrufen. Ob der Zarewitsch tatsächlich geglaubt hat, ein Despot wie Zar Paul werde ohne Gegenwehr auf den Thron verzichten, oder ob er von vornherein den Zaren- und Vatermord stillschweigend in Kauf genommen hat, sollte für immer sein Geheimnis bleiben. Der Verdacht, die Krone durch ein Verbrechen oder durch die Duldung eines Verbrechens erlangt zu haben, machte ihm bis ans Ende seiner Tage zu schaffen. Mit den Verschwörern sprach Graf Pahlen auch ganz offen. Auf ihre Frage, was denn geschehen solle, wenn der Zar sich widersetzen würde, gab der Graf nur die Antwort: „Meine Herren, man kann kein Omelette backen, wenn man nicht Eier zerschlägt!"

Am Abend des 12. März 1801, des 24. März nach gregorianischem Kalender, waren im Michailowski-Palast an der Tafel des Zaren Paul insgesamt siebzehn Personen versammelt, darunter die Zarin Maria Fjodorowna, der Thronfolger Alexander, die fünfzehnjährige Großfürstin Maria sowie der berühmte General Kutusow. Der Zar tobte, weil Offiziere des Semjonowski-Regiments, die er für unzuverlässig hielt, die Nachtwache übernommen hatten. Als erster Gast empfahl sich, unter dem Vorwand einer Magenverstimmung, der Thronfolger, da er als einziger in der Runde von der unmittelbar bevorstehenden Entscheidung wußte. Dann zogen sich alle zurück, auch der Zar in sein Schlafgemach.

Gegen ein Uhr in der Nacht öffnete ein Offizier der Preobrashenski-Garde den Konspiranten die Tore. Schnell drangen sie zum Schlafkabinett des Zaren vor und überwältigten die beiden Kammerhusaren. Dem hinter einen Wandschirm geflüchteten Herrscher eröffnete der General Bennigsen: „Sire, Ihre Regierungszeit ist zu Ende, ich verhafte Sie im Namen des Kaisers Alexander." Während sich der Zar noch aufs Diskutieren und Bitten verlegen wollte, gingen bereits Schläge und Säbelhiebe auf ihn nieder. Einer der Eindringlinge soll ihm einen Briefbeschwerer mit aller Gewalt gegen die Luftröhre gedrückt haben, bis kein Atemzug Pauls mehr zu spüren war. Von den Mördern ist später nicht ein einziger bestraft worden, was auch schlecht möglich gewesen wäre, da es hieß, der Zar sei einem

Schlaganfall erlegen. Diese Version war bis zum Ende der Zarenzeit, bis 1917, in den russischen Geschichtsbüchern nachzulesen.

„Draußen", erzählte noch nach Jahrzehnten eine Augenzeugin, „ging eine wunderbare Sonne über diesem herrlichen und schrecklichen Tag auf ... Es gab Hochrufe der Befreiung und der Freude." Im Winterpalais ließ sich der neue Zar Alexander I. mit schwankendem Gewissen huldigen, nicht ohne ein wenig Trauer zur Schau zu stellen. Die Zarin Maria Fjodorowna soll unter Tränen die Hände des toten Autokraten geküßt haben, eine Reaktion der Tochter Maria ist nicht überliefert. Die europäischen Staatenlenker nahmen die Nachricht teils mit Erleichterung, teils mit Sarkasmus auf, wie etwa der französische Außenminister Talleyrand: „Es wird Zeit, daß die Russen sich eine andere Todesart für ihre Kaiser ausdenken."

Dem Herzog Carl August von Weimar war jedoch nach keinem solchen makabren Scherz zumute. Ob sich der neue Selbstherrscher aller Reußen an das von seinem Vater gegebene Eheversprechen halten würde, war die Frage, die den Herzog sorgenvoll beschäftigte. So wurde Herr von Wolzogen zum zweiten Male nach Sankt Petersburg entsendet, angeblich um die offizielle Anteilnahme des Weimarer Hofes am Tod des Zaren Paul zu bekunden, recht eigentlich aber mit dem Auftrag, die in der Schwebe befindliche Ehe-Angelegenheit zu klären und möglichst unter Dach und Fach zu bringen.

Zar Alexander trat dem Gesandten als ein Sympathisant westeuropäischer Kultur und Gesittung entgegen, für die ihm allerdings sein eigenes Reich noch lange nicht reif zu sein schien. „Ich bin nur ein glücklicher Zufall in Rußland", sagte er einmal, mit einer gewissen Selbstkoketterie. Er war ein Mann mit guten Manieren und hoher Bildung, ein verführerischer Charmeur und exzellenter Tänzer, aber nicht frei von mystischem Sendungsbewußtsein und einer Verstellungskunst, die es immer wieder fertigbrachte, andere und auch sich selbst zu täuschen. Von allen ihren Verwandten hat Maria diesen Bruder am meisten geliebt. Daß Weimar, der berühmte Musensitz, für sie ein vorzüglicher Wirkungsort sein würde, begriff Alexander schnell. Das Bündnis des heiligen Rußland mit der Kapitale der deutschen Literatur paßte ausgezeichnet in seine politische Konzeption, die schon damals darauf gerichtet war, eine breite europäische Allianz gegen das bonapartistische Frankreich auf allen Ebenen zustande zu bringen, selbstverständlich unter seiner, des Zaren, Führung. So gelang es Wolzogen, den Ehevertrag abzuschließen, der in allen wesentlichen Punkten den Vorstellungen des Herzogs Carl August entsprach.

Es dauerte dann noch einmal zwei Jahre, bis der Erbprinz Carl Friedrich, nach Ausführung seiner Bildungsreise, endlich nach Sankt Petersburg fahren konnte. Auf die finanziellen Verhältnisse des Herzogtums Weimar wirft es ein bezeichnendes Licht, daß die Reise des Prinzen zu seiner Braut erst möglich wurde, nachdem der Herzog einen preußischen Kredit aufgenommen hatte, was natürlich am Zarenhof nicht ruchbar werden durfte. Dort trat Carl Friedrich als Generalleutnant in die russische Armee ein; er scheint auch eine passable Figur gemacht und mit Maria Pawlowna harmoniert zu haben, wenn man der Hofberichterstattung trauen darf.

Der Verlobung, Anfang 1804, folgte die Hochzeit am 22. Juli des gleichen Jahres. Das Paar wurde vom Metropoliten Ambrosius und vom georgischen Erzbischof Waarlam eingesegnet; der protestantische Generalsuperintendent von Sankt Petersburg war wenigstens anwesend. Es gab das bei solchen Gelegenheiten obligate Gepränge: die Festbeleuchtung soll, wie es hieß, „einem Nordlichte gleich" den Himmel entflammt haben. Der Volksglauben nahm Nordlichter als Vorboten von Krieg und bevorstehendem Blutvergießen – eine uralte Deutung, die gerade jetzt durchaus am Platz gewesen wäre. Denn während Maria Pawlowna und Carl Friedrich miteinander vermählt wurden und dann zur Abreise nach Weimar rüsteten, bereitete Napoleon Bonaparte im fernen Paris seine Krönung zum Kaiser der Franzosen vor. Nichts berechtigte zu der Hoffnung, daß Europa zur Ruhe kam, als das Erbprinzenpaar genau dorthin aufbrach, wo der Brennpunkt kommender Konflikte lag.

Der bereits ausführlich erzählte festliche Einzug in Weimar an jenem 9. November 1804 läßt, als erstes Ereignis ihres Lebens, die individuellen Züge Maria Pawlownas deutlicher hervortreten. Die noch ein wenig gesichtslose, wohlbehütete Petersburger Zarentochter verwandelte sich nun in eine junge Frau, die mit Charme und Phantasie ihre neue Umgebung zu bezaubern vermochte. Den Park am Schloß Belvedere, ihrem bevorzugten Weimarer Aufenthaltsort, begann sie umzugestalten. Zwei griechisch orthodoxe Kapellen entstanden im Schloß und im Haus der Frau von Stein, so daß jetzt, wie gescherzt worden ist, der Pferdegeruch beim verstorbenen Oberstallmeister von Stein durch Weihrauchdüfte abgelöst wurde. Für die auf dem kleinen Weimarer Welttheater waltende provinzielle Enge entwickelte Maria bald ein empfindliches Gespür. Einerseits seien da die drei Geistesheroen Goethe, Schiller und Wieland, schrieb sie an ihre Mutter in Sankt Petersburg, „auf der anderen Seite, liebe Mama, Männer und Frauen, die recht unbedeutend oder geradezu unangenehm sind und unter denen man eine Menge Plattfüße findet, um es nicht deutlicher auszudrücken; und schließlich, um das Ganze zu krönen, eine mittlere Sorte von Menschen, die sich nur in der Richtung bewegen, in die sie gestoßen werden, und die sich die Zeit vertreiben, daß sie gaffen oder die geistreichen Menschen beschauen und bestaunen sowie auf die Dummköpfe achtgeben: und dies ist eben Weimar!"

Schiller, der die Großfürstin mit der *Huldigung der Künste* so enthusiastisch begrüßt hatte, starb bereits ein halbes Jahr später, ohne den *Demetrius* vollendet zu haben. Auch der Wiege von Marias erstem Kind, des am 25. September 1805 geborenen Alexander, schien von Anfang an der Tod nahe zu sein. Der Knabe kränkelte und starb schon im Frühjahr 1806. Wenigstens hat ihn sein Pate und Namensgeber, der russische Zar Alexander, kurz gesehen, als er im November 1805 die Schwester in Weimar besuchte. Aber dieser Besuch, kurz vor der Schlacht bei Austerlitz, kündigte bereits den Sturm an, der nun auch über Marias neuer Heimat heraufzog. Bevor sie sich dort ganz einleben konnte, brach das Unwetter los.

Daß die Schwester des Zaren nicht zur Geisel in den Händen Napoleons werden durfte, verstand sich von selbst. Schon bei Alexanders Aufenthalt in Weimar hatte man diesen Fall bedacht und Vorkehrungen getroffen. Als im unmittelbaren Umkreis der Residenz die feindlichen Armeen aufmarschierten, verließ Maria die Stadt am 11. Oktober 1806, drei Tage vor der Schlacht bei Jena. Mit Carl Friedrich, ihrem Mann, der wenig später folgte, traf sie im damals dänischen Schleswig wieder zusammen, wo das Paar dem Zugriff des Korsen entzogen war. Der Erbprinz mußte allerdings, auf Geheiß seines Vaters, die Heimreise nach Weimar antreten, wo inzwischen die couragierte Herzogin Louise, als einzige Angehörige des regierenden Hauses, Napoleon entgegengetreten war. Er verlangte auch die Rückkehr Maria Pawlownas, die aber beharrlich in ihrem Schleswiger Exil blieb. Erst nach dem Friedensschluß von Tilsit zog sie wieder in Weimar ein, September 1807, fast ein Jahr nach ihrer Flucht. Die gerührten Freudenrufe der Weimarer galten nicht mehr einer Märchenprinzessin wie vor drei Jahren, sondern einer Frau, die das Land, nur kraft ihrer engen Verwandtschaft mit dem Zaren, vor der Liquidierung durch Napoleon gerettet hatte.

Schwer seufzte das Herzogtum unter dem Druck der Niederlage und unter den Kontributionen durch die französische Besatzungsmacht, auch mußten künftig weimarische Soldaten als Rheinbund-Kontingent ihre Haut für den Korsen zu Markte tragen. Maria kümmerte sich um die verwundeten Heimkehrer und besonders um die Waisenkinder, deren Väter in österreichischer, spanischer und russischer Erde verscharrt worden waren. Einen geistigen Ausgleich dazu schufen die Gespräche mit Goethe, die von der Großfürstin in ihrem Tagebuch festgehalten wurden. Ein Höhepunkt war am 3. Februar 1808 die Geburt des Töchterchens Maria Louise Alexandrine, genannt Marie. Schon wenige Monate später, Anfang Juni, reiste die junge Mutter nach Sankt Petersburg. Es war ihr erster Aufenthalt in der alten Heimat seit fast vier Jahren. Eigentlich war auch diese Reise wieder eine Flucht, denn Maria Pawlowna wollte dem von Napoleon arrangierten Erfurter Fürstentag entgehen. Während ihr Schwiegervater Carl August und ihr Gemahl Carl Friedrich dem Kaiser der Franzosen in Weimar die Honneurs erweisen mußten, ja sogar ihr Bruder Alexander zu dem Spektakel von der Newa an die Ilm gekommen war, hielt sich die Napoleon-Hasserin Maria Pawlowna von alledem in weiter Entfernung.

Erst Mitte Juni 1809, nach ihrer Rückkehr ins Herzogtum, wurde der Dialog mit den Repräsentanten der Weimarer Literaturszene wieder aufgenommen. Der Maler und Kunstgelehrte Johann Heinrich Meyer, „Kunscht-Meyer" genannt, erteilte Maria ein ausführliches Privatissimum über Kunstgeschichte. Aus den Notizen, die sie darüber anfertigte, ging dann Meyers *Geschichte der Kunst* hervor, deren Manuskript die Erbprinzessin redigierte. Es war der Beginn einer langen Weggenossenschaft, die man fast eine Freundschaft hätte nennen können, wenn Alters- und Standesunterschiede nicht gewesen wären. Auch die Berufung des Thomaskantors August Eberhard Müller als Hofkapellmeister nach Weimar war das Werk der Großfürstin. Am 30. September 1811 brachte sie ihre zweite Tochter, Maria Louise Auguste Katharina, zur Welt, die dann als Königin von Preußen und deutsche Kaiserin eine Rolle im späteren 19. Jahrhundert spielen sollte.

Davon war jedoch noch lange nicht die Rede, wohl aber von Napoleons bevorstehendem Rußland-Feldzug, der die Schwester des Zaren, als Schwiegertochter eines mit dem Kaiser offiziell verbündeten Rheinbund-Fürsten, in eine heikle Lage bringen mußte. Russische Bindungen und weimarische Staatsraison lagen miteinander im Wettstreit; ein Dilemma, dem Maria durch erneute Flucht auszuweichen suchte, nachdem das russische Strafgericht zum deutschen Befreiungskrieg geworden war. Sie reiste im April 1813 in die böhmischen Bäder und stellte sich dort ausdrücklich unter den Schutz der russischen Waffen, noch bevor ihr Schwiegervater die Fronten wechseln konnte und der Krieg militärisch entschieden war. Erst im November, kurz nach der Völkerschlacht bei Leipzig, hielt es die Erbprinzessin für angebracht, wieder in Weimar zu erscheinen.

Dort hat sie im Verlauf der nächsten Monate vor allem Frauen zur Pflege der Verwundeten, zur Betreuung der Kriegswitwen und zur Linderung der grassierenden Armut aktiviert. Es entstand eine breite karitative Bewegung, die Maria durch das eigene Beispiel und durch generöse Spenden aus ihrem Privatvermögen anzufeuern wußte. Diese Bemühungen setzten Zeichen für die weitere Zukunft, denn aus ihnen ging später das „Patriotische Institut der Frauenvereine" hervor, eines der Fundamente von Maria Pawlownas ausgedehnter Weimarer Sozialarbeit. Die Fürstin war davon überzeugt, daß sich hier ein breites Tätigkeitsfeld eröffnete, aber zunächst gedachte sie an einem Ereignis teilzunehmen, das die napoleonische Epoche definitiv beschließen sollte. Im September 1814 fuhr sie nach Wien, wo der von den Siegermächten einberufene große Kongreß begann.

Der Wiener Kongreß, der keineswegs nur in den Kabinetten der Potentaten und Diplomaten, sondern mehr noch in Ballsälen und an Festtafeln stattfand, litt bestimmt nicht unter dem Mangel an schönen

Frauen. Kein anderes Schauspiel der Weltgeschichte ist, atmosphärisch, psychologisch und erotisch, von einem so attraktiven weiblichen Ensemble geprägt worden. Die Damen hatten zwar keinen Zutritt zu den politischen Verhandlungen, aber einige von ihnen wußten über passionierte Frauenliebhaber und -lieblinge, wie Metternich oder Zar Alexander, das Klima zu beeinflussen, in dem die Verhandlungen stattfanden. Dieser glänzenden Phalanx unwiderstehlicher und meistens auch intelligenter Schönheiten fügte die achtundzwanzigjährige Maria Pawlowna mehr als nur einige Nuancen hinzu. Nach vergleichsweise grauen Jahren genoß sie den Jahrmarkt der Eitelkeiten, der sich hier präsentierte. Gespannt und leicht amüsiert sah sie das „Große Karussell" in der Hofreitschule, wo die *Jeunesse dorée* des Wiener Hochadels, mittelalterlich kostümiert, der modischen Ritter-Romantik ihren harnisch- und schwerterrasselnden Tribut entrichtete. Nachher, beim Souper, saß neben der Erbprinzessin der beleibte König Friedrich von Württemberg, für den man einen weiten Ausschnitt in die Tischplatte gesägt hatte, „um seinem Bauche Raum zu verschaffen". Ein anderer Tischnachbar war der junge Prinz Wilhelm von Preußen, von dem Maria noch nicht ahnen konnte, daß er einmal ihr Schwiegersohn werden sollte. Maria zuliebe, die unbedingt dabeisein wollte, verschob Beethoven sein Konzert im Großen Redoutensaal der Hofburg um zwei Tage auf den 29. November 1814. Das Konzert, mit gewaltigem Aufwand einem illustren Publikum dargeboten, ging in die Musikgeschichte ein.

In politischer Hinsicht ist es allerdings, schon vor dem Kongreß und dann noch in Wien, zwischen Maria Pawlowna und ihrem Schwiegervater Carl August zu Differenzen gekommen. Des Herzogs Wunsch, alle wettinischen Länder einschließlich des Königreichs Sachsen unter seinem Zepter zu vereinigen, hat sich die Erbprinzessin leidenschaftlich widersetzt. Sie tat es nicht aus Sympathie für den arretierten König von Sachsen, sondern aus Anhänglichkeit an den Bruder Alexander, der ganz Sachsen am liebsten seinem Freund, König Friedrich Wilhelm III. von Preußen, zugeschlagen hätte. Die Ansprüche des Bruders waren ihr näher als die Ambitionen des Schwiegervaters. Auch ihre vergeblichen Bemühungen, sich das ehemalige Fürstbistum Fulda als eigenes Herrschaftsgebiet, unabhängig von Weimar, zu sichern, zeigten, daß die

Identifikation mit der neuen Heimat noch nicht vollständig gelungen war. Erbittert sprach Carl August von den „Launen und Tollheiten der *Petite chère*."

Immerhin wurde Sachsen-Weimar-Eisenach auf dem Wiener Kongreß zum Großherzogtum erhoben, so daß Maria die Kaiserstadt an der Donau als Erbgroßherzogin verlassen konnte. Sie reiste für die Dauer eines ganzen Jahres nach Sankt Petersburg, als ob sie noch einmal Zeit und Raum zwischen sich und Weimer hätte legen wollen. Es war ein langer Umweg, der erst im September 1816, bei der endgültigen Rückkehr ins neue Großherzogtum, seinen Abschluß fand.

Die Wiederankunft an der Ilm scheint auch innerlich das Einverständnis besiegelt zu haben, das die Dreißigjährige von nun an ihrem Weimarer Schicksal entgegenbrachte. Maria reiste zwar weiterhin nach Sankt Petersburg oder empfing die Verwandten in Weimar, aber sie wußte fortan genau, was sie der Rolle einer künftigen deutschen Landesherrin schuldig war. Besonders in politischer Hinsicht befreite sie sich konsequent von jeder russischen Beeinflussung. Als der Schwiegervater Carl August durch seine Toleranz gegenüber den Burschenschaften ins Kreuzfeuer der restaurativen Mächte geriet und Metternichs sowie Zar Alexanders Zorn herausforderte, konnte er sich auf die Schwiegertochter verlassen. Sie hat sogar die vier mißliebig gewordenen Jenaer Professoren, die beim Wartburgfest hervorgetreten waren, zu Gesprächen und Vorträgen eingeladen.

Zielstrebig verstärkte Maria Pawlowna ihre Anstrengungen für die öffentliche Wohlfahrt zu einem Sozialwerk großen Stils. Das „Patriotische Institut der Frauenvereine" erhielt ein Statut, das Vereinsgründungen überall im Großherzogtum beförderte. Sie bemühten sich um verarmte oder alleinstehende Frauen, auch um vernachlässigte Kinder, die mit einem Mindestmaß an Bildung ausgestattet wurden. Ähnlichen Zielen dienten die Industrieschulen für Mädchen, deren Selbstbewußtsein gestärkt werden sollte. Alle diese Maßnahmen konnten natürlich die Sozialgesetzgebung späterer Zeiten nicht vorwegnehmen, aber sie waren mutige Schritte in ein gesellschaftliches Neuland, das ohne Maria Pawlownas Unternehmungsgeist und ohne die von ihr gestifteten finanziellen Mittel noch lange brachgelegen hätte. Dabei war ihr bewußt, daß Sozialfürsorge und Kulturpflege in Zukunft Gelder verschlingen würden, die aus der Privatschatulle der reichsten Fürstin nicht aufzubringen waren. Neue Geldquellen mußten daher erschlossen werden: ein Ziel, dem die Gründung der ersten Weimarer Sparkasse diente, die am 16. Februar 1821, Marias fünfunddreißigstem Geburtstag, ihre Pforten auftat.

Ein Ereignis, das ebenfalls auf die Zukunft verwies, war am 24. Juni 1818 die Geburt des Sohnes Carl Alexander, der später einmal, nach Carl Friedrich und Maria Pawlowna, das Land regieren sollte. Um ihn früh auf dieses Amt vorzubereiten, ließ Maria den Schweizer Frédéric Soret als Erzieher aus Genf nach Weimar kommen. Auch die Töchter Maria und Augusta genossen eine sorgfältige Erziehung, an der sich Goethe und der Kunscht-Meyer beteiligten.

Ein halbes Jahr nach der Geburt Carl Alexanders kam Marias Mutter, die Zarin-Mutter Maria Fjodorowna, zu Besuch. Für sie verfaßte Goethe, auf Ersuchen der Erbgroßherzogin, einen Maskenzug, der als tiefsinniges Festspiel, in allegorischen Bildern und poetischen Gestalten, eine Art Hymnus auf den Geist von Weimar darstellte. Ein anderer russischer Gast, den Maria schon von Sankt Petersburg her kannte, war der Dichter Wassili Andrejewitsch Shukowski, einer der Mitbegründer der russischen Romantik. Er wurde zum Pionier der deutschen Literatur beim russischen Publikum, was gleichsam in einer Reliquie symbolisch zum Ausdruck kam, die er sich in Weimar zu verschaffen wußte: eine Schreibfeder Goethes, die später in den Besitz Puschkins gelangt sein soll.

Im klassischen Weimar, dieser Domäne der Literatur, war der Musikenthusiastin Maria Pawlowna bisher die Tonkunst zu kurz gekommen. Schon die Berufung des früheren Thomaskantors August Eberhard Müller hatte, ihrem Wunsch gemäß, diesem Mangel abhelfen sollen. Als Müller nach wenigen Jahren starb, brachte Maria die Berufung Johann Nepomuk Hummels ins Amt des Hofkapellmeisters zustande. Hummel, einst der letzte Schüler Mozarts und jetzt ein Freund Beethovens, galt als der bedeutendste Klaviervirtuose seiner Zeit, dessen Verpflichtung nach Weimar überhaupt nur dadurch möglich wurde, daß die Erbgroßherzogin einen Teil seiner stattlichen Jahresgage persönlich bezahlte.

Unter ihm begann die systematische Pflege der Opern Mozarts und Glucks; Webers *Freischütz* avancierte zur meistgespielten Oper an der Ilm. Auswärtige Gäste ernteten rauschende Ovationen, von der dramatischen Sängerin Wilhelmine Schröder-Devrient bis zum Teufelsgeiger Niccolò Paganini. Den neuen Kapellmeister und Klavierlöwen verglich Goethe kurzerhand mit Napoleon, der die Welt behandelt habe „wie Hummel seinen Flügel". Der Kaiser sei „jedem Augenblick und jedem Zustande gewachsen" gewesen, „so wie es Hummel gleichviel ist, ob er ein Adagio oder ein Allegro, ob er im Baß oder im Diskant spielt. Das ist die Fazilität, die sich überall findet, wo ein wirkliches Talent vorhanden ist, in Künsten des Friedens wie des Krieges, am Klavier wie hinter den Kanonen."

Ein Feld, auf dem Kunst und Natur einander durchdrangen, war die Parkgestaltung. Anna Amalia hatte dem Park in Tiefurt das Gepräge gegeben, Carl August dem Park an der Ilm. Der Park am Schloß Belvedere, der sich in einem verwilderten Zustand befand, wurde nun zum Spiegel von Maria Pawlownas Landschaftsempfinden, auch ihrer Erinnerungen an die alte Heimat. Der „Russische Garten", den sie anlegen ließ, war dem Privatgarten der Zarenfamilie am Schloß Pawlowsk bei Sankt Petersburg nachgestaltet; später kamen noch ein Heckentheater und ein Irrgarten hinzu. Grüne Anlagen entstanden auch, durch Marias Initiative, bei Eisenach, Wilhelmsthal, Ilmenau, und am liebsten hätte sie ganze Regionen in weitläufige Naturreservate verwandelt. „Wir wollen das ganze Land zu einem Park machen", sagte sie zu dem jungen Historiker Leopold Ranke.

Die Verbundenheit mit der Welt ihres Herkommens blieb stets lebendig, wenn auch der Einfluß der russischen Politik stark zurückgegangen war. Bei einem Besuch in Sankt Petersburg blieb Maria Pawlowna der geistige Verfall ihres Bruders, des Zaren Alexander, keineswegs verborgen, der, brütend in Mystizismus und Lethargie, kaum noch an den einstigen Widerpart Napoleons erinnerte. Dennoch nahm sie die Nachricht von seinem überraschenden Tod mit tiefem Schmerz, ja mit Verzweiflung auf. Nachfolger des Kinderlosen wurde der Bruder Nikolaus, der zehn Jahre jünger als Maria war, so daß ihre Beziehungen zu ihm seit jeher eine geringere Intensität aufwiesen. Eigentlich hätte es der brutalen Niederschlagung meuternder Regimenter, mit der Zar Nikolaus I. seine Herrschaft antrat, gar nicht bedurft, um Maria besorgt an ihre Verwandten denken zu lassen. Es war ein ernster Grund, der sie gemeinsam mit Carl Friedrich im April 1828 zu einem erneuten Besuch Sankt Petersburgs bewog.

Ausgerechnet dort, in weiter räumlicher Entfernung, erreichte das Paar die Nachricht vom Tod des Großherzogs Carl August, der am 14. Juni 1828 gestorben war. Als sein Sarg dreieinhalb Wochen später in die Weimarer Fürstengruft getragen wurde, fehlten Sohn und Schwiegertochter unter dem Trauergefolge – ein beklagenswertes Fernbleiben, das die lange Reisedauer verschuldete. Manche, die einen Sinn für Symbolik besaßen, mögen darin ein bedenkliches Omen gesehen haben. Sie trauten die Kontinuität der Weimarer Kulturpflege dem neuen Großherzog, dem fünfundvierzigjährigen Carl Friedrich, nicht zu, so daß sich alle Hoffnungen auf die Großherzogin Maria Pawlowna richteten, die zweiundvierzig Jahre zählte. Als das neue Herrscherpaar, erst Ende Juli, wieder in Weimar eintraf, schwankte die Stimmung zwischen Pessimismus, Skepsis und gedämpfter Zuversicht.

Frei von solchen Empfindungen quittierten den Regentenwechsel freilich die breiten Bevölkerungsschichten, denen die musischen Bestrebungen ihrer Oberen seit jeher gleichgültig geblieben waren. Schließlich kamen viele Bewohner des Großherzogtums Sachsen-Weimar-Eisenach mit ihrem Leben halbwegs zurecht, ohne die *Braut von Messina* oder den *Wilhelm Meister* gelesen zu haben. Allerdings begriffen unterdessen sogar einige Banausen, daß die Kulturpflege der letzten Jahrzehnte den Namen Weimars hinaus in die Welt getragen hatte und mithin zu einem Gut geworden war, das dem Fremdenverkehr nutzte und sich insofern in handfeste wirtschaftliche Resultate ummünzen ließ.

Das „Ende der Kunstperiode", das der Pariser Exulant Heinrich Heine mit dem Tod Goethes heraufdämmern sah, begann sich abzuzeichnen: es war durch ein kunstsinniges Fürstenpaar nicht aufzuhalten. Immerhin besuchte Maria Pawlowna den greisen Goethe in seinem „Museum" am Weimarer Frauenplan allwöchentlich, jeden Donnerstagvormittag. Der Patriarch, schon seit langem ein Verehrer Marias, sah sich durch diese Visiten in seiner Wertschätzung bestärkt. „Die Großherzogin", sagte er zu Eckermann, „hat soviel Geist und Güte als guten Willen, sie ist ein wahrer Segen für das Land." Vielleicht hat die Fürstin eine Ahnung verspürt, daß auch der Alte da vor ihr im Lehnstuhl ein Regent war, nicht nur eines bescheidenen deutschen Ländchens, sondern eines weiten Reiches, das an keinen irdischen Grenzpfählen endete. Das letzte Gespräch, das die Beherrscher der beiden sehr ungleichen Sphären miteinander führten, fand am 15. März 1832 statt. Eine Woche später war Goethe tot. Er wurde, wie es bereits Carl August gewünscht hatte und nun Carl Friedrich zu tun befahl, in der Fürstengruft beigesetzt.

Friedhofsstille breitete sich aus, das „Ende der Kunstperiode" war da. Daß der Dichter des *Faust* sowie die vor ihm gestorbenen Weimarer Poeten nicht zu ersetzen waren und man sich in einem Vakuum einrichten mußte, entsprach den Erwartungen seit langem. Viele fanden es ganz behaglich darin und wollten durch neue Ideen nicht gestört werden. Jede frische Luftzufuhr von außen wurde ängstlich vermieden: das Vakuum, das eigentlich ein Defizit war, wurde verinnerlicht und als schützenswerte Normalität erlebt. Der biedermeierliche Rückzug ins Philisterium, noch zu Goethes Lebzeiten angetreten, beförderte eine spezifisch weimarische Wagenburg-Mentalität, die alle Lebensäußerungen betraf, keineswegs nur die literarischen und künstlerischen. Als, zwei Jahre vor Goethes Tod, die ersten Nachrichten vom Ausbruch der Pariser Juli-Revolution in Weimar kursierten, schrieb Caroline von Egloffstein, eine Hofdame Maria Pawlownas, sarkastisch: „Gestern abend um $^{1}/_{2}$ 6 Uhr, wie ich durch die kleinen Straßen ging, schlossen sich alle Riegel vor den Haustüren zu, alles spricht von der Revolution, und es ist keiner da, eine zu machen."

Die Stunde der pietätvollen Denkmäler brach an, zu denen auch die „Dichterzimmer" zählten, die Maria Pawlowna, zur Erinnerung an Wieland, Herder, Schiller und Goethe, im Schloß einrichten ließ. Friedrich Preller und andere Künstler versahen sie mit Darstellungen aus den Werken der großen Vier; den Entwurf für die Goethe-Galerie steuerte gar der Berliner Oberbaurat Schinkel bei. Es waren Zeugnisse einer retrospektiven Heldenverehrung, die dem nachdenklichen Betrachter die Abwesenheit verwandter Geister in der Gegenwart nur um so schmerzlicher bewußt machte. Der Wiener

Dichter Franz Grillparzer, der hier einst Goethe besucht hatte und auch vom Großherzog Carl August empfangen worden war, schrieb den melancholischen Vers:

Weimar ist ein heiliger Ort,
Es lebten große Männer dort;
Die großen Männer sind jetzt fort,
Und Weimars Ruhm lebt nur im Wort.

Während, immerhin, der Nachruhm der Stadt im Wort weiterlebte, hatte das Herrscherpaar seine vielfältigen Aufgaben zu erfüllen. Die Erziehung des Erbgroßherzogs Carl Alexander diente ausdrücklich dem Ziel, ihn auf die künftige Pflege von „Weimars Ruhm" zu verpflichten. Die Töchter Marie und Augusta hatten, noch zu Lebzeiten Goethes, die preußischen Prinzen Karl und Wilhelm geheiratet. Prinz Wilhelm hätte sich lieber mit der polnischen Prinzessin Elisa Radziwill verbunden, aber die Staatsräson setzte dieser Neigung ein rauhes Ende. Die Weimarerin Augusta, die von der Liebesromanze natürlich wußte, stellte sich klug darauf ein und brachte es dann an der Seite des Hohenzollern zur Königin von Preußen, schließlich zur ersten Kaiserin von Bismarcks neudeutschem Reich. Als Intimfeindin des Kanzlers sollte sie in die Geschichte eingehen, auch als Schirmherrin des Roten Kreuzes und Fürsprecherin französischer Freischärler, aber die Versöhnung der Genien von Potsdam und Weimar konnte sie nicht bewerkstelligen.

Die bewegte Laufbahn ihrer Tochter, die eine eigene Darstellung verdiente, hat Maria Pawlowna nur noch in den Anfängen miterlebt. Der Alltag von Weimar konfrontierte die Großherzogin mit einer Vielzahl von Verpflichtungen, nicht nur bei der Klassikerpflege, sondern weit ausgiebiger auf sozialem Feld. Ihre sozialen Aktivitäten, die sie schon lange beschäftigten, sind schier unübersehbar. Der „Patriotische Frauenverein" wirkte überall im Großherzogtum. Eine Kleinkinder-Bewahranstalt sorgte für Kinder im Vorschulalter, während ihre Eltern arbeiteten. Es entstanden eine Arbeitsschule, eine Spinnschule, ein Verein zur Unterstützung armer Wöchnerinnen, ein Spital für hilfsbedürftige Frauen, kostenlose Suppen- und Armenanstalten, endlich das städtische

Krankenhaus, in dem Arme unentgeltlich behandelt und beherbergt wurden. Alle diese Einrichtungen wurden von Maria angeregt, organisiert und zum größten Teil finanziert. Dadurch gerieten Personen des Hofes sowie begüterte Mitbürger unter den sanften Druck, ebenfalls zu spenden und Anteil zu nehmen, da sie sich, nach dem Vorangang ihrer Fürstin, menschlichem Elend nicht mehr so leicht verschließen konnten. Der Verfasser eines Weimar-Handbuches pries daher schon 1830 die Großherzogin als „Mutter der Armen, der Unglücklichen und verwahrloseten Kinder. Sie thut für die Erziehung und Veredlung der Jugend ..., so viel des Guten, daß noch nach Jahrhunderten Ihr Wirken reiche Früchte bringen wird." Manche der Gründungen Marias hätte man regelrecht revolutionär nennen können, wenn ihr nicht jede Art von Revolution zuwider gewesen wäre.

Bildung hielt sie für um so wichtiger, die allmähliche Läuterung der Menschen durch Wissen, Moral und Religion. Schulen wurden daher gebraucht, auch für diejenigen, die nur Minderheiten waren: eine Schule für die katholischen Kinder, die erste katholische Bildungsanstalt in der Stadt seit der Reformation; eine Schule für die russisch-orthodoxen Kinder von Marias moskowitischem Hofstaat. Die Großherzogin wirkte an der Jenaer Universitätsreform mit und hob den Leseverein „Museum" aus der Taufe, der zunächst im Fürstenhaus logierte und später am Weimarer Karlsplatz, dem heutigen Goetheplatz, ein klassizistisches Domizil erhielt. Dort standen den eingeschriebenen Mitgliedern Journale aus mehreren Ländern Europas zur Verfügung.

Die Fürstin, die Bildung und Erziehung einen so hohen Wert zuerkannte, war in erster Linie bestrebt, die eigene Bildung zu erweitern und zu vertiefen. Auch ihre höfische Umgebung genügte nicht den Ansprüchen, die das naturwissenschaftliche Jahrhundert stellte. Diesem Übelstand sollten die „Literarischen Abende" abhelfen, die über viele Jahre hinweg teils im Stadtschloß, teils in Belvedere, gelegentlich auch in Wilhelmsthal stattfanden. Hier knüpfte die Großherzogin unmittelbar an die Tafelrunde Anna Amalias an, nur waren die Akzente stärker zu den Wissenschaften hin verschoben. Die Professoren der Jenaer Universität oder durchreisende

Koryphäen, wie etwa Alexander von Humboldt, sprachen in zwangloser Folge über ihre Spezialitäten, ganz gleich, ob es sich um Franz von Assisi oder um Darwin handelte. Die anwesenden Damen und Herren waren gehalten, Notizen anzufertigen und mußten gewärtig sein, daß Maria Pawlowna diese Niederschriften anschließend kontrollierte. Solche Praktiken führten manchen Beobachter zu dem Schluß, daß ganz Weimar, einschließlich des Hofes, ein Klassenzimmer geworden war, mit der Fürstin auf dem Katheder, das sie dann freilich stets berufenen Rednern überließ. Die neuen Resultate der Wissenschaften hatten Vorrang. Als in Jena die „Gesellschaft deutscher Naturforscher und Ärzte" tagte, saß Maria ganz vorn im Auditorium. Nachher erklärte sie: „Es war mir fast alles neu, man verschließt diese Entdeckungen vor uns mit einer Ängstlichkeit, als könnten sie Schaden bringen, und doch scheint es mir, als ob die Zukunft der menschlichen Erkenntnis auf ihnen beruhe."

Nicht alles gelang, beispielsweise die Gründung einer Goethe-Gesellschaft, die erst Jahrzehnte später, unter der Ägide von Maria Pawlownas Sohn Carl Alexander, möglich wurde. In anderen Fällen verließ den Großherzog Carl Friedrich die Courage, als etwa 1837 die „Göttinger Sieben" die Gemüter bewegten. Dieses aufrechte Fähnlein von sieben Göttinger Professoren hatte mutig gegen die Aufhebung der Verfassung durch den König von Hannover protestiert und daraufhin schwere Repressalien auf sich herab beschworen. Man riet Carl Friedrich, drei von ihnen, den Historiker Dahlmann sowie die Brüder Jacob und Wilhelm Grimm, nach Weimar oder Jena zu berufen. Der Großherzog jedoch winkte ab, da er Ärger mit dem König von Hannover befürchtete.

Im gleichen Jahr, in dem die Göttinger Professoren politischen Rumor erregten, starb der Hofkapellmeister Hummel, für die Musikliebhaberin Maria Pawlowna ein bitterer Verlust. Nach ihm gelangte André-Hippolyte Chélard ans Dirigentenpult des Hoftheaters, ein trockener Taktschläger, den die Großherzogin keines einzigen Talers aus ihrer Privatschatulle für wert befand. Seither hielt sie Ausschau nach einer Persönlichkeit, die ihren strengen Maßstäben eher entsprach und möglichst, wie Hummel, ein exzellenter Pianist sein sollte. Dieser außerordentliche Künstler fand sich tatsächlich ein: am 26. November 1841 spielte Franz Liszt zum ersten Male vor der großherzoglichen Familie. Es folgten zwei umjubelte Auftritte vor dem Weimarer Publikum, und als er, nach einem Wohltätigkeitskonzert, den Erlös von 600 Talern auch noch dem „Patriotischen Frauenverein" spendierte, war Maria Pawlowna vollends gewonnen.

Liszt war damals dreißig Jahre alt, ein schlanker, hochgewachsener Mann mit fliegender Künstlermähne, wenn er, furios und brillant, dem Piano bisher nie vernommene Läufe und Klangkombinationen abgewann. Er führte die pianistische Kunst auf eine bisher nicht für möglich gehaltene Höhe und war die neben Paganini vollkommenste Inkarnation des Virtuosen-Zeitalters. Seine Triumphzüge durch die europäischen Konzertsäle und Salons waren umbrandet von Akklamationen, auch von Anekdoten und erotischen Eskapaden, die man als unentbehrlich ansah für eine romantische Künstler-Biographie. Zunächst wußten nur wenige, daß er noch mehr als der glänzende Meteor einer ganzen Epoche war: nämlich auch ein Komponist von Jahrhundertrang und vor allem ein hochherziger, stets hilfsbereiter Mensch, der eigentlich selbst die Veranlagung zu einem großen Mäzen besaß.

Wenn Anna Amalia mit der Berufung Wielands und Carl August mit seinem Werben um den jungen Goethe die entscheidenden Wegmarken für die Kulturstadt Weimar gesetzt hatten, so gelang Maria Pawlowna mit der Gewinnung Liszts die dritte programmatische Tat solchen Formats innerhalb von einem Jahrhundert. Eine Zelebrität wie er war zwar nicht völlig für Weimar zu vereinnahmen, da ihm die Konzertpodien des ganzen Kontinents gehörten, aber man konnte ihn zum regelmäßigen Wiederkommen bewegen und dann vielleicht doch langfristig binden. Es glückte bereits bei Liszts zweitem Besuch, Herbst 1842, als er die Hochzeit des Thronfolgers Carl Alexander mit einem exquisiten musikalischen Rahmen versah. Er wurde zum „Großherzoglichen Hofkapellmeister in außerordentlichen Diensten" ernannt, während Chélard weiterhin für die alltägliche Routine zuständig blieb. Liszt ging die Verpflichtung ein, künftig an den Geburtstagen des Großherzogs und der Großherzogin zu musizieren, wofür er ein Jahressalär von 1 000 Talern aus der Privatschatulle Maria Pawlownas erhielt.

Der Meister verstand seine neue Aufgabe als Glied einer Kette, die Weimars Gegenwart mit einer reichen Vergangenheit verband. Darüber hat er sich mehrfach zu dem Erbprinzen Carl Alexander geäußert, und es gibt keinen Grund, die Ehrlichkeit solcher Bekenntnisse zu bezweifeln, auch wenn sie in ein geschraubtes Hof-Deutsch eingepackt waren: „Ich werde nie die schmeichelhaften Ermutigungen Ihrer Königlichen Hoheit der Frau Großherzogin vergessen, die sie damals und seitdem meinen schwachen Bemühungen zuteil werden ließ, und die Güte, mit der sie meinen Wunsch erriet, meine Kräfte der großen Tradition Weimars bescheidentlich zu widmen."

Liszts Weimarer Wirken trat in eine neue, stürmisch bewegte Phase ein, nachdem die ukrainische Fürstin Carolyne von Sayn-Wittgenstein seine Geliebte geworden war. Sie war verheiratet mit einem reichen russischen Magnaten und daher eine Untertanin des Zaren Nikolaus, der nun die Scheidung ihrer Ehe genehmigen sollte. Da der Zar nicht gewillt war, diesem Wunsch zu folgen, und man sich in Geduld üben mußte, zog Carolyne nach Weimar, um dort gemeinsam mit dem Geliebten den weiteren Fortgang der Angelegenheit abzuwarten. Sie nahm in der Altenburg Quartier, einem schönen, aber schlichten dreistöckigen Haus, gelegen auf einer Anhöhe rechts der Ilm. Liszt wohnte zunächst noch im Hotel „Zum Erbprinz" am Markt, siedelte dann aber zu Carolyne in die Altenburg um. Die Hofbeamten, stets auf die Wahrung des Schicklichen bedacht, ignorierten die „wilde Ehe", die hier so skandalös ins Kraut geschossen war, und richteten die Liszt zugedachten Einladungen weiterhin an seine Hoteladresse. Seither galt die Altenburg den einen als Sündenpfuhl, den anderen als Hort der Kunst und als Prominenten-Magnet, der jetzt die Anziehungskraft besaß, die einst von Goethes Haus am Frauenplan ausgegangen war.

Erst durch Liszts ungeniertes Zusammenleben mit Carolyne wurde seine Weimarer Zeit zu einem Roman, in dem der Großherzogin Maria Pawlowna eine prekäre Rolle zufiel. Einerseits war der Künstler durch die von ihr tolerierte Lebensgemeinschaft mit der Geliebten stärker an Weimar zu fesseln, als es selbst die glänzendsten Privilegien und Gagen vermocht hätten. Andererseits war Zar Nikolaus, der Landesherr Carolynes, auch der Bruder der Groß-

herzogin, und er ermahnte sie streng, dem unter ihrem Zepter ge-
deihenden Lotterleben ein Ende zu setzen. Auch wandte sich Carolynes Ehemann hilfesuchend an sie. Es gehörte durchaus Mut dazu, als sich die Großherzogin in der ganzen Affäre für strikt neutral
erklärte, aber ihre schützende Hand weiterhin über Liszt hielt. Sie
stellte auch den Umgang mit Carolyne nicht ein, die in der Thea-
terloge nach wie vor ungestört Zigarren rauchte.

Inzwischen avancierte die Altenburg, übelwollend gemustert
von den Tugendwächtern, zum Versammlungsort der europäischen
Geistes-Elite, deren Eintreffen an der Ilm signalisierte, daß Weimars „Silbernes Zeitalter" begonnen hatte. Liszts Schüler Anton
Rubinstein und Hans von Bülow, der Geiger Joseph Joachim, die
Komponisten Peter Cornelius, Hector Berlioz, Robert Schumann
und Johannes Brahms, die Dichter Hoffmann von Fallersleben und
Friedrich Hebbel, die Maler Friedrich Preller und Buonaventura
Genelli, die Schriftsteller Varnhagen von Ense und Karl Gutzkow,
nicht zuletzt berühmte Frauen wie Bettine von Arnim, Clara Schumann und Fanny Lewald fanden sich ein, oft auch protegiert und
empfangen von der Großherzogin. Der spektakulärste Besucher
überschritt Ende August 1848 zum ersten Male die Schwelle der
Altenburg: Richard Wagner, damals königlich sächsischer Hofkapellmeister zu Dresden.

Liszt hielt den nervösen, rücksichtslosen, exzentrischen Neutö-
ner für die größte lebende Begabung des deutschen Theaters, nicht
nur des Musiktheaters, was ihm Grund genug zu sein schien, daß
man sich in Weimar um ihn kümmern mußte. Bereits am 16. Februar 1849, dem Geburtstag Maria Pawlownas, führte er in Weimar
den *Tannhäuser* auf, der allein schon in stofflicher Hinsicht ein thü-
ringisches Fürstenhaus interessieren mußte. Dann sorgten die Zeitläufte für Turbulenzen: Wagner nahm am Dresdner Maiaufstand
teil und mußte fliehen, um sich vor Standgericht oder Zuchthaus
zu retten. Er floh über Weimar, wo ihn Liszt vor den Bütteln der
Konterrevolution versteckte. Dann kam es, auf der weiteren Flucht,
zu einem merkwürdigen Intermezzo, das lange geheim blieb. Maria
Pawlowna ließ dem Flüchtling, durch ihren Kammerherrn in der
Eisenbahn, die Einladung zu einem Treffen im Eisenacher Schloß
übermitteln. Dort hat sie den Emigranten „in überraschend wohl-

wollender Weise aufgenommen" und mit ihm freundlich gesprochen, bevor er seinen Fluchtweg nach der Schweiz fortsetzte. Erst Jahrzehnte später berichtete Wagner darüber in seiner Autobiographie *Mein Leben*. Es wäre einem Eklat gleichgekommen, wenn die Öffentlichkeit erfahren hätte, daß die Großherzogin von Sachsen-Weimar, die Schwester des Zaren Nikolaus, mit einem steckbrieflich gesuchten Umstürzler zusammengetroffen war.

Es war noch nicht Marias letzte Tat für den entwichenen Rebellen. Am 28. August 1850, Goethes 101. Geburtstag, dirigierte Liszt in Weimar die Uraufführung des *Lohengrin*, subventioniert mit einem Zuschuß von 2 000 Talern aus der Schatulle Maria Pawlownas. Es wurde ein denkwürdiges Ereignis der Operngeschichte, das in Abwesenheit des Exulanten Wagner stattfinden mußte, zu dem aber Kritiker aus mehreren Ländern, der französische Dichter Gérard de Nerval sowie die Komponisten Giacomo Meyerbeer und Robert Franz angereist waren. Da, im Gegensatz zu diesen internationalen Koryphäen, das Weimarer Publikum kein sonderliches Interesse an den Tag legte, kaufte die Großherzogin eine stattliche Anzahl der Eintrittskarten und ließ sie kostenlos an ihre Untertanen verteilen, die es daraufhin doch für angezeigt hielten, zur Premiere zu erscheinen. Später veranstaltete Liszt, mit *Holländer*, *Tannhäuser* und *Lohengrin*, eine regelrechte Wagner-Woche, fast ein Vierteljahrhundert vor den ersten Bayreuther Festspielen. Künstlerisch ertrotzt und geleitet von Franz Liszt, materiell und ideell ermöglicht durch Maria Pawlowna, sind die ersten Schritte zur Weltgeltung Wagners in Weimar vollzogen worden.

Andere Pläne des Dioskurenpaares Liszt-Wagner waren unter den gegebenen Verhältnissen nicht zu verwirklichen, so Wagners Idee, seine *Nibelungen*-Dramen „in irgendeiner schönen Einöde" aufführen zu wollen, „fern von dem Qualm und dem Industrie-Pestgeruche unsrer städtischen Zivilisation: als solche Einöde könnte ich höchstens Weimar, gewiß aber keine größere Stadt ansehen". Auch Liszts detailliert ausgearbeiteter Vorschlag einer „Goethe-Fondation", die Wettbewerbe für Literatur, Malerei, Musik und Bildhauerkunst ausschreiben sollte, gehörte ins Reich der Utopie, da es, über Weimar hinaus, keinen politischen Träger für eine solche nationale Stiftung gab. Maria Pawlowna stellte nach wie vor beträchtliche finanzielle Mittel zur Verfügung, aber bodenlos war ihre Schatulle nicht. Das Publikum schien bei alledem ohnehin überfordert zu sein und observierte feindselig Liszts Zusammenleben mit der noch immer nicht geschiedenen Carolyne Sayn-Wittgenstein. Später kamen noch andere Wirrnisse des Menschlichen-Allzumenschlichen hinzu, als etwa der Hoftheater-Intendant Dingelstedt während der von Liszt dirigierten Uraufführung des *Barbier von Bagdad* seines Freundes Peter Cornelius ein Pfeifkonzert organisierte.

Aber in Weimar ging es nicht nur darum, das „Silberne Zeitalter" zu eröffnen. Andere und für die öffentliche Wohlfahrt dringendere Probleme mußten bewältigt werden. Dazu gehörten der Beitritt zum Deutschen Zollverein und der Bau der Eisenbahn. Auch die Revolution von 1848 ging an Weimar nicht spurlos vorbei. Sie verlief an der Ilm zwar nicht ganz so behaglich wie in Johann Nestroys Revolutionsposse *Freiheit in Krähwinkel*, trotzdem gab es Krähwinkeleien genug. Ein Demonstrationszug erschien auf dem Schloßhof, ein paar Fensterscheiben gingen zu Bruch. Man bildete flugs eine Bürgerwehr, die darauf bedacht war, daß sich die Empörung in den Grenzen von Zucht und Ordnung hielt. Sie exerzierte auf der Wiese vor Goethes Gartenhaus, bei thüringischer Bratwurst und Bier. Die großherzogliche Familie schenkte der Stadt eine schwarz-rot-goldene Fahne, zu der Maria Pawlowna und ihre Hofdamen noch Wimpel gestickt hatten. Als Zeichen der Verbundenheit von Fürst und Volk wurde die Fahne, zur allgemeinen Erbauung, auf dem Rathaus gehißt.

Ansonsten tat der Großherzog Carl Friedrich genau das, was auch seine Amtsbrüder in Berlin und Wien, König Friedrich Wilhelm IV. und Kaiser Ferdinand, taten: er genehmigte alles. Er genehmigte die Pressefreiheit, den von der Menge geforderten Rücktritt der Minister Schweitzer und Gersdorff, die Aufnahme des Liberalen Wydenbrug in die Regierung, die Ausarbeitung einer neuen Verfassung. Das oft an Carl Friedrich gerügte freundliche Phlegma scheint für ihn in diesen dramatischen Situationen eher ein Vorteil gewesen zu sein, wie ein Augenzeuge erzählt: „Als im März 1848 stürmische Petitionen in den Schloßhof getragen wurden und die Minister sich im Schlosse versammelten, blieb er ganz ruhig in seinem Zimmer und ließ sich nicht stören in dem Zeichen-unterricht." Zu Demonstranten, denen er alles bewilligt hatte, sagte der Großherzog herablassend: „Ich hoffe, daß ihr alle so gut schla-fen werdet, wie ich." Daraufhin wurde er mit Hochrufen bedacht. Eigentlich blieb alles beim alten, die schwarz-rot-goldene Fahne wehte nicht lange auf dem Rathaus. Die bescheidenen Errungen-schaften der Revolution wurden allmählich wieder abgeschafft. Nicht einmal der Vorschlag einiger Projektemacher, alle ernestini-schen Fürstentümer zu einem gemeinsamen thüringischen Staatswe-sen zu vereinigen, ließ sich realisieren. Hoher Geistesflug und rauhe Wirklichkeit verwiesen nach wie vor auf zwei ganz verschiedene Welten. Liszts künstlerisches Neuerertum konnte sich, gefördert von Maria Pawlowna, im Hoftheater entfalten, aber Adlige und Bür-gerliche, die ihm zusammen lauschten, saßen weiterhin in streng voneinander getrennten Logen. Während Weimars „Silbernes Zeit-alter" zu blühen begann, verließen mehrere tausend Einwohner das Großherzogtum und wanderten nach Amerika aus, besonders in den ersten Jahren nach der Revolution. Politische und wirtschaftliche Perspektivlosigkeit waren auch mit der legendären Privatschatulle Maria Pawlownas nicht zu lösen. Das macht ihre für Weimar er-brachte Lebensleistung keineswegs geringer, es zeigt nur die Gren-zen an, die fürstlicher Generosität und Mildtätigkeit gezogen waren.

Im Juni 1853 feierte man noch, durchaus zurückhaltend, aber un-ter wohlwollender Beteiligung der Bürgerschaft, das fünfundzwan-zigjährige Regierungsjubiläum Carl Friedrichs und Maria Pawlow-nas. Zwei Wochen später, in der Nacht vom 7. auf den 8. Juli, starb der Großherzog, der bis zuletzt nicht aus dem Schatten seines Va-ters herausgefunden hatte. Eine Zäsur für das Land war sein Tod immerhin, denn nun begann eine neue Ära. Der Sohn Carl Alex-ander übernahm mit seiner Gemahlin Sophie die Herrschaft. Die siebenundsechzigjährige Maria Pawlowna, jetzt Großherzogin-Mutter, zog sich auf ihren Witwensitz Schloß Belvedere zurück.

Dort hat sie noch sechs Jahre lang gewirkt, unaufdringlich und in dem Bewußtsein, daß alle Verantwortung auf den Sohn überge-gangen war. Aber sie beriet ihn, wenn immer er es wünschte, und stellte neue Mittel für soziale Zwecke zur Verfügung, so dreißig-tausend Taler für ein Stift unverheirateter Beamtentöchter. 1854 wurde der fünfzigste Jahrestag ihres ersten Einzuges in Weimar festlich begangen. Die Deputationen der Städte und Gemeinden, der Vereine und besonders der Universität Jena dankten für die in einem halben Jahrhundert gewährte „fürstliche Freigebigkeit".

Liszt dirigierte eine Festaufführung von Glucks *Orpheus und Eurydike*, für die er ein neues Vorspiel und Finale komponiert hatte. Am meisten rührte es Maria Pawlowna, als sich im Hoftheater der Vorhang über Schillers *Huldigung der Künste* hob, mit der sie einst, vor einem halben Säkulum, von dem bereits todkranken Dichter in Weimar begrüßt worden war. Liszt steuerte „Festklänge" bei, von Marias russischem Landsmann Anton Rubinstein wurde die Oper *Die sibirischen Jäger* gespielt. Es war ein beziehungsreicher Brückenschlag von der neuen Heimat zurück in die alte, für die Greisin angefüllt mit Erinnerungen, auch wenn ihr beim Kunstgenuß die wachsende Schwerhörigkeit zu schaffen machte.

Die Siebzigjährige begann, sehr bewußt und gelassen, Abschied zu nehmen: ein Anliegen, dem im Sommer 1856 ihre letzte Reise nach Rußland gewidmet sein sollte. Ihr Bruder, Zar Nikolaus I., war gestorben. Sein Sohn, Alexander II., wurde Ende August in Moskau gekrönt. Maria Pawlowna nahm an der feierlichen Zeremonie in der Mariä-Himmelfahrts-Kirche des Kreml teil und mag dabei empfunden haben, daß sich erneut ein Kreis ihres Daseins schloß. Nach ihrer Großmutter Katharina II., ihrem Vater Paul sowie ihren Brüdern Alexander I. und Nikolaus I. war nun ihr Neffe Alexander II. die fünfte Zarengestalt aus dem Haus Romanow, die in Marias Leben eine Rolle spielte. Daß sie darüber selbst zu einer historischen Erscheinung geworden war, die bereits mehr der Geschichte als der Gegenwart angehörte, hat sie zugleich mit Stolz und Resignation akzeptiert. Das folgenreiche Wirken Alexanders II., besonders die durch ihn vollzogene Aufhebung der Leibeigenschaft in Rußland, erlebte Maria Pawlowna nicht mehr. Sie hätte dieser Tat ihres Neffen wahrscheinlich leidenschaftlich zugestimmt.

Die Frist, die ihr noch in Weimar blieb, nutzte sie mit dem Ordnen letzter Angelegenheiten, vor allem mit Maßnahmen, die der Weiterführung ihres Sozialwerkes dienen sollten. Der vor dreißig Jahren gegründete Leseverein „Museum" bekam ein eigenes Gebäude, das der Architekt Streichhan, nach dem Vorbild des Nike-

Tempels auf der Athener Akropolis, am Karlsplatz, dem heutigen Goetheplatz, erbaute. Die meiste Aufmerksamkeit widmete die alte Fürstin ihrem Testament, in dem sie auf dreißig Seiten detaillierte Verfügungen traf und den Sohn zur Pflege des Weimarer Erbes verpflichtete. Zum letzten Male schlug sie darin den Bogen zwischen den beiden Welten, die sie auf einem langen Weg zu einer großartigen Synthese verschränkt hatte: „Ich segne das geliebte Land, in dem ich gelebt habe, ich segne auch mein russisches Vaterland, das mir so theuer ist, und besonders meine dortige Familie. Ich bitte Gott, daß er hier und dort Alles zum Besten lenken, das Gute erhalten und erblühen lassen möge, und meine hiesige wie meine russische Familie stets unter seinen mächtigen Schirm nehmen wolle."

Maria Pawlowna starb am 23. Juni 1859 an den Folgen einer Erkältung, die sie sich beim Besuch eines von ihr gegründeten Damenstifts zugezogen hatte. Die Einsegnung in der Fürstengruft nahm Marias langjähriger Beichtvater vor, der russische Erzpriester Stefan Sabinin. Der letzte Wunsch der Toten wurde von ihrem Sohn, dem Großherzog Carl Alexander, erfüllt, der unmittelbar hinter der Fürstengruft eine russisch-orthodoxe Grabkapelle errichten ließ. Sie ist der apostelgleichen Maria Magdalena geweiht, den Grundstein umgibt russische Erde. Ein Mauerdurchbruch in der Tiefe öffnet das Grabgewölbe hin zur Fürstengruft, so daß der Sarkophag Maria Pawlownas direkt neben dem Sarg ihres Mannes steht. Die Zwiebeltürme der kleinen Kirche ganz in der Nähe des Kreuzes auf der Fürstengruft – letztes Vermächtnis einer Frau, die eine Russin blieb, eine Deutsche wurde und beides als eine bekennende Europäerin zu sein vermochte.

Weimar hat ihr die Aufrechterhaltung einer großen Tradition zu danken, die unter Carl Friedrich allein mit Sicherheit ein ruhmloses Ende gefunden hätte. Ein „Musenhof", wie ihn einst Anna Amalia geschaffen hatte, war im 19. Jahrhundert, einer Zeit rasanter Umbrüche, schon nicht mehr möglich. Trotzdem bleibt es bemerkenswert, wie die Russin Maria Pawlowna das Beispiel Anna Amalias aufgenommen und das Mäzenatentum Carl Augusts weitergeführt hat. Sie fügte der Literatur, dem Herzstück von Weimars geistiger Überlieferung, die Musik hinzu. Sie erkannte die Herausforderungen der modernen Naturwissenschaften und vor allem der sozialen

Frage. Sie gab in einem Umfang, der sich kaum noch berechnen läßt, Anregungen nach vielen Seiten und schuf, unablässig fördernd und stiftend, die Grundlagen für deren Verwirklichung. Sie integrierte neue schöpferische Persönlichkeiten der Weimarer Kunstszene, allen anderen voran Franz Liszt. Sie repräsentierte, nach Anna Amalia und Carl August, die erstaunliche Kulturpflege des weimarischen Fürstenhauses in dessen dritter Generation, und sie sorgte durch die Erziehung, die sie ihrem Sohn Carl Alexander angedeihen ließ, dafür, daß auch noch die vierte Generation auf diesem Weg fortschreiten konnte.

5. Kapitel

ERBEN, HÜTER UND BEWAHRER

– CARL ALEXANDER UND SOPHIE

D er Tumult, der sich am Abend des 15. Dezember 1858 im
Hoftheater zu Weimar ereignete, wäre noch in Gegenwart
der Großherzogin Maria Pawlowna völlig undenkbar gewesen, von
Anna Amalia oder Carl August ganz zu schweigen. Franz Liszt hatte die komische Oper *Der Barbier von Bagdad* seines Freundes Peter Cornelius aus der Taufe gehoben und geglaubt, damit dem fein-
sinnigen musikalischen Lustspiel zu einem Erfolg verhelfen zu können. Aber trotz der Autoritätsperson am Pult ging das Werk im
Zischen und Pfeifen einer aufsässigen Clique zugrunde, gegen die
sich die Liszt- und Cornelius-Jünger mit ihrem verzweifelten Ap-
plaus kaum durchzusetzen vermochten. Ein Augen- und Ohren-
zeuge vernahm „ein Trommeln mit den Füßen, ein Schreien und
Johlen, wie ich es vorher und nachher, selbst in dem leidenschaftlichen Italien, niemals erlebt habe. Dabei stand Liszt unbeweglich
an seinem Dirigentenpult und sah mit verschränkten Armen in die
tobende Menge hinunter." Für Liszt war es an diesem Abend entschieden, daß er Weimar verlassen würde. Der Skandal richtete sich
gegen ihn, nicht gegen den noch ganz unbekannten Cornelius, und
war von dem Hoftheater-Intendanten Dingelstedt angezettelt worden, dem das Schauspiel am Herzen lag und dabei der gefeierte
Liszt im Wege stand.

Seine Brisanz erhielt das Fiasko nicht nur dadurch, daß hier ein
Theaterdirektor einen spektakulären „Durchfall" in seinem eigenen
Musentempel inszenierte, zu dem er sich freilich später nie ausdrücklich bekannte. Bemerkenswert und wahrhaft unerhört wurde
der Eklat erst durch die Anwesenheit des Großherzogs Carl Alexander, der mit seinem leidenschaftlichen Beifall deutlich genug zu
erkennen gab, daß ihm die Oper gefallen hatte. Der Landesherr vermochte das Werk nicht zu retten, auch nicht das Lärmen und Toben
zum Schweigen zu bringen, obwohl ihm doch der Anstifter des
Krawalls, der Intendant seines Hoftheaters, direkt verantwortlich
war. Am nächsten Tag empfing der Fürst den Komponisten „gnädig und freundlich", wie Cornelius selbst erzählte, und gab ihm
zum Abschied herzlich die Hand. Es war eine anrührende Geste
der Solidarität und der Ermutigung, die jedoch den tief gedemü-
tigten Tonsetzer vor öffentlichen Anpöbelungen nicht schützen
konnte.

Der Vorfall enthält wie ein Brennspiegel die Lebensproblematik des Großherzogs Carl Alexander. Er war hochkultiviert, sehr gebildet, generös und liebenswürdig, ein Schöngeist und Kavalier vom Scheitel bis zur Sohle. Aber ein wenig agierte er bereits in der dünnen Höhenluft, in der dann die Spätlinge und Décadents eines Hugo von Hofmannsthal an ihren Seelen laborierten. Dabei war er, anders als diese, durchaus unternehmend, stets voller Pläne und Ideen, zu deren Umsetzung ihm jedoch oft die Kraft fehlte, und das keineswegs nur, weil ihm Verfassung und Vermögen enge Grenzen setzten. Ein Segen war die Frau an seiner Seite, die von Hause aus reiche und energische Großherzogin Sophie, aber durch sie hat er die eigene eingeschränkte Situation wohl nur um so schmerzlicher verspürt. Das aufbrausende Temperament, das manche Zeitzeugen an ihm gelegentlich beobachteten, mag mit dieser Befindlichkeit zusammengehangen haben, denn im Grund seines Wesens war er ein konzilianter, hilfsbereiter und gewinnender Mensch. Es kann auch sein, daß die Vielzahl der von ihm gehegten Projekte einander im Weg standen und in einem so bescheidenen Staatswesen wie Weimar auch nicht annähernd zu verwirklichen waren.

Über solche Schranken sah Carl Alexander nur allzu gern hinweg, ebenso war die Entschärfung von Konflikten ganz und gar nicht seine Sache. Die Skeptiker, Mißvergnügten und Querulanten meinte er am schnellsten loszuwerden, wenn er sie einfach übersah, ja er nahm ihr widriges Gewese und Gefuchtel oft kaum wahr, schon weil es sein tiefsitzendes Harmoniebedürfnis störte. Zum Begreifen und Durchsetzen unbequemer Einsichten fehlte ihm die illusionslose Robustheit seines Großvaters Carl August. Dort jedoch, wo sich dieser letzte kunstsinnige Fürst aus dem Haus der thüringischen Wettiner im Einklang mit dem Zeitgeist sah und daher keine Attacken der banausischen Außenwelt zurückschlagen mußte, kamen bedeutende Leistungen zustande, etwa der Wiederaufbau der Wartburg. Ob er aber dem Zeitgeist huldigte oder nicht, so blieb er doch immer der Zögling Goethes, der einst seine ersten Schritte ins Leben gelenkt hatte. Carl Alexander, der Goethe-Adept, Grandseigneur und Mäzen, hätte sein ganzes Dasein und Wirken unter das *Faust*-Wort stellen können:

Was euch nicht angehört,
Müsset ihr meiden,
Was euch das Innre stört,
Dürft ihr nicht leiden.

„Nachricht von der Geburt des Prinzen", schrieb Goethe am Johannistag des Jahres 1818, dem 24. Juni, in sein Tagebuch, in dem er dann elf Tage später, am 5. Juli, weiter vermerkte: „Abends am Hof zur Taufe." Es muß dabei recht ungewöhnlich hergegangen sein, denn Carl August, der Großvater des Täuflings, hatte auch die Abgesandten der Jenaer Studenten eingeladen, die „mit ihren Lockenhaaren, ihrer altdeutschen Kleidung, roten Binden und Federbaretts" der Hofgesellschaft einen exotischen Eindruck verschafften. Immerhin wurde die Taufe des künftigen Erbgroßherzogs gefeiert, der die Namen Carl Alexander August Johann erhielt. Sein Bruder, der erste Sohn Carl Friedrichs und Maria Pawlownas, war schon vor zwölf Jahren nach kurzer Lebensdauer gestorben.

Der blasse Vater, der auch sonst kaum Spuren hinterließ, nahm keinen nennenswerten Einfluß auf die Erziehung des Prinzen, einen um so größeren und nachhaltigeren dagegen die Mutter. Maria Pawlowna vermachte dem Sohn ihr Verständnis eines verantwortlichen Mäzenatentums, ihren Sinn für Tradition und für die Pflege geistiger Erbschaften, auch ihre Großzügigkeit und ihren Kosmopolitismus. „Sascha", wie die Russin den Sohn liebevoll nannte, war und blieb an sie gebunden, weit über das Maß einer geläufigen Erziehung hinaus. Die russisch-orthodoxe Grabkapelle, die er später der Toten an der Fürstengruft errichten ließ, wurde auch zum Denkmal einer fortwirkenden Mutterbindung.

Prägend waren die Stunden, die der Prinz bis zu seinem vierzehnten Lebensjahr in Goethes Haus am Frauenplan verbrachte. Er fand in dem gleichaltrigen Goethe-Enkel Walther und in dessen zwei Jahre jüngeren Bruder Wolfgang ausgelassene Spielgefährten, die das höfische Zeremoniell vergessen ließen, etwa beim Nachahmen der Kunststücke eines Wiener Zauberkünstlers. Aus solchem kindlichen Gaudium erwuchs, für die Enkel und für den Prinzen, eine Lebensfreundschaft, die für die deutsche Geistesgeschichte reiche Folgen haben sollte. Oft nahm Seine Exzellenz, der Hausherr, den Knaben an der Hand und zeigte ihm Aquarelle, Fossilien, Steine und optische Geräte, mit denen dann wundersame Farbenspiele angestellt wurden. Unvergeßlich blieb es dem Prinzen, wenn Besucher aus den weiten Provinzen des Goethe-Reiches dem Dichter ihre Aufwartung machten, so der französische Bildhauer David d'Angers oder der polnische Dichter Adam Mickiewicz und immer wieder der unvermeidliche Eckermann.

Der regelmäßige Begleiter ins Haus am Frauenplan war Frédéric Jacob Soret, ein Schweizer Bürger, der seit 1822 als Erzieher des Prinzen in Weimar wirkte. Er war der Sohn eines Hofmalers der Zarin Katharina II. und in Sankt Petersburg geboren, woher ihn Maria Pawlowna kannte. Sie berief den jungen Naturwissenschaftler als Prinzenerzieher an den Weimarer Hof, obwohl sich Soret zeit seines Lebens als freier Bürger der Stadt Genf fühlte und die höfische Perspektive aus einiger Distanz beobachtete. Soret, der Goethes *Metamorphose der Pflanzen* ins Französische übersetzte, wurde einer der engsten Vertrauten des Dichters in dessen letzten Lebensjahren.

Erklärtes Ziel des Schweizer Republikaners war es, den ihm anvertrauten Fürstensproß „als Mensch und nicht als Prinz" zu erziehen. Carl Alexander verdankte ihm keineswegs nur die Grundlagen seiner philosophischen und naturwissenschaftlichen Bildung, sondern mehr noch die spielerische und zugleich strenge Vorbereitung auf künftige Regentenpflichten. Unterricht und Spiel waren dem von Soret formulierten Grundsatz untergeordnet: „Ein Prinz von hohem Rang muß seinem Volk nicht nur durch die Stellung, in der er sich befindet, Respekt einflößen, ... er muß überdies die Einbildungskraft beherrschen durch die Qualitäten des Herzens und des Geistes." Übrigens fiel es bereits diesem einfühlsamen Pädagogen auf, daß der Prinz eine starke Abneigung gegen das Kriegs- und Soldatenspielen an den Tag legte. Neben Soret wirkte der Goethe-Adlatus Eckermann mit der Einführung in die englische Sprache und Literatur, später auch in die deutsche. Unauslöschlich blieben die Sternstunden, in denen der Prinz gemeinsam mit Eckermann den *Tasso* las oder der Kunstgelehrte Meyer von seiner ersten Begegnung mit Schiller erzählte. Schon damals faßte der Jüngling den Vorsatz, Weimar dereinst wieder zu seiner alten Stellung in der deutschen Kultur zu verhelfen.

Nachdem Soret, Mai 1836, in seine Genfer Heimat zurückgekehrt war, folgten juristische und historische Studien an den Universitäten von Leipzig und Jena. Viel wichtiger für die Bildung des Erbgroßherzogs wurden seine Reisen, die er das ganze Leben über mit wahrer Leidenschaft betrieb, so daß man ihn später, durchaus kritisch, „Carl Alexander den Auswärtigen" nannte. Gleich die erste Reise führte den Prinzen nach Italien, das er über sechzig Jahre lang systematisch besuchen und erkunden sollte. Er wurde ein exzellenter Kenner der italienischen Sprache, Geschichte und Kunst, auch ein Gesprächspartner berühmter italienischer Persönlichkeiten, von den Päpsten bis zum Freiheitskämpfer Garibaldi. Auf anderen Reisen lernte der Jüngling die damaligen und die künftigen Protagonisten der europäischen Politik kennen: in Wien den Staatskanzler Metternich, in London die junge Königin Victoria, in Sankt Petersburg den Thronfolger und späteren Zaren Alexander II., mit dem er, keineswegs nur Maria Pawlowna zuliebe, eine enge Freundschaft begründete.

Nicht aus Neigung, sondern aus Gehorsam gegenüber den geltenden Usancen absolvierte der Erbprinz, von Herbst 1839 an, eine zweijährige Militärdienstzeit beim preußischen Kürassier-Regiment „Großer Kurfürst" in Breslau. Im Gegensatz zu Carl August, seinem Großvater, vermochte er dem Exerzieren keinen Geschmack abzugewinnen, auch nicht dem Instruieren und Drillen der Rekruten, das man von ihm erwartete. „Kontrollen der Bekleidung der Rekruten. Man setzt ihnen sehr zu", notierte er, beinahe mitleidig, im Tagebuch. Daß er gleich den ersten Angriff seiner Schwadron erfolgreich kommandiert haben soll, wird wohl eher der Hofberichterstattung zuzuschreiben sein als der Wirklichkeit. Dem Großvater fühlte sich der junge Mann jedenfalls viel näher, als er, wie dieser vor einem halben Jahrhundert, von Breslau aus eine Reise nach Krakau und zum Salzbergwerk Wieliczka unternahm.

Schon kurz nach dem Ende des Breslauer Kürassier-Intermezzos wurde für den mittlerweile fast Vierundzwanzigjährigen eine Entscheidung akut, der seine Mutter und auch er selbst höchste Priorität einräumten: seine Heirat. Daß dabei persönliche Sympathie oder gar Liebe zur Partnerin irgendwie in Betracht kamen, war auch noch im 19. Jahrhundert von vornherein auszuschließen. Eine möglichst gute Partie mußte ausfindig gemacht werden, die Geld in die bedürftigen Kassen lenkte und außerdem das Herrscherhaus mit einem Gewinn an Prestige ausstattete. Maria Pawlowna, einst selbst das Objekt solcher Kombinationen, ließ ihren Blick über die Runde der potentiellen Kandidatinnen schweifen und wurde schon in der nahen Verwandtschaft fündig. Ihre Nichte Sophie, Prinzessin der Niederlande, schien die wichtigsten Voraussetzungen für das weimarische Hochzeitsprojekt zu erfüllen. Sie war reich und die Tochter eines regierenden Königs aus altem Geschlecht, dem Haus Oranien. Sie entstammte der Ehe Anna Pawlownas, der jüngeren Schwester Maria Pawlownas, mit König Wilhelm II. der Niederlande und hatte am 8. April 1824 in Den Haag das Licht der Welt erblickt. Bereits als Siebenjährige war sie zum ersten Male in Weimar zu Gast gewesen und dort dem um sechs Jahre älteren Cousin Carl Alexander begegnet. Staunend hörte er von dem Mädchen, daß es zu Hause auf einer kleinen holländischen Meierei heranwuchs, in Holzpantinen umherlief und das Melken, Buttern und Käsemachen verstand. Dadurch wurde der Sinn des Kindes für eine praktisch-zupackende Lebensart geweckt, die auch der späteren Großherzogin von Sachsen-Weimar zustatten kam. Ein französischer Hauslehrer sorgte für eine ausgezeichnete Allgemeinbildung, die durch die perfekte Kenntnis mehrerer Fremdsprachen vervollständigt wurde, so daß Sophie die religiösen Meditationen Blaise Pascals und die philosophischen Essays Francis Bacons lesen konnte, jeweils in der Originalsprache.

Sie war von kleiner, graziler Gestalt, die dem hochgewachsenen Carl Alexander kaum bis zur Schulter reichte, neigte später allerdings zu einer gewissen Korpulenz. Sie besaß ursprünglich ein fröhliches, stets zum Scherzen und Tanzen aufgelegtes Temperament, das sie aber, wenn es sein mußte, in Schranken zu halten vermochte. Ihr lebhaftes Naturell, das dann in Weimar zunächst Anlaß zu manchem Klatsch gab, suchte die Fürstin durch ein sich immer mehr verstärkendes Gefühl für Haltung und Würde zu balancieren. Sie konnte streng sein, auch stolz, besonders auf ihre Herkunft, so daß auch später, als sie längst Großherzogin von Sachsen-Weimar war, bei der Aufzählung ihrer Titel nie das Prädikat „Prinzessin der Niederlande" fehlen durfte. Die ausgeprägte Selbstsicherheit wurde noch gesteigert durch das Bewußtsein, ein beträchtliches Vermögen zu besitzen, über das sie sich auch in Weimar die alleinige Verfügungsgewalt vorbehielt. In der großherzoglichen Ehe sei nicht Carl Alexander, sondern Sophie „der Mann", wurde manchmal gewitzelt, natürlich hinter der vorgehaltenen Hand. Bei alledem besaß die Oranierin ein hohes Maß an Sensibilität für die Eigenarten anderer Menschen, was sie zur Gesprächspartnerin bedeutender Persönlichkeiten prädestinierte. Der Dichter Friedrich Hebbel, der ganz sicher kein Schmeichler war, schrieb über sie: „Man kann geradezu alles mit ihr sprechen: die verschämtesten Träume und die kühnsten Phantasien wagen sich ans Licht und werden verstanden."

Die holländische Königstochter, die auch anspruchsvolle Individualitäten zu beeindrucken vermochte, heiratete den Erbprinzen von Sachsen-Weimar am 8. Oktober 1842 in Den Haag. Stürmische Liebe führte sie nicht zueinander, immerhin jedoch eine bei fürstlichen Hochzeiten keineswegs selbstverständliche wohltemperierte Zuneigung, die ausreichte, um die fast fünfundfünfzig Jahre bestehende Ehe frei von Erschütterungen zu halten. Für Weimar sollte sich diese Ehe wiederum als ein Glücksfall erweisen, denn mit Sophie gelangte, nach Anna Amalia und Maria Pawlowna, zum dritten und zugleich letzten Male eine auswärtige Fürstin von überdurchschnittlichem Format in das Großherzogtum. Ohne ihr Verständnis und besonders ohne ihr Geld wären die letzten mäzenatischen Taten der ernestinischen Monarchie nicht möglich gewesen: der Wiederaufbau der Wartburg, die Gründung des Goethe-Nationalmuseums sowie der Bau des Goethe- und Schiller-Archivs.

Der Einzug des jungen Paars in seine spätere Residenz fand Mitte Oktober 1842 statt, fast nach dem gleichen Szenarium wie der Einzug Maria Pawlownas vor achtunddreißig Jahren. Wieder war eine große Volksmenge mit sorgfältig einstudiertem Jubel zur Stelle, wieder wurde die Prunk-Equipage von sechs schnaubenden Isabellenpferden gezogen, nur der junge Eheherr ritt jetzt in glänzender Galauniform an der Seite des Wagens – eine schmucke Erscheinung für Kostümfeste, nicht für Schlachtfelder. Zwanzig junge Weimarerinnen vollführten in holländischer Tracht einen anmutigen Knicks, als Reverenz an die Heimat der Prinzessin. Sonst konnten die Einzugsfeierlichkeiten den Geschmack der anspruchsvollsten

Kunstfreunde befriedigen. Franz Liszt war extra angereist und nahm seine Ernennung zum „Hofkapellmeister in außerordentlichen Diensten" entgegen. Bei einem Hofkonzert sollen ihm Maria Pawlowna und Sophie die Notenblätter umgewendet haben. Noch immer wurde von einer jungen Fürstin erwartet, daß sie sich ihrer dynastischen Pflichten entledigte. Sophie tat es bereits Ende Juli 1844, als sie ihren ersten und einzigen Sohn zur Welt brachte, der nach seinem Urgroßvater Carl August genannt wurde. Er blieb immer Erbgroßherzog und starb im Alter von fünfzig Jahren, noch vor seinen Eltern. Die 1849 geborene Marie Alexandrine heiratete später Prinz Heinrich VII. von Reuß, einen Diplomaten in preußischen Diensten. Die 1851 geborene Prinzessin Sophie starb bereits als achtjähriges Kind. Die jüngste Tochter, die 1854 geborene Elisabeth, heiratete dann den Herzog Johann Albrecht von Mecklenburg-Schwerin. Von allen diesen Kindern Sophies und Carl Alexanders sollte nur Marie das Ende der Monarchie im Jahr 1918 erleben.

Sodann eiferte Sophie den sozialen Aktivitäten ihrer Schwiegermutter nach und hinterließ auf diesem Feld Spuren, die noch heute sichtbar sind. Sie gründete eine höhere Mädchen- und Töchterschule, das Sophienstift, und rief eine Anstalt für Blinde und Taubstumme ins Leben. Auch das Soleheilbad im unweit gelegenen Bad Sulza ließ sie anlegen. Dem Bau eines Wohnheimes für Diakonissinnen folgte, als Krönung dieser Bemühungen, die Errichtung eines Krankenhauses, das noch jetzt nach seiner Gründerin und Sponsorin „Sophienhaus" heißt. Die Fürstin ließ es nicht bei der Gewährung beträchtlicher Geldmittel bewenden, sondern formulierte auch ethische Leitsätze für die Schwestern. Sophie sprach, als Fürstin und Christin, aus eigener Erfahrung, wenn sie die Schwestern in persönlichen Ansprachen ermahnte: „Die Herrschaft über sich selbst ist Vorbedingung für jegliche Tüchtigkeit und für ernsthafte und gewissenhafte Ausführung übernommener Pflichten."

Ihre literarischen Interessen gab die junge Frau zunächst nur im kleineren Kreis zu erkennen, der auf Schloß Ettersburg, ganz in der Nähe Weimars, eine Heimstatt erhielt. Dort, zu Füßen des breit hingelagerten Ettersberges, hatte schon Anna Amalia mit einer höfischen Rokoko-Gesellschaft ihre Sommerfeste gefeiert. Die Aufführung der *Iphigenie* mit der unvergessenen Corona Schröter und Goethe als Hauptdarstellern, arrangiert im Park des Jagdschlößchens, war in die Annalen eingegangen. Jetzt ließen hier Carl Alexander und Sophie eine poetische Eichendorff-Szenerie erstehen, bei deren Gestaltung ihnen der berühmte Fürst Pückler zur Hand ging. Alles war darauf angelegt, das Schloß hin zum Park und diesen wiederum hin zur freien Landschaft zu öffnen, wie sich auch der in Ettersburg versammelte Zirkel geistreichen Menschen öffnen sollte, ohne Ansehen ihrer Geburt und ihres Standes. Gelegentlich feierte man sogar die ländlichen Feste zusammen mit der Dorfbevölkerung, bei denen dann die Erbgroßherzogin mit dem Müllerburschen tanzte. Sie seien dem höfischen Zeremoniell in diese heitere Idylle entronnen „wie junge Schulausreißer" schrieb Sophie, nicht ohne fröhliche Genugtuung. Die Weimarer Schriftstellerin Amalie Winter, als Frau eines Geheimen Finanzrates eigentlich Frau von Groß, jedoch durch ihr Verhältnis mit einem verheirateten Engländer die Zielscheibe des Stadtklatsches, hielt fest: „Ettersburg ist ein Zauberschloß, wo es das ganze Jahr Erdbeeren gibt und gar keine Etikette."

An der hier waltenden höheren Heiterkeit fanden die letzten noch lebenden Veteranen aus dem Goethekreis Gefallen: der Kanzler von Müller und der alte, sonst zu Depressionen neigende Eckermann. Der dänische Dichter Hans Christian Andersen begann hier seine Lebensfreundschaft mit dem Erbgroßherzog Carl Alexander und gab die Märchen *Des Kaisers neue Kleider*, *Die Prinzessin auf der Erbse* sowie den *Standhaften Zinnsoldaten* zum besten, nutzte auch die Chance, die schwedische Sängerin Jenny Lind anzuschwärmen. Es kamen der jüdische Erzähler Berthold Auerbach aus dem Schwarzwald, der schwedische Schöngeist Franz von Schober, der über seinen verstorbenen Freund Franz Schubert plauderte, und immer wieder Franz Liszt. Die bekannte Schriftstellerin Fanny Lewald, die als Bürgerliche nicht an der Hoftafel im Weimarer Stadtschloß sitzen durfte, war aber in Ettersburg hochwillkommen und blieb mit Carl Alexander bis zu ihrem Tod eng verbunden. Der weitgereiste Diplomat und Literat Apollonius von Miltitz führte ein Album, das auf witzige Art die Sitzungen des Kreises dokumentieren sollte, wie einst das *Tiefurter Journal* Anna Amalias.

Das Ettersburger Landleben endete, als die „jungen Schulausreißer" von der rauhen Wirklichkeit eingeholt wurden. Am 8. Juli
1853 starb der Großherzog Carl Friedrich, sein fünfunddreißigjäh-
riger Sohn Carl Alexander trat die Nachfolge an. Daß er den offi-
ziellen Beginn seiner Regentschaft auf den 28. August, Goethes Geburtstag, festsetzte, war Programm und ist von den Zeitgenossen
auch so verstanden worden. Ottilie von Goethe, des Dichters
Schwiegertochter, schrieb dem neuen Großherzog aus Italien: „Sie
haben durch die Wahl des 28. August Ihre Regierung zu einer Regierung des Geistes erklärt." Die Schriftstellerin Fanny Lewald gra-
tulierte: „Möge der Geist Carl Augusts ... mächtig in Ihnen sein,
und möge in dem Fürsten der Mensch der alte bleiben – denn das
Wahrste ist das Menschliche, und das Beste, was der Fürst zu leisten
vermag, das leistet er mit jenem liebevollen Herzen, das in der Liebe
die Gerechtigkeit besitzt." Auch Franz Liszt verband, in einem
Brief an die Fürstin Sayn-Wittgenstein, den wichtigen Tag mit seinen Wünschen und Hoffnungen: „Das Datum des 28. August wäre
eine gute Vorbedeutung – und ich habe Vertrauen in die Ausdauer
der guten Intentionen des Fürsten." Der Huldigungsmarsch, den
Liszt dem neuen Herrscher und Hoffnungsträger dedizierte, war
als ein Signal der Ermutigung gemeint.

In politischer Hinsicht war von Anfang an so gut wie kein Spielraum vorhanden. Die Residenzstadt Weimar zählte damals knapp
13 000, das von ihr aus regierte Großherzogtum reichlich 260 000
Seelen. Ein nennenswertes Gewicht war da nicht zu mobilisieren
im Deutschen Bund, in dem die Präsidialmacht Österreich und ihr
alter Rivale Preußen um die Vorherrschaft rangen. Daß dabei, früher oder später, eine Entscheidung fallen und die Herausbildung
eines deutschen Nationalstaates, in welcher Gestalt auch immer,
unaufschiebbar werden mußte, war Carl Alexander durchaus bewußt. Er hat diesen Weg ausdrücklich bejaht, zunächst jedoch unter Einbeziehung Österreichs und auf streng konstitutionell-rechts-
staatlicher Grundlage. Darin war er sich mit seiner Schwester Augusta einig, die als Gemahlin Wilhelms I. immerhin zur Königin
von Preußen aufstieg. Im Gegensatz zu Augusta fertigte jedoch der
Schwager Wilhelm den Großherzog mit herben Zurechtweisungen
ab: „Nur soviel hier, daß es mir leid tun muß, Dich in das Horn

der demokratischen Zeitungen einstimmen zu hören." Vollends unheimlich war Carl Alexander der neue preußische Ministerpräsident Bismarck, der alle Welt wissen ließ, daß „nicht durch Reden und Majoritätsbeschlüsse" die großen Fragen der Zeit entschieden würden, „sondern durch Eisen und Blut".

Solchen Drohgebärden hatte der Schöngeist zu Weimar nichts entgegenzusetzen, sogar der propreußische Enthusiasmus der eigenen Landeskinder war gegen ihn. Carl Alexander bekam den *Furor teutonicus* zu spüren, als er, Sommer 1866, sein Land aus dem von Bismarck angezettelten preußisch-österreichischen Krieg herauszuhalten suchte und sein bescheidenes Truppenkontingent auf neutralem Gebiet in Sicherheit bringen wollte. Aber der Landtag forderte, mit einer einzigen Gegenstimme, die Beteiligung Weimars am Krieg gegen Österreich und wenig später den Beitritt zu dem von Preußen beherrschten Norddeutschen Bund. „Ich mußte die Entscheidung treffen, das preußische Bündnis anzuerkennen – daß Gott uns zu Hilfe kommen wolle – mein Herz war bedrückt", vertraute der melancholische Goethe-Jünger, unmittelbar vor der Schlacht bei Königgrätz, in französischer Sprache seinem Tagebuch an.

Was blieb ihm anderes übrig, als sich dem allgemeinen Sog zu überlassen? Die deutsche Einigung unter preußischer Führerschaft hat er zuletzt ehrlich gebilligt, weil keine realistische Alternative zu ihr mehr bestand. Am Deutsch-Französischen Krieg nahm er teil, ohne Begeisterung und rechte Überzeugung, hinter seinem Rücken von forschen Generalstabsoffizieren als „König von Thüringen" verhöhnt. Auch im Spiegelsaal von Versailles, am 18. Januar 1871, war der Fürst nur eine dekorative Staffagefigur, während sein Schwager Wilhelm von Bismarck zum Deutschen Kaiser proklamiert wurde.

Daß damit Sachsen-Weimar-Eisenach aufging im neuen Reich und den letzten Rest seiner politischen Eigenständigkeit verlor, war für Carl Alexander leicht zu ertragen. Politik und Militär waren ihm schon immer Bürden gewesen, so daß er ihren Verlust geradezu als Gewinn registrierte. Der Staat hatte in erster Linie dem kulturellen Leben und der Bewahrung geistiger Werte zu dienen! Das klassische Bildungsideal, seit jeher die *Conditio sine qua non* von Carl Alexanders monarchischem Selbstverständnis, sah er auch durch die neuesten Ereignisse nicht außer Kraft gesetzt. Das heißt nicht, daß er gegenüber den Konflikten, die jetzt aufbrachen, blind gewesen wäre. Den von Bismarck angefachten Kulturkampf gegen die katholische Kirche hielt er für unvereinbar mit den Geboten weimarischer Toleranz, auch das Rumoren der Sozialdemokraten störte sein Harmoniebedürfnis. Aber sogar diesen Wortführern des Umsturzes suchte er noch Gerechtigkeit widerfahren zu lassen: „Das Unglück ist, daß etwas Wahres in den sozialistischen Lehren liegt." Sonst begnügte sich der Fürst fortan mit der Rolle, die Bismarcks Dramaturgie überhaupt nicht vorgesehen hatte. Er war und blieb Erbe, Hüter und Bewahrer einer großen Tradition, auch wenn ihn die Anbeter der Macht draußen im Reich für eine anachronistische Figur hielten.

Weimars „Silbernes Zeitalter" sollte an das „Goldene" anknüpfen, ja es erhielt erst dadurch seine Legitimation, wenn es das „Goldene" jedermann sichtbar in Erinnerung rief. Die Protagonisten der „Goldenen" Zeit sollten den Nachgeborenen nähergebracht, auch als Gestalten nähergerückt werden, freilich idealisiert und allen irdischen Gebrechlichkeiten enthoben. Von hier kam der Impuls zu Carl Alexanders Wunsch, die Stadt Weimar mit den Monumenten ihrer Altmeister zu versehen. Es war ein Anliegen, das er schon lange vor der Reichsgründung verfolgt, mit dessen Verwirklichung er sogar noch vor dem Beginn seiner Regentschaft begonnen hatte. Das erste dieser Standbilder war 1850 das von Ludwig Schaller entworfene Herder-Denkmal vor der Stadtkirche gewesen, gestiftet „von Deutschen aller Lande", wie es auf dem Sockel heißt. Die weiteren Denkmäler sind dann unter der Ägide Carl Alexanders zustande gekommen.

Bei einem Italien-Besuch kaufte das Großherzogspaar eine Skulptur, die der Bildhauer Karl Steinhäuser nach einem Entwurf Bettine von Arnims gefertigt hatte. Das Werk zeigt Goethe als majestätisch thronenden Olympier, an dessen Knie sich Bettine als geflügelte Psyche schmiegt – so wie sie selber gelegentlich zu Füßen großer Männer gesessen hatte. Steinhäusers Ausführung entlockte Bettine allerdings einen Entsetzensschrei, da die fertige Plastik weit hinter ihrer inneren Vision zurückgeblieben war: „Das *meine* Psyche? ... Solch ein Monstrum und solch einen Knirps soll ich erdacht haben?" Das „Monstrum" wurde gleichwohl an die Ilm verfrachtet, zunächst auf dem Schiff bis Magdeburg, dann, gezogen von sechs Ochsen, auf hölzernen Schienen bis zum Weimarer Tempelherrenhaus. Später fand es einen Platz im Treppenhaus des von Carl Alexander begründeten Großherzoglichen Museums.

Ein regelrechtes Fest der Denkmalseinweihungen boten die Septembertage des Jahres 1857, zum hundertsten Geburtstag von Carl Alexanders Großvater. Die Einheit von Fürstenhaus, Musenhof und Volk wurde geräuschvoll beschworen, unter der Beteiligung von Wallfahrern aus ganz Deutschland. Am Fürstenplatz legte man den Grundstein für das Reiterstandbild Carl Augusts, das jedoch, geschaffen von dem Weimarer Bildhauer Adolf Donndorf, erst achtzehn Jahre später enthüllt werden konnte. Am nächsten Tag wurde Hans Gassers bronzenes Wieland-Denkmal auf dem Platz vor dem Frauentor eingeweiht, der seither Wielandplatz heißt. Diese Zeremonie war nur das Vorspiel für die glanzvolle Hauptaktion, die noch am gleichen Tag, dem 4. September 1857, stattfand: die Enthüllung des Goethe- und Schiller-Denkmals auf dem Platz vor dem Theater.

Es war die Idee Carl Alexanders, das „Dioskurenpaar" Schulter an Schulter auf hohem Sockel darstellen zu lassen. Die Ausführung ging von dem Bildhauer Rauch auf dessen Dresdner Schüler Ernst Rietschel über, der bereits mit seinem Entwurf die volle Zustimmung des Großherzogs fand: „Rietschel hat die Aufgabe besonderer Art, den Charakter der Persönlichkeiten, der Zeit, in der sie wirkten, des Verhältnisses des einen zum andern tief und scharf aufgefaßt und in schönster Form eloquent ausgedrückt." So wurde das Monument fertig, nach langem Streit, der sich bis auf die Gewänder der beiden Dichter erstreckte. Diese Zwistigkeiten waren vergessen, als auf dem Theaterplatz, umrauscht von Fahnen und Festklängen, eine jubelnde Menschenmenge die Hüllen von dem Doppelstandbild fallen sah. Der Großherzog ließ Rietschel auf die fürstliche Tribüne rufen, umarmte den Künstler und heftete ihm das Komturkreuz des Falkenordens auf die Brust. Seither beherrscht das Monument, das vielleicht bekannteste deutsche Denkmal überhaupt, nicht nur den Platz vor dem Theater. Hervorgegangen aus dem Geist einer auf Heldenverehrung gestimmten Epoche, prägte es, über Generationen hinweg, das Bild der Nachwelt vom Dichterpaar der deutschen Klassik. Damals lebte noch Goethes Schwiegertochter Ottilie, zu der Carl Alexander ebenso Verbindung hielt wie zu den Enkeln Walther und Wolfgang. Ottilie verbrachte erst ihre letzten Lebensjahre wieder in der Mansarde des Hauses am Frauenplan, häufig besucht vom Großherzog, der das Gespräch mit der Greisin zu schätzen wußte. Sonst war das Haus für die Außenwelt nahezu unzugänglich geworden, fest verbarrikadiert von den hypochondrischen Enkeln, die unter der Last ihres Namens litten und sich ihm durch das quälende Bewußtsein der eigenen Unzulänglichkeit nicht gewachsen fühlten. Der Fürst hat immer wieder versucht, die beiden alternden Sonderlinge in sein Vertrauen zu ziehen, besonders Walther, den früheren Spielgefährten, stieß jedoch meistens auf ängstliche Abwehr. Aber er wußte, daß da noch eine Jahrhundertaufgabe auf ihn wartete, denn in dem zugesperrten Haus lagerte, von den kinderlosen Enkeln argwöhnisch bewacht, ein ungehobener Schatz: Goethes Nachlaß.

Inzwischen vermehrten auch andere Gestalten der Weltliteratur den Glanz von Weimars „Silbernem Zeitalter". William Shakespeare, von Goethe einst als „Stern der schönsten Höhe" gefeiert, wurde durch den Theaterdirektor Dingelstedt systematisch gepflegt, der auf seiner Bühne alle sieben Königsdramen innerhalb von zehn Tagen aufführte. Es geschah im April 1864, anläßlich von Shakespeares dreihundertstem Geburtstag, wenige Tage vor Gründung der Deutschen Shakespeare-Gesellschaft, die noch heute, als älteste literarische Vereinigung Deutschlands, besteht. Die Großherzogin Sophie übernahm das Protektorat und spendete sogleich 500 Taler für die Etablierung einer Shakespeare-Bibliothek. Das Monument des Dichters im Park an der Ilm, geschaffen von dem Berliner Bildhauer Otto Lessing, wurde erst 1904 enthüllt, drei Jahre nach dem Tod Carl Alexanders, und ist noch immer das einzige Shakespeare-Denkmal auf dem europäischen Kontinent.

Nicht alle Aktivitäten glückten, etwa die durch den Großherzog lange erwogene Neubelebung der „Fruchtbringenden Gesellschaft", nach ihrem Wahrzeichen auch „Palmenorden" genannt. Die Sozietät sollte einen Bogen über die Klassik zurück zu Weimars barocken Traditionen schlagen, jedoch die kulturelle Ausstrahlung der Stadt in der Gegenwart unterstützen. Das Projekt blieb unverwirklicht, wie manche andere Pläne Carl Alexanders. Aber er wird gern gelesen haben, was ihm der Theaterintendant Dingelstedt zu dieser Idee schrieb: „Die Oasen sind es, wo die Palmen gedeihen, nicht die Wüste oder die Heerstraße oder der Marktplatz." Der Schreiber dieser Zeilen, von 1857 bis 1867 Intendant des Weimarer Hoftheaters, wußte mit solchen pointierten Sentenzen den Großherzog geschickt für sich einzunehmen. Franz Dingelstedt war ein brillanter Kopf und witziger Causeur, ein phantasiereicher Magier des Theaters und exzellenter Literaturkenner, freilich auch ein Intrigant und Selbstinszenator. Als Verfasser der *Lieder eines kosmopolitischen Nachtwächters* hatte er einst, lange vor 1848, ins Horn der Opposition gestoßen; mittlerweile war er ein gewandter Virtuose im Umgang mit Fürsten geworden. Früher hatte er in seinem Gedicht *Osternacht in Weimar* gespöttelt:

Mich lüstet's nicht, in jener Stadt zu weilen;
Sie mahnt mich selber wie ein Sarkophag!

Jetzt verhalf er dem „Sarkophag", etwa mit der ersten Weimarer Aufführung von Offenbachs *Orpheus in der Unterwelt*, zu ganz ungewöhnlicher Fidelität. Dingelstedt gab dem Theater, was des Theaters ist, und spielte auch Vaudevilles, Possen und modische Rührstücke, wenn sie der Kasse frommten. Mit seinen Klassiker-Zyklen schrieb er Theatergeschichte, stets bedacht auf die Begeisterung aller Mitwirkenden und des Publikums, auf farbige Dekorationen und Kostüme in der prunkenden Art zeitgenössischer Historienmalerei sowie auf hinreißend arrangierte Massenszenen. Auch die Stücke der Weimarer Klassiker wurden in einer bisher nie erreichten Geschlossenheit gespielt, etwa der *Wallenstein* an einem einzigen Tag, am 11. November 1863, zur Nachfeier von Schillers Geburtstag. Vormittags 11 Uhr begann das *Lager*, nachmittags 2 Uhr *Die Piccolomini* und abends 6 Uhr *Wallensteins Tod*.
Die Kehrseite solcher Großtaten war, daß der Egozentriker Dingelstedt alle diejenigen auszumanövrieren trachtete, die außer ihm noch Ansprüche auf die Unterstützung durch den Großherzog er-

hoben. Sein prominentestes Opfer wurde Liszt, der doch wie kein anderer die Berufung Dingelstedts nach Weimar befürwortet hatte. Der gewiefte Regisseur schreckte dann vor der Inszenierung eines handfesten Skandals im eigenen Theater nicht zurück, um den Konkurrenten Liszt auszuschalten. Auch mit Carl Alexander trieb er zuletzt ein doppeltes Spiel. Während er mit dem Fürsten noch künstlerische Zukunftspläne schmiedete, traf er hinter dessen Rücken alle Vorkehrungen für seinen Weggang nach Wien. Dort waren Dingelstedt, erst an der Oper und später am Burgtheater, noch vierzehn triumphale Jahre beschieden.

Dingelstedt war eine Schlüsselfigur in Carl Alexanders Plan, den Dichter Friedrich Hebbel nach Weimar zu berufen, aber der Theaterdirektor hat auch diesen Plan hintertrieben. Der Großherzog war von Hebbels Persönlichkeit und Werk sehr beeindruckt: es stecke „etwas von Michelangelo in diesem Menschen", notierte er im Tagebuch. Mehrfach kam der Dichter von Wien nach Weimar, verkehrte bei Liszt in der Altenburg und wurde von der Großherzogin Sophie auf Schloß Wilhelmsthal bei Eisenach eingeladen. Um die Mitwirkung von Hebbels Frau, der Wiener Burgschauspielerin Christine Enghaus, bei der Weimarer Uraufführung seiner *Nibelungen* zu ermöglichen, wandte sich Carl Alexander sogar an den Kaiser Franz Joseph. Die Premiere aller drei Teile der Tragödie am 16. und 18. Mai 1861, mit Christine Enghaus-Hebbel als Brunhild und Kriemhild, wurde zum größten Erfolg, der dem Dichter während seines Lebens auf einer Bühne beschieden war.

Dingelstedt hatte das düstere Werk kongenial aus der Taufe gehoben, aber dann begann er seine Fallstricke auszulegen. Was nutzte es Hebbel, daß ihn Carl Alexander ins Römische Haus zum Diner lud? Der eifersüchtige Theaterintendant saß mit an der Tafel, glänzte mit witzigen Apercus und mobilisierte ansonsten bereits „seinen Clan" gegen den Wiener Gast, in dem er einen Nebenbuhler witterte. Es war die Großherzogin Sophie, die Hebbel, bei einem zufälligen Treffen in Berlin, vor Dingelstedt ausdrücklich warnte, den sie geradezu *„un caractère abominable"*, einen abscheulichen Charakter, nannte. Der Fürst jedoch bemerkte die von Neid und Mißtrauen vergiftete Situation überhaupt nicht, die er durch ein Machtwort hätte bereinigen können. Der irritierte Dichter schrieb an seine Frau: „Der Ghz. hat, wie ich mich in einem halbstündigen Gespräch überzeugte, keine Ahnung von der wirklichen Lage der Sache, er brennt auf unsere Übersiedlung und ist zu jeder Unterstützung bereit, aber gegen Natternbisse und Nadelstiche kann er niemand schützen." Hebbel blieb in Wien und starb dort, erst fünfzigjährig, im Dezember 1863. Der Tod hinderte ihn an der Vollendung seiner Tragödie *Demetrius*, von der vermutet worden ist, daß Carl Alexander zu ihren Anregern gehörte. Nun teilte sie das Schicksal von Schillers *Demetrius* und blieb ebenfalls ein Torso.

Dingelstedts bedeutendstes und für Weimar schmerzlichstes Opfer war freilich Liszt, der gleich nach dem Fiasko des *Barbier von Bagdad* ergrimmt an den Generalintendanten schrieb: „Nach dem, was sich heute abend zugetragen, setze ich keinen Fuß mehr in Deine Bude." Dabei blieb es, und nur wenig hätte gefehlt, daß auch das Verhältnis des Meisters zu Carl Alexander unter dem Zwischenfall litt. Liszt jedenfalls war entschlossen, den Weimarer Lebens- und Schaffensabschnitt als beendet zu betrachten, dem er gleichwohl eine reiche kompositorische Ernte verdankte. Die sinfonischen Dichtungen, darunter *Tasso* und *Les Préludes*, die *Faust*- und die *Dante*-Sinfonie, die beiden Klavierkonzerte, die *Ungarischen Rhapsodien*, die *Graner Messe* sowie Teile der späten Oratorien waren hier entstanden, ganz abgesehen von Liszts Einsatz für die zeitgenössische Musik, besonders für Richard Wagner. Diese Weimarer Aktivitäten wurden, August 1861, noch gekrönt durch die Tonkünstlerversammlung und die Gründung des Allgemeinen Deutschen Musikvereins, dessen Protektorat der Großherzog übernahm. Dann, nach einem letzten Gespräch mit Carl Alexander, reiste Liszt ab, wie es schien für immer: „Ich weiß ihm allen Dank für seine Liebenswürdigkeit und Wohlgeneigtheit, muß aber fort."

Vor ihm lagen unstete Wanderjahre, in denen sich die Bindung an die Fürstin Sayn-Wittgenstein als bürgerlich nicht vollziehbar erwies. Liszt nahm die niederen katholischen Weihen und blieb auch als Abbé im ständigen Kontakt mit Carl Alexander; der alles tat, um den Künstler zur Rückkehr nach Weimar zu bewegen. Er war es schließlich, der die glanzvolle Aufführung des Oratoriums *Die Legende von der heiligen Elisabeth* mit Liszt am Dirigentenpult ermöglichte. Sie fand am 28. August 1867, Goethes Geburtstag,

auf der Wartburg statt, vor einem aus ganz Europa zusammenge-
kommenen Publikum. Erst nach Dingelstedts Abschied verbrachte
Liszt jährlich wieder einige Wochen an der Ilm, nunmehr in der
alten Hofgärtnerei wohnend, arbeitend und unterrichtend.

Dort, am Eingang zum Park an der Straße hinaus nach Belvedere,
schuf ihm Carl Alexander ein gemütliches Domizil, wo die Promi-
nenten aus vielen Ländern dem Hausherrn ihre Aufwartung machten: die polnisch-russische Chopin-Schülerin und Wagner-Vereh-
rerin Marie Muchanow, der ungarische Geiger Eduard Reményi,
der russische Pianist Anton Rubinstein, die französische Primadonna Pauline Viardot sowie, in derem Gefolge, der russische Schriftsteller Iwan Turgenjew, der eine seiner Novellen in französischer
Übersetzung vorlas. Es war eine bunte Gesellschaft, polyglott,
amüsant, mit einem leichten Hautgout von Boheme, obwohl auch
die Träger alter Namen und jüdische Bankiers dem Spiel des Abbés
Liszt lauschten. Er starb am 31. Juli 1886 in Bayreuth, während der
Festspiele. Seine Erbin, die Tochter der Carolyne Sayn-Wittgenstein, vermachte den musikalischen Nachlaß dem Weimarer Fürstenhaus und rief, zur Förderung junger Musiker, die Liszt-Stiftung
ins Leben. Seine letzte Wohnung in der Hofgärtnerei wurde Museum; unweit von dort, im Park, erhielt sein marmornes Standbild
seinen Platz. Die Gesamtausgabe von Liszts Kompositionen erschien ab 1907, verbunden mit dem Namen des Großherzogs Carl
Alexander. Schließlich ging aus der Orchesterschule, die einst mit
Unterstützung des Meisters gegründet worden war, die „Hoch-
schule für Musik Franz Liszt" hervor.

Auch für Richard Wagner, Liszts Freund und späteren Schwiegersohn, hat sich der Mäzen Carl Alexander engagiert. Nach der denkwürdigen Uraufführung des *Lohengrin* hatte er, damals noch Erbprinz, seinem Tagebuch anvertraut: „Ich hätte weinen können ...
Diese Akkorde gehören zu mir!!!" Seinen albertinischen Verwandten, den König Johann von Sachsen, suchte er zur Amnestie des
steckbrieflich verfolgten Umstürzlers zu bewegen, aber aus Dresden kam nur eine schroffe Zurechtweisung: „Ob übrigens unter
den obgedachten Verhältnissen Ew. Königl. Hoheit es der Würde
Ihres eignen Hofs und dem Verhältnis zu einem befreundeten Hof
für entsprechend halten dürfte, einen Mann wie Wagner an

ersterem auftreten zu lassen, muß ich billig Ihrem eignen Gefühl anheimstellen." Daß der Großherzog von Sachsen-Weimar-Eisenach an seinem vierzigsten Geburtstag, dem 24. Juni 1858, offenbar nichts Besseres vorhatte, als sich mit dem politischen Flüchtling Wagner heimlich in Luzern zu treffen, hätte man in Dresden nicht erfahren dürfen.

Wagners und Liszts kühner Gedanke, das Theater für den *Ring des Nibelungen* in Weimar erstehen zu lassen, hat auch Carl Alexander zeitweilig begeistert. Aber die Vision scheiterte allein schon am fehlenden Geld, denn der Fürst wäre nie in der Lage gewesen, auf der einen Seite der Ilm Dingelstedts Musentempel und auf der anderen Wagners Festspielhaus zu subventionieren. Außerdem wollte dem Goethe-Jünger auf die Dauer ein Theater nicht gefallen, das nur dem Werk eines einzigen Künstlers vorbehalten bleiben sollte.

Zu den ersten Bayreuther Festspielen im August 1876, die den vollständigen *Ring* boten, ist der Großherzog dann doch gepilgert. Er war tief berührt von den Werken, die er hörte und sah, aber ziemlich befremdet vom Publikum. „Diese leidenschaftlichen Wagnerianerinnen waren wie dampfende Körper in einem Topf über dem Feuer. Und andere Personen sind noch erregter", schrieb er, nicht ohne Ironie, an die Großherzogin Sophie. Der Fürst, der droben auf dem Grünen Hügel das Spiel vom Werden und Vergehen einer ganzen Welt erlebte, bemerkte mit einer gewissen Heiterkeit, daß auch unten, in den Niederungen der Gegenwart, die für endgültig gehaltenen Richtersprüche der Geschichte außer Kraft gesetzt wurden. Im Haus „Wahnfried" sah er, wie die Frau des preußischen Hausministers „den Arm des Architekten Semper, des Erbauers der Barrikaden von Dresden 1848, unter den ihren schob, um ihn zum Souper zu führen". Dort sei auch Graf Gyula Andrássy hofiert und umschwärmt worden, einst als ungarischer Revolutionär vom Kaiser Franz Joseph zum Tode verurteilt, jetzt aber dessen Außenminister ...

Daheim, auf dem Hoftheater zu Weimar, wurde ebenfalls eine konsequente Wagner-Pflege betrieben, die der Großherzog eifrig förderte. Schon 1874, neun Jahre nach der Münchner Uraufführung, hatte Weimar den *Tristan* gespielt, als erstes Theater überhaupt nach München. Achtzehn Jahre später gab es wieder einen

Weimarer *Tristan*, den ersten ganz ohne Striche, was dem jungen Hofkapellmeister Richard Strauss zu danken war. Seine Braut, die temperamentvolle Pauline de Ahna, sang die Isolde. „Der Großherzog war kolossal entzückt", schrieb Strauss hocherfreut an seine Eltern. Mit einer harmlos anmutenden Nachmittagsvorstellung, einen Tag vor dem Heiligen Abend 1893, begann der Siegeszug von Humperdincks Märchenoper *Hänsel und Gretel*, ebenfalls unter Straussens Leitung und mit seiner Braut in der Partie des Hänsel. Der fünfundsiebzigjährige Carl Alexander wohnte der Aufführung bei und ließ sich mitsamt seinen Enkeln von der volkstümlich-spätromantischen Poesie dieser Partitur verzaubern. Strauss konfrontierte den alten Großherzog auch mit seiner sinfonischen Dichtung *Don Juan* sowie seinem Opern-Erstling *Guntram* und komponierte, zur goldenen Hochzeit Sophies und Carl Alexanders, eine Festmusik, der er allerdings keine Opuszahl angedeihen ließ.

Im Schauspiel behaupteten natürlich die Weimarer Klassiker ihren zentralen Platz, auch Grillparzer, Hebbel und neuerdings Kleist wurden oft gegeben. Gegen Ende des Jahrhunderts gelangten auch die realistischen Volksstücke Anzengrubers, die ersten naturalistischen Dramen Gerhart Hauptmanns und die gesellschaftskritischen Meisterwerke Ibsens auf den Spielplan. Daß Carl Alexander nach wie vor das Theater als seine ganz persönliche Domäne betrachtete, sollten die zwei malerischen Schildwachen am Portal signalisieren, wenn er die Vorstellung besuchte. Dort sah sie noch der junge Edwin Redslob, ein geborener Weimarer, in ehrwürdiger Nachbarschaft ihren Dienst verrichten: „Abends aber flankierten zwei als Posten den Eingang zum Hoftheater, so daß man zuerst an dem Denkmal Goethes und Schillers, dann an den beiden Kammerhusaren vorbei in das Haus ging. Von dem Sitzplatz hieß es, er koste dem Besucher einen Taler, die übrigen neun Mark zahle der Großherzog."

Solche Freigebigkeit für die Kunst kam einheimischen Bürgern, auswärtigen Gästen und nicht zuletzt dem Theater selbst zugute. Die Nachwelt, die drakonische Sparzwänge auf kulturellem Gebiet hinnehmen muß, wird ihr die Hochachtung kaum versagen. Gleichwohl waren diese Taten in gewisser Weise vergänglich, wie es nun einmal in der Natur des Theaters liegt: sie waren vorbei, wenn der

Vorhang fiel und die Gaslampen verlöschten, und schwangen allenfalls als leuchtende Erinnerungen bei Augen- und Ohrenzeugen nach. Eine andere Unternehmung des Mäzens Carl Alexander war jedoch auf Dauer angelegt und kann noch heute in Augenschein genommen werden, trotz mancher seither vorgenommenen Korrektur. Das war der Wiederaufbau der Wartburg bei Eisenach.

Im späten 18. Jahrhundert ist die Wartburg, wenn man Goethe glauben darf, nur noch ein „nüchterner öder Kasten mit einem ungeheuren Dach und kleinen Fenstern" gewesen, „in dessen Innern eine unbeschreibliche Unbehaglichkeit" herrschte. Seit 1741 war sie im Besitz der Herzöge von Weimar, die zunächst wenig taten, um das bröckelnde Gemäuer zu stabilisieren. Immerhin war sie unvergessen als Ort des sagenhaften Sängerkrieges, als Mirakelstätte der Heiligen Elisabeth und als das Refugium, in dem Luther das Neue Testament übersetzt hatte. Anno 1817 hatten patriotisch gestimmte Studenten die Burg lautstark ins Bewußtsein der Zeitgenossen zurückgeholt und sie zum Forum aktueller politischer Forderungen gemacht. Über zwei Jahrzehnte später führte die Großherzogin Maria Pawlowna ihren Sohn, den zwanzigjährigen Carl Alexander, durch den unwirtlichen Bau und sagte im großen Festsaal zu ihm: „Du solltest einmal daran denken, dies wieder herzustellen."

Die Anregung der Mutter, die der Sohn ohnehin für unfehlbar hielt, verband sich in seinem empfänglichen Sinn mit dem romantischen Geist der Zeit, der vielerorts auf die Wiederbelebung nationaler Altertümer drängte. Deutsche Volkslieder, deutsche Volksmärchen, deutsche Geschichtsquellen, deutsche Dome wurden entdeckt – nicht in erster Linie um der Vergangenheit, sondern um der Gegenwart und Zukunft willen. Auch Carl Alexander hat die Rettung und neue Inbesitznahme der Wartburg nicht vorrangig als museal-konservatorische Aufgabe verstanden, obwohl man sie heute als einen Markstein der Denkmalspflege bewertet. Wichtiger war ihm, daß hier ein nationales Pantheon entstehen sollte im Herzen des noch immer uneinigen Vaterlandes. Er war Kosmopolit genug, darüber nicht in engstirnige Deutschtümelei zu verfallen. Der Fürst hatte hier eine Mission gefunden, die im Einklang mit dem Zeitgeist stand – wohl ein Hauptgrund für den Erfolg, der ihm schließlich beschieden war. Außerdem winkte da eine Aufgabe, die seinem Streben nach Frieden zwischen den christlichen Konfessionen entsprach, denn sowohl die Heilige Elisabeth als auch Martin Luther waren Schlüsselgestalten der Wartburg-Geschichte.

Das Projekt, noch 1838, im Jahr von Carl Alexanders erstem Wartburg-Besuch, in Angriff genommen, wurde über Jahrzehnte hinweg gegen eine Vielzahl von Widerständen verwirklicht. Besonders am leidigen Geldmangel wäre es mehrfach gescheitert, wenn nicht Maria Pawlowna und später Sophie mit ihrem Privatvermögen ausgeholfen hätten. Der Großherzog brütete über alten Plänen, neuen Entwürfen und unerquicklichen Kostenvoranschlägen. Er suchte sich Verbündete, fand sie in dem Burghauptmann Bernhard von Arnswald und in dem Gießener Architekten Hugo von Ritgen. Er legte sogar selbst mit Hand an und entfernte die Tünche in der Burgkapelle, unter der ein Bild sichtbar wurde. Er kaufte im In- und Ausland sakrale und profane Antiquitäten für die Wartburg-Sammlungen. Die Großherzogin Sophie erwarb in Nürnberg das Stübchen des Humanisten Willibald Pirckheimer.

1854 und 1855 malte Moritz von Schwind seine Fresken: Stationen aus der Thüringer Landgrafengeschichte und dem Leben der Heiligen Elisabeth sowie den legendären Sängerkrieg. Diese Stoffkreise hatte erst zehn Jahre zuvor Richard Wagner in seinem *Tannhäuser* miteinander verbunden, dessen Musik für den Schubertianer Schwind allerdings nur auf „höheren Blödsinn" hinauslief. Aber auch Schwinds Wartburg-Fresken, durch die ein letzter Abglanz romantisch-nazarenischer Kunstgesinnung weht, besitzen einen festlich-feierlichen, beinahe opernhaften Charakter. Meisterhaft sind sie eingefügt in die Architektur des Ortes und korrespondieren mit landschaftlichen Nah- und Fernblicken.

Im September 1857, einen Tag nach der Enthüllung des Weimarer Goethe- und Schiller-Denkmals, lud der Großherzog 250 Ehrengäste auf die Wartburg ein, um sie erstmalig einem erwartungsvollen Publikum zu präsentieren. Wiederum zehn Jahre später, am 28. August 1867, dirigierte Franz Liszt seine *Legende von der heiligen Elisabeth*, anläßlich der 800-Jahrfeier der Burg. Vor der Aufführung, beim Bankett im Landgrafenzimmer, erinnerte Carl Alexander an die Werte, ohne die ein Bau wie die Wartburg undenkbar sei: Glaubenstreue, Opferbereitschaft, Pflege für Kunst und Wissenschaft.

Diese Grundsätze bezeichneten „den Weg der Toleranz, der Teilnahme an dem öffentlichen Wohl, des fördernden Schutzes wahrer Bildung als denjenigen, welcher ein Segen bleiben möge für Gegenwart und Zukunft". Als die letzten Takte von Liszts Oratorium, die das Osterwunder preisen, verklungen waren, traten die Gäste den Rückweg nach Eisenach an. Über ihren Köpfen leuchtete die illuminierte Burg mit dem schimmernden Kreuz in der Dunkelheit.

Solche Veranstaltungen zeigten, daß der Großherzog die erneuerte Wartburg als ein Gesamtkunstwerk verstand, an dem nicht nur die Musik, sondern auch die Literatur beteiligt werden sollte. Den Dichter Viktor von Scheffel ernannte er zum Wartburg-Bibliothekar und suchte ihn, nach dem Vorbild des vielgelesenen *Ekkehard*, zu einem Wartburg-Roman zu bewegen, der jedoch in Entwürfen steckenblieb. Auch sollte die Burg ein Ort der Begegnung, Kommunikation und öffentlichen Kunstpflege sein, wie sie überhaupt bald für jedermann zugänglich wurde. Das unterschied sie fundamental von dem fast gleichzeitig entstandenen Feenreich des Bayernkönigs Ludwig II., dessen Bauten der introvertierten Feier seiner einsamen Majestät vorbehalten bleiben sollten. Ludwig hat tatsächlich einmal einen ganzen Tag völlig allein auf der Wartburg verbracht und dafür dem Großherzog herzlich gedankt. Später kam es zu einer Entfremdung zwischen den beiden Monarchen, deren Charaktere und Temperamente viel zu unterschiedlich waren, als daß sie einander hätten Freunde sein können. Dem tragischen Ende Ludwigs im Starnberger See wollte Carl Alexander aber doch „eine gewisse Größe" zuerkennen.

Carl Alexanders Wartburg-Erneuerung war ein Glücksfall, wie er ihm bei seinen vielfältigen mäzenatischen Bemühungen nicht immer vergönnt gewesen ist. Manche Pläne konnte er nie verwirklichen, anderen blieb der Erfolg versagt. Mit einem Vorhaben, an dem er besonders hing, sollte es ihm merkwürdig ergehen – fast wie jenem Rabbi, der einen Golem schuf und dann von seinem Geschöpf überwältigt wurde. Es war die Einrichtung einer Kunstschule, deren Statuten der Großherzog am 1. Oktober 1860 unterschrieb.

Den Kunst-Enthusiasten Carl Alexander, aus dem später ein wahrhafter Kenner wurde, hatte einst noch der gelehrte Johann Heinrich Meyer, Goethes „Kunscht-Meyer", in die Ästhetik ein-

geführt. Winckelmanns Stilideal der „edlen Einfalt und stillen Größe" war ihm vermittelt worden, die Vorstellung von einer ganz auf
Linienschönheit, Harmonie und Idealität gerichteten Kunst. Im
Grund ist der Fürst später über diese Norm nie hinausgekommen,
was verwundern mag bei einem Menschen, der doch die Nerven
für die Chromatik der *Tristan*-Partitur besaß. Er ließ sich höchstens
noch von den mythologischen Bildfolgen des älteren Friedrich Preller und vom opernhaften Gepränge der Münchner Historienmaler
beeindrucken, was aber auch nur bewies, daß der Liebhaber der bildenden Künste konservativer war als der Schirmherr der Tonkunst.

Die Kunstschule, die als Weimarer Malerschule Epoche machen
sollte, ist vom Großherzog nicht gegängelt worden, obwohl sie bald
eine Richtung nahm, die weit von seinen Intentionen abwich. Sta-
nislaus Graf von Kalckreuth, der erste Direktor der Schule, und sein
Sohn Leopold, sodann Theodor Hagen, Albert Heinrich Brendel,
Ludwig von Gleichen-Rußwurm, der junge Christian Rohlfs haben
dem Impressionismus in der deutschen Malerei zum Durchbruch
verholfen. Sie ließen Licht und Luft der freien Landschaft in ihre
Bilder strömen, sie öffneten die Kunst dem unverklärten Alltag der
kleinen Leute. Sie stellten Weichen für die Zukunft und kümmerten
sich um die nächste Maler-Generation. So ist Max Liebermann aus
der Schule hervorgegangen. Von 1880 an kam die „Permanente Ausstellung für Kunst und Gewerbe" hinzu, die den Verkauf von Bildern an Sammler ermöglichte und auch für die soziale Unterstützung der Künstler wichtig wurde. Durch diese Einrichtung wurden,
erstmalig auf deutschem Boden überhaupt, die Bilder französischer
Impressionisten zugänglich gemacht. Insofern war die Malerschule
eine der erfolgreichsten und für die deutsche Kunst ersprießlichsten
Gründungen Carl Alexanders, unter der er freilich auch seufzte, wie
ein Vater unter seinem unbotmäßigen Sohn.

Daß er bei den zahllosen Atelierbesuchen, die er den Künstlern
abstattete, oft „Salatmalerei" zu sehen bekam, Erhabenes und Idea-
lisches jedoch so gut wie nie, war für ihn eine anhaltende Quelle
von Enttäuschungen und Bekümmernissen. Auch die Maler selbst,
nicht nur ihre Produktion, haben ihn irritiert, wie er schon 1862
mit einer Art von zähneknirschendem Humor schrieb: „Künstler
sind eine Menge hierher gezogen, die ihre Tätigkeit schon doku-

mentieren, denn sie malen Bilder, rasieren sich nicht und hassen sich untereinander." Das Vermitteln zwischen diesen Individualisten war nicht Carl Alexanders starke Seite. Er suchte Harmonie um jeden Preis zu stiften, ging aber den Konflikten aus dem Weg, was ihm und dem Klima in der Akademie schlecht bekam. Auf unbequeme Vordenker brauchte der Fürst keine Rücksicht zu nehmen, als er sich von dem bedeutenden tschechischen Architekten Josef Zítek ein Museum im opulenten Stil der italienischen Neorenaissance projektieren ließ. Das Großherzogliche Museum, heute Neues Museum, wurde 1869 eröffnet und nahm im Treppenhaus das Goethe-Monument auf, das Bettine von Arnim entworfen, dann aber scheußlich gefunden hatte. Ein ganzer Saal war dem Odysseus-Zyklus des älteren Friedrich Preller vorbehalten. Im Großherzoglichen Museum konnte man erstmalig wesentliche Teile der Sammlungen besichtigen, die Weimars Herrscher in Jahrhunderten zusammengetragen hatten.

Kunst- und Denkmalspflege, Förderung von Musik, Literatur und Theater machten das weite Feld aus, dem Carl Alexanders Ambitionen gehörten, weil es seinen persönlichen Neigungen und seinem Verantwortungsbewußtsein für die Traditionen der Dynastie entsprach. Zu diesen Traditionen gehörte jedoch auch die Fürsorge für die Universität Jena, die einst sein Vorfahre Johann Friedrich der Großmütige, der Verlierer der Geschichte, gegründet hatte. Liberalität und Großzügigkeit, seit den Tagen Anna Amalias und Carl Augusts Fundamente für das Gedeihen der *Alma mater*, haben auch die Bemühungen des Universitäts-Protektors Carl Alexander bestimmt. Er kümmerte sich um die Bibliothek, die Sammlungen und Laboratorien, saß in Chemie-Kollegs und historischen Seminaren, achtete auf die Berufung liberaler Professoren, vor allem bei den Theologen. „Ich hasse die Intoleranz, die der Protestanten ist die ärgste von allen", schrieb der Protestant Carl Alexander, auf der Höhe des Kulturkampfes, in sein Tagebuch.

Für diese Gesinnung ist dem Großherzog von keinem Geringeren als Ernst Haeckel öffentlich gedankt worden, der im Vorwort zu seiner Schrift *Freie Wissenschaft und freie Lehre* bekannte: „Der erleuchtete und freisinnige Fürst in Weimar, unter dessen besonderem Schutze wir hier stehen, hat niemals für nötig erachtet, die

ungebundene Freiheit meiner Lehre und meiner Schriften irgendwie zu beschränken ... Gewiß wird Jena so lange eine unabhängige
Zufluchtstätte freier Wissenschaft und freier Lehre bleiben, als es
sich unter der treuen Pflege und freisinnigen Obhut des Sachsen-
Weinarischen Fürstenhauses befindet." Immerhin war Haeckel ein
Vorkämpfer des Darwinismus, der keineswegs zu den Glaubens-
artikeln Carl Alexanders gehörte. Bei einem Diner zum Geburtstag
des Großherzogs in Dornburg, so erzählte später ein Augenzeuge,
habe Haeckel lebhaft doziert, sich dann aber unterbrochen und den
Fürsten gefragt: „Eure Kgl. Hoheit hören mir so aufmerksam zu;
Sie glauben doch auch alles, was ich sage?" Hierauf habe Carl Alexander geantwortet: „Glauben? Nein! Aber Sie sollen ja auch nicht
lehren, was *ich* glaube, sondern was *Sie* glauben!" Es spricht für
sich, daß Ernst Haeckel alle Berufungen an andere Universitäten
abgelehnt hat.

Der „erleuchtete und freisinnige Fürst", dem Haeckel so erkenn-
bar huldigte, hatte noch eine Aufgabe zu erfüllen, auf die er seit
vielen Jahren vorbereitet war. Noch immer war der Nachlaß Goethes völlig unzugänglich – abgeschirmt und versperrt durch die
„Überbliebenen von Tantals Haus", wie der Goethe-Enkel Walther
sich und seinen Bruder Wolfgang einmal genannt hatte. Carl Alexander ist lange von der Sorge umgetrieben worden, was wohl mit
der kostbaren Hinterlassenschaft geschehen würde, wenn die beiden kinderlosen Sonderlinge eines Tages ihre Augen schließen sollten. Trotz mancher Versuche des Großherzogs, diese wichtige Frage auf taktvolle Weise zu klären, blieb die Sorge bestehen, bis Walther von Goethe, als letzter Nachkomme und Erbe des Dichters,
am 15. April 1885 gestorben war.

Er hinterließ ein Testament, in dem er das Haus am Frauenplan
einschließlich aller darin befindlichen Sammlungen und Kunst-
schätze der Obhut des Großherzogtums Sachsen-Weimar-Eisenach anvertraute. Das gesamte schriftliche Archiv seines Großvaters,
„wissenschaftlichen, poetischen, literarischen, administrativen, fa-
miliären Inhalts, sowie alle von meinen Familienmitgliedern her-
rührenden persönlichen Papiere" vermachte der Enkel der Großherzogin Sophie. Sein handschriftlicher Zusatz schloß mit den
Worten: „Möge Ihre Königliche Hoheit die Frau Großherzogin

dieses mein Vermächtnis, ich sage besser: dieses Goethesche Vermächtnis, in dem Sinne empfangen, in dem es Höchstderselben durch mich entgegengebracht wird, als einen Beweis tief empfundenen, weil tief begründeten Vertrauens."

Es war tatsächlich ein außerordentlicher Vertrauensbeweis, durch den sich der letzte Träger eines großen Namens, seiner schrullenhaften Selbstblockade zum Trotz, doch noch als ein Grandseigneur zu erkennen gab. Erst von jetzt an wurde die wissenschaftlich fundierte Goethe-Forschung möglich, erst von jetzt an konnten die Werk- und Lebenszeugnisse einer Persönlichkeit, die immer strebend sich bemüht hatte, in allen ihren Facetten, Verzweigungen und Variationen überschaubar werden.

Man kann die Bewegung ermessen, die den siebenundsechzigjährigen Carl Alexander erfüllte, als er, begleitet von mehreren Beamten, während der letzten April- und der ersten Maitage des Jahres 1885 die Räume, Schränke und Schubladen des Goethehauses einer zunächst nur vorläufigen Visitation unterzog. Er sah Schätze wieder, die ihm der Dichter vor mehr als einem halben Jahrhundert gezeigt hatte, etwa die Handschrift des *Götz von Berlichingen*, dazu gewaltige Konvolute von Manuskripten und sonstigen Papieren, Gemälde, Handzeichnungen und Kupferstiche, insgesamt 26 000 Kunstgegenstände und mehrere tausend grafische Blätter, Steine, Mineralien und naturwissenschaftliche Gerätschaften, Majoliken, Münzen und Medaillen, nicht zuletzt Goethes Bibliothek – Zeugnisse einer erstaunlichen schöpferischen Existenz, die künftig eine ganze Akademie beschäftigen sollte. Fast hundertdreißig Jahre waren vergangen, seit Anna Amalia ihren Einzug in Weimar gehalten hatte, und einhundertzehn Jahre seit Goethes Ankunft in dieser Stadt. Jetzt, während der Urenkel der Begründerin von Weimars Ruhm den verlassenen Herrschersitz einer Epoche in Augenschein nahm, schloß sich der Kreis.

Die nächsten Schritte, die das Erbe Goethes der Öffentlichkeit und Wissenschaft zugänglich machen sollten, geschahen nun in kurzer Folge, beinahe Schlag auf Schlag. Die Goethe-Gesellschaft, mit dem Reichsgerichtspräsidenten Eduard von Simson als erstem Vorsitzenden, wurde am 20. und 21. Juni 1885 gegründet. Carl Alexander, der das Protektorat übernahm, verlieh ihr die Rechte einer juristischen Persönlichkeit. Das Haus am Frauenplan tat als Goethe-Nationalmuseum seine Pforten für jedermann auf. „Hierher soll man junge Leute führen, damit sie den Eindruck eines soliden, redlich verwandten Daseins gewinnen", hatte einst Karl Leberecht Immermann geschrieben. „Hier soll man sie drei Gelübde ablegen lassen, das des Fleißes, der Wahrhaftigkeit, der Konsequenz." Es waren große Worte, deren Erfüllung nun nichts mehr im Wege stand, auch wenn eine zunehmend sachlicher und skeptischer gestimmte Nachwelt sich bald auf kein Gelübde mehr einlassen wollte.

Gleich nach der Öffnung des Hauses am Frauenplan ließ die Großherzogin Sophie den Teil ihres Erbes, der zugleich der kostbarste war, in Waschkörben und Koffern zum Schloß bringen. Dort saß sie, durch Handschuhe vor dem Staub geschützt, und sichtete Aktenmappen, Briefschaften, Schreibhefte, einzelne Blätter sowie Manuskripte, auch unveröffentlichte, von Goethes Hand. Zuweilen wandelte sie ein gelindes Entsetzen an, wenn sie etwa die „Schimpf- und Ekelnamen" lesen mußte, die der junge Hallodri, damals gewiß noch kein Olympier, kurz vor seiner Übersiedlung nach Weimar für das Puppenspiel *Hanswursts Hochzeit* notiert hatte. „Ursel mit dem kalten Loch, Hans Arsch von Rippach, Matzfotz von Dresden, Reckärschchen, Schnuckfötzchen", las da die distinguierte Oranierin, deren Deutsch-Kenntnisse kaum ausreichten, um sich in diesem Dschungel von Unanständigkeiten überhaupt zurechtzufinden. Doch das waren nur vorübergehende Irritationen am Rande der Sternstunden, die Sophie beim Durchmustern des ihr zugefallenen Erbes erlebte.

Schnell und mit großer Entschiedenheit ging sie ans Werk. Alles sollte erfaßt, katalogisiert, veröffentlicht werden. Eine vollständige Gesamtausgabe, einschließlich der Briefe und Tagebücher, sollte entstehen, ein Goethe-Monument in vielen Bänden. Kompetente Berater wurden hinzugezogen: Gustav von Loeper, sodann Herman Grimm, der Sohn Wilhelm Grimms und Schwiegersohn Bettine von Arnims. Er empfahl der Großherzogin den Germanisten Bernhard Suphan, den Herausgeber der bisher vollständigsten Herder-Ausgabe. So wurde die Edition gestartet, die von 1887 bis 1919 erschien und also in nur zweiunddreißig Jahren fertig wurde. Die

„Sophien-Ausgabe", wie das Gesamtwerk später sehr zu Recht genannt wurde, darf mit ihren 143 Bänden als eine Meisterleistung der Philologie gelten, trotz mancher Schwächen und Unvollkommenheiten. Bis zum heutigen Tag ist sie nicht ersetzt worden. Von Anfang an war der Großherzogin bewußt, daß das reiche Schriftgut in einem angemessenen Domizil untergebracht werden mußte, zumal bereits 1889 die Enkel und Urenkel Schillers den Nachlaß ihres Vorfahren beisteuerten: das Goethe-Archiv wuchs zum Goethe- und Schiller-Archiv. Ein repräsentativer Bau sollte der Sicherung, Konservierung und Nutzung der Bestände dienen sowie Raum bieten für den Zuwachs weiterer Nachlässe – ein Schatzhaus der deutschen Literatur, wie man es sich bisher nicht einmal erträumt hatte.

Die Fürstin erwarb ein weitläufiges Gelände auf der rechten Seite der Ilm, hoch über Stadt und Fluß, unweit der Altenburg, wo zunächst durch aufwendige Erdarbeiten ein tragfähiges Fundament geschaffen werden mußte. Der Weimarer Architekt Otto Minkert entwarf das Gebäude nach dem Vorbild des Schlosses Trianon im Park von Versailles, die Großherzogin überwachte das Baugeschehen bei Wind und Wetter. Die Zweiundsiebzigjährige, die einst eine grazile Prinzessin gewesen und längst zu einer fülligen Matrone gealtert war, stand inmitten der Bauleute, gestützt auf den Regenschirm, mit dem sie Baudetails ins nasse Erdreich zeichnete. Wie sie sich bei der Goethe-Ausgabe um Papier, Schrifttypen und Verlag gekümmert hatte, so bemühte sie sich jetzt um Vitrinenentwürfe, Wandanstriche und Stuhlbezüge. Der stattliche Bau, dem Sophie eine Million Reichsmark aus ihrem Privatvermögen zuwandte, setzte völlig neue Maßstäbe für die Verwahrung und Aufbereitung literarischer Handschriftenbestände, auch international.

Die Einweihung des Goethe- und Schiller-Archivs am 28. Juni 1896, kurz nach Carl Alexanders achtundsiebzigstem Geburtstag, war ein großer Tag für Weimar und die ganze deutsche Gelehrtenrepublik. Die Abgesandten aus Gesellschaft und Wissenschaft waren herbeigeströmt, Potentaten, Diplomaten und Literaten. Nach Beethovens *Lied an die Freude* hielt der Archivdirektor Suphan eine pathetische Rede. Der Germanist Erich Schmidt überreichte sieben Folianten, bestehend aus Briefen und Billetts, die Goethe an

Charlotte von Stein gerichtet hatte. Der wertvolle Handschriften-korpus war von Goethefreunden vor dem Verkauf nach den USA gerettet worden. Die greise Sophie sprach in aufrechter Haltung und mit fester Stimme. Daß ein Journalist es der Erwähnung für wert befand, „ihr Deutsch habe einen fremdartigen Klang gehabt", störte sie in ihrem Hang zur Perfektion. „Ich habe die deutsche Sprache zweifellos intensiver studiert als jener Herr", war ihr indignierter Kommentar zu dieser Anmerkung, die sie für unangebracht hielt. Es gab noch Ansprachen der Deputierten von Schiller-Stiftung und Shakespeare-Gesellschaft, zuletzt das Finale von Robert Schumanns *Faust*-Musik. Man sah sich um, betrachtete die ausgestellten Manuskripte in den Vitrinen und ging aus den kühlen Sälen hinaus in den heißen Sommertag.

Die Großherzogin Sophie überlebte ihn nicht lange. Sie starb, dreiundsiebzigjährig, am 23. März 1897. Die Goethe-Gesellschaft ließ kurz darauf eine Büste der Verstorbenen im Goethe- und Schiller-Archiv aufstellen. Der Jenaer Philosoph Kuno Fischer hielt aus diesem Anlaß eine Rede, die im Hinblick auf alles, was bevorstand, divinatorisch genannt werden kann: „Schon tummelt sich die wilde Jagd nach der Weltherrschaft. Es war in der Wende des Jahrhunderts, als Schiller es Dalberg zurief: ‚Das Jahrhundert ist im Sturm geschieden, und das neue öffnet sich mit Mord.' Hier in diesen Räumen wohnt das stille Reich der Geister, beständiger und darum mächtiger als die Weltreiche, welche der Sturm säet und mit sich fortreißt."

Wenn der alte Großherzog die Neuigkeiten des Tages vernahm, mußte er das von Kuno Fischer zitierte Schiller-Wort in geradezu beängstigender Weise bestätigt finden. Die von dem Redner konstatierte „wilde Jagd nach der Weltherrschaft" hatte begonnen, forciert nicht zuletzt durch den jungen deutschen Kaiser, Wilhelm II., der immerhin der Enkel von Carl Alexanders Schwester Augusta war. Das Säbelrasseln und unbesonnene Drauflos-Wirtschaften des Schwadroneurs auf dem Hohenzollern-Thron verrieten ein Naturell, das dem Weimarer verschlossen blieb, ebenso des Kaisers amusisches Banausentum sowie die Leichtfertigkeit, mit der er die Beziehungen zu Sankt Petersburg aufs Spiel setzte. Rußland war dem Großherzog noch immer teuer als die Heimat seiner Mutter; an drei Zaren-Krönungen hatte er persönlich teilgenommen.

Bismarck, dessen Politik er lange Zeit mit erheblichen Vorbehalten begleitet hatte, erschien nun als ein Garant der Stabilität und Sicherheit, was im Umkreis des jungen Kaisers durchaus registriert wurde. Marie Alexandrine, die Tochter des Großherzogs, war mit dem Prinzen von Reuß verheiratet, dem Botschafter des Deutschen Reiches in Wien. Als 1892 der gestürzte Bismarck die Donaumetropole besuchte, um dort der Hochzeit seines Sohnes beizuwohnen, erhielt der deutsche Botschafter ausdrückliche Weisung aus Berlin, den in Ungnade Gefallenen nicht zur Kenntnis zu nehmen. Marie Alexandrine jedoch, die Frau des Botschafters, setzte sich über das Verbot hinweg und erschien bei Bismarck, um ihm ihre Verehrung zu bekunden. Diese Geste der Solidarität mit dem offiziell zur Unperson gewordenen Altkanzler bewirkte nicht nur die Ablösung des Prinzen Reuß von seinem Botschafterposten, sondern sie trug auch dazu bei, den Vater der ungehorsamen Diplomatengattin in einem wenig vorteilhaften Licht zu sehen. Daß Marie Alexandrine bei einem Empfang dem Kaiser ostentativ den Rücken zukehrte, notierte der preußische Gesandte in Weimar. Übrigens hat auch Carl Alexander dem bereits hinfälligen Bismarck, ein Jahr vor dessen Tod, in Friedrichsruh seine Aufwartung gemacht.

Im November 1894 war Carl August, der einzige Sohn Sophies und Carl Alexanders, an einem schweren Nierenleiden gestorben. Seine Interessen hatten der Landwirtschaft und dem Militär gegolten, nicht den Künsten, so daß der Vater bezweifeln mußte, ob dieser Nachfolger die Kulturpflege des Hauses Weimar überhaupt fortsetzen würde. Es war zunächst nur eine Befürchtung, für den pessimistischen Großherzog allerdings fast schon eine düstere Gewißheit, die sich noch verstärkte, als nach dem Tod des Sohnes der Enkel Wilhelm Ernst die Thronfolge antrat. Der alte Fürst brauchte seinen skeptischen Blick nicht bis zum jungen Kaiser schweifen zu lassen, wenn er ein Paradebeispiel für den Kulturschwund der etablierten Eliten hätte benennen wollen: der Blick auf den eigenen Enkel genügte. Wilhelm Ernst, in der Familie Welmy genannt, wollte offenbar nicht begreifen, daß ererbte Privilegien durch die Ausübung von Pflichten erst einmal verdient und legitimiert werden mußten. Der Achtzigjährige vermerkte es kummervoll im Tagebuch, wie meistens in französischer Sprache: „W. muß das Wort

Pflicht verstehen, daß man auch an andere denken muß und nicht nur an sich selbst. W. ist Egoist."

Die ungeduldig herandrängende Herrscher-Generation sah der Greis mit tiefem Mißbehagen, ganz gleich ob es sich um die Regenten der alten Monarchien oder um die Regenten des modernen Kunstmarktes handelte. Manchmal gelangte er in seinem Tagebuch zu ganz erstaunlichen Diagnosen: „Die Spekulation treibt die Unternehmer auf das, was ihnen Geld einbringt. Die Wahrheit des Bedürfnisses ist dabei ganz Nebensache. Und das Ergebnis der Spekulation wird dem Publikum aufgedrängt ... Daher die wenige Kunstbildung in der Bevölkerung." Aber auch die Künstler, die sich gegen die Gesetze des Marktes wandten und neue Wege beschritten, haben den alten Statthalter Winckelmanns abgestoßen. Sie seien, wie er beim Blättern in der Zeitschrift *Pan* monierte, dem „Kult des Häßlichen" verfallen.

Immerhin hat der Großherzog mehrfach das Haus auf dem „Silberblick", einem Hügel im Süden Weimars, besucht, wo seit 1897 der mit geistiger Umnachtung geschlagene Friedrich Nietzsche seine letzten Jahre verdämmerte. Den kranken Philosophen und Werte-Zertrümmerer bekam Carl Alexander nicht zu sehen, aber die betriebsame Schwester des Leidenden nutzte die Gelegenheit, den hohen Gast mit Gedichten ihres Bruders zu konfrontieren. Ein wenig ratlos, aber doch unüberhörbar fasziniert vermerkte der Fürst nachher: „Frau Förster las mir zwei Gedichte ihres Bruders, das eine über Venedig, das andere über Rom, die von Imagination erfüllt sind und mir Zauber zu haben schienen, indessen sehr verschwommen waren." Mit Nietzsches Philosophie hat sich Carl Alexander nicht mehr auseinandergesetzt, er hätte vermutlich kaum Gefallen an ihr gefunden. Der Tod der beiden höchst ungleichartigen Männer binnen weniger Monate markierte dann Weimars geistige Jahrhundertwende: Nietzsche starb im August des Jahres 1900, Carl Alexander Anfang Januar 1901.

Seinen Untertanen muß er in diesen letzten Jahren wie eine Gestalt aus der Vorzeit erschienen sein, fast wie eine pittoreske Figur aus der Epoche seiner Urgroßmutter Anna Amalia. Der junge Edwin Redslob, damals noch Gymnasiast, sah den hochbetagten Fürsten durch die Residenzstadt fahren: „Der alte Weimarer Großherzog ... fuhr in einer mit Gummirädern ausgestatteten Equipage mit einem Isabellen-Gespann zum Theater, so daß der Rhythmus der Pferdehufe schon von ferne sein Herannahen verkündete. Er ritt auch bis ins hohe Alter; vor allem aber liebte er es, seinen leichten Jagdwagen mit dem Gespann der Rappen selbst zu kutschieren. Neben ihm saß der Leibjäger mit wehenden Hahnenfedern auf dem Zweimaster, und hinter dem Rücksitz stand der zu den populären Persönlichkeiten Weimars gehörende Leib-‚Mohr‘ Hussan, in einer leuchtenden Zusammenstellung von Blau und Rot mit silbernen Tressen malerisch gekleidet. Das war noch ein Rest des achtzehnten Jahrhunderts, das eigentlich schon im neunzehnten Vergangenheit geworden war."

Zum letzten Male erschien Carl Alexander am 6. Dezember 1900 in seinem Hoftheater, um einer Festvorstellung des *Lohengrin* anläßlich des fünfzigsten Jahrestages der Uraufführung beizuwohnen. Vor einem halben Jahrhundert hatte ihn der von weichstrahlendem A-Dur-Glanz umflossene Schwanenritter zu dem Ausruf bewogen: „Diese Akkorde gehören zu mir!!!" Jetzt ließ er sich noch einmal von ihnen verzaubern, wohl als letzter noch lebender Zeuge jener legendären Premiere, die, für immer verbunden mit dem Namen Liszts, in die Musikgeschichte eingegangen war. Es war nicht nur der Abschied des Fürsten vom *Lohengrin*, „seiner Oper", sondern auch von der Weimarer Öffentlichkeit, die ihn von da an nicht mehr zu Gesicht bekam. Kurz darauf zog er sich bei der Jagd eine Erkältung zu, die eine Lungenentzündung heraufbeschwor. Bereits von der Krankheit gezeichnet, stattete er am 22. Dezember dem Goethehaus seine letzte Visite ab.

Zwei Tage später, am Heiligen Abend, kehrte der Gymnasiast Edwin Redslob vom Besuch der Christmette heim. An die Empfindungen, die ihn dabei bedrückten, konnte er sich noch als alter Mann erinnern: „Zudem wehte vom Schloß her Trauerstimmung in die Stadt; der zweiundachtzigjährige Großherzog rang mit dem Tode, und damit war das Ende von Weimars Tradition vorauszusehen. Ich verstand natürlich noch wenig von diesen dunklen Wolken der Zukunft. Aber als wir über den verschneiten Markt nach Hause gingen, mischte sich doch in meine festliche Stimmung etwas wie eine Ahnung von der bedrohenden Macht des Schicksals."

Carl Alexander starb am 5. Januar 1901. Er wurde in der Fürstengruft beigesetzt, über die vor vielen Jahren einmal seine Frau, die Großherzogin Sophie, folgendermaßen nachgedacht hatte: „Ruhe im Tod? Könnte ich unter den Bäumen des Friedhofes schlafen! Ruhe werde ich nicht haben, wenn ich tot bin, denn die Huldigungen für Schiller und Goethe lassen uns da unten in der Fürstengruft kein Alleinsein. Selbst im Tode stehen wir doch unter diesem Zeichen!"

Der Seufzer einer Frau, die doch immerhin das Goethe- und Schiller-Archiv schuf, zeigt an, wie eine große Tradition diesem Fürstenhaus zum Schicksal geworden war. Das geistige Erbe von Weimar als Last und Lust zugleich, als Vermächtnis, Bürde und fortwirkende Unruhe – so haben es die Ernestiner erfahren, und etwas von alledem ist den Deutschen geblieben. Am 28. August 1859 hatte die Schriftstellerin Fanny Lewald an Carl Alexander geschrieben: „Guten Morgen, Königliche Hoheit! Ich gratuliere Ihnen zu Goethes Geburtstag, zu welchem beglückwünscht zu werden Sie und Ihr Haus das erste und höchste Anrecht haben ..." Mit dem Großherzog Carl Alexander war der letzte Fürst dahingegangen, der noch einen persönlichen Anspruch auf solche Worte besaß.

6. Kapitel

„WEH' DIR, DASS DU EIN ENKEL BIST!"

– WILHELM ERNST, CAROLINE
UND FEODORA

Die Aufnahme, die der Weimarer Hof-Photograph Louis Held im April 1903 von dem Großherzog Wilhelm Ernst anfertigte, zeigt einen noch jungen, etwas kurzbeinigen Mann in preußischer Generaluniform, martialisch auf einen Säbel gestützt, aber aus dem starren Gesicht unsicher beiseite blickend. Beherrscht wird der Kopf und eigentlich die ganze Gestalt durch den überproportional aufragenden Paradehelm, der die Stirn völlig verbirgt und gerade noch die Augen frei läßt. Fast stellt sich die Vermutung ein, daß eine der wichtigsten Aufgaben dieses Hauptes darin bestanden haben könnte, dergleichen militärischen Kopfputz vorzuführen. Eine gewisse Operettenhaftigkeit, die von dem Offizier auszugehen scheint, verträgt sich aber nicht mit seiner Starre, die auf die völlige Abwesenheit von Gemüt und Humor schließen läßt. „Weniger daß ihm der Geist als daß ihm jede Art von *Herz* fehlt", konstatierte denn auch der scharfsinnige Graf Kessler, der Wilhelm Ernsts Wieland hätte werden können.

In einem Spannungsverhältnis zu dieser Photographie steht eine andere, die Louis Held am gleichen Tag und im gleichen Ambiente schuf. Das Bild gibt die neunzehnjährige Caroline wieder, die soeben, zum Zeitpunkt der beiden Photos, die Frau des Großherzogs Wilhelm Ernst geworden war. Das mondäne Kleid, die Ordensschärpe und vor allem das Diadem im dunklen Haar weisen auf den fürstlichen Stand der blutjungen Dame hin. Ihr Blick weicht dem Bildbetrachter nicht aus. Eindringlich, tief traurig leuchtet er hervor aus dem scheuen Mädchenantlitz mit dem kleinen festgeschlossenen Mund, der offenbar gelernt hat, sich im Schweigen zu üben. Nicht nur die linke Hand, die auf einer Stuhllehne ruht, scheint zu verraten, daß die Prinzessin der Stütze, vielleicht gar des Schutzes bedarf, der ihr wohl kaum von der militärischen Galionsfigur auf dem anderen Photo kommen kann. Sucht sie womöglich sogar Schutz vor genau diesem schneidigen Herrn? Das ist eine Frage, die auch derjenige stellen könnte, dem die beiden hier konterfeiten Personen und ihre Schicksale völlig unbekannt sind. Das melancholische, undinenhaft anmutende Mädchen und der schimmernd aufgetakelte Revue-General: zwei Photos, die zwei Menschen zeigen, ohne sie zu einem überzeugenden Paar zusammenzufügen.

Auch vor Wilhelm Ernst hat es im weimarischen Fürstenhaus passionierte Soldaten gegeben, allen voran Carl August, aber bei ihm waren die soldatischen Neigungen durch menschliche Großzügigkeit und geistige Interessen balanciert worden. Solche Eigenschaften fehlten dem letzten regierenden Ernestiner, bei dem schließlich selbst das soldatische Element zur Pose gefror. Er war ein Wichtigtuer, der sein Ahnherr Carl August nie gewesen ist, dazu undankbar und unzuverlässig, fast ein Wilhelm II. im Duodezformat. Mit den Traditionen, die seine Vorfahren gepflegt hatten, war es fortan schlecht bestellt. Sie versandeten schnell in Stagnation, und wo sich unter seiner Regentschaft in Weimar neue Geister regten, taten sie es ohne, ja gegen ihn. Das Bündnis, das der Pionier eines neuen Kunstverständnisses mit ihm suchte, endete jäh, kurz nach dem frühen Tod der Großherzogin Caroline. An Wilhelm Ernst, dem in die Weimarer Tradition verirrten letzten Fürsten, erfüllte sich auf eigentümliche Weise das Mephisto-Wort: „Weh' dir, daß du ein Enkel bist!"

Das Schicksal eines glücklosen Enkels schien ihm in die Wiege gelegt zu sein. Er kam am 10. Juni 1876 zur Welt, als Sohn der Erbgroßherzogin Pauline, einer geborenen Prinzessin von Sachsen-Weimar, und des Erbgroßherzogs Carl August. Die Eltern, deren Ehe durch anhaltende Zerwürfnisse belastet war, lebten meistens getrennt im Ausland. Am Tag nach der Taufe des Stammhalters spielte Franz Liszt im Familienkreis, worin der Großvater Carl Alexander eine verheißungsvolle Morgengabe für die Zukunft gesehen haben mag. Auch der Name sollte den Täufling mit der Geschichte der Dynastie verbinden und an jenen Herzog Wilhelm Ernst erinnern, der ein fürstlicher Mäzen im barocken Weimar gewesen war. Daß dieser Monarch den großen Johann Sebastian Bach vier Wochen lang hatte einsperren lassen, um ihn am Weggang aus Weimar zu hindern, behaftete den Herrschernamen allerdings mit einer gewissen Ambivalenz. Der neue Wilhelm Ernst hielt sich dann an die weniger erfreulichen Seiten seines Ahnen.

Die Erziehung des Knaben und seines Bruders, des früh verstorbenen Prinzen Bernhard Heinrich, lag in den Händen frostiger Pädagogen und eines pedantischen Kadettenoffiziers. Schon damals scheint das Kind eine heftige Abneigung gegen alles Exotische und Regelwidrige bekundet zu haben, wie ein Badeaufenthalt in Scheveningen bewies. Dort spielten der Prinz und seine Vettern aus dem Hause Reuß mit der kleinen Helene von Hindenburg, die später, als sie längst Frau von Nostitz und die Muse bedeutender Künstler geworden war, dem Großherzog Wilhelm Ernst wieder begegnete. Ein lächerliches Kindheitserlebnis aus den Tagen von Scheveningen hielt sie offenbar für so charakteristisch, daß sie es nicht vergaß: „Wir spielten ernst das Brautpaar, bis eines Tages ein Zirkus erschien. Ich setzte mich auf ein Kamel und ritt stolz den Strand entlang. Darauf erklärte Prinz Wilhelm Ernst feierlich: ‚Wir können nicht mehr mit dir spielen, Helene, und mein Vetter kann dich nicht heiraten, wenn du auf einem Kamel reitest!' ‚Ich will aber gar nicht heiraten, und wenn ihr so langweilig seid, will ich nicht mehr mit euch spielen!' antwortete ich mürrisch." Erst nachher erfuhr das Prinzlein, „daß das Reiten auf einem Kamel durchaus erlaubt sei". Ein diffuses Mißtrauen gegenüber „Kamelreitern" jeglicher Art ist aber in Wilhelm Ernst rege geblieben, auch wenn sie sich ihm als impressionistische Maler oder eigenwillige Architekten näherten.

Die strenge Zucht des Wilhelms-Gymnasiums zu Kassel, das er absolvierte, ließ ohnehin keinen Raum für phantastische Abschweifungen. Am 20. November 1894 starb sein Vater an einem Krebsleiden in Italien, ohne je Großherzog geworden zu sein, so daß der Achtzehnjährige, schneller als erwartet, zum Erbgroßherzog aufrückte. Ein paar Semester Studium der Staatswissenschaften und Jura in Bonn und Jena, der Eintritt ins 1. Garde-Regiment zu Fuß in Potsdam, ein preußisches Eliteregiment, reichten kaum aus als Vorbereitung für das spätere Regentenamt.

Carl Alexander, dem bereits hochbetagten Großvater, blieben die Herzens- und Bildungsdefizite des Enkels keineswegs verborgen, den er sogar für ungeeignet hielt, die Regentschaft anzutreten. Aber am Prinzip der monarchischen Thronfolge vermochte er freilich nichts zu ändern. Als er am 5. Januar 1901 starb, trat in Weimar eine ähnliche Konstellation wie in Berlin ein, wo vor dreizehn Jahren auf den uralten Kaiser Wilhelm I., nach dem kurzen Zwischenspiel des todkranken Friedrich III., der spektakuläre Wilhelm II. gefolgt war. Der Großvater wurde durch den Enkel, der bedachtsame Greis durch den jugendlichen Ignoranten abgelöst – mit allen Konsequenzen für das Erbe, das diese Nachfolger übernahmen.

Solche Befürchtungen gedachte der inzwischen Fünfundzwanzigjährige mit seinem ersten Regierungserlaß zu zerstreuen, der versprach, „er werde das Andenken seines Großvaters dadurch ehren, daß er in seinem Sinne wirken und die Überlieferung seines Hauses als ein teures Vermächtnis bewahren und pflegen werde".

Es waren markige Worte, die nicht recht zu der auffallenden Unbehaglichkeit passen wollten, die den neuen Großherzog ergriff, wenn er mit Professoren der Universität Jena oder den Herren vom Vorstand der Goethe-Gesellschaft sprechen mußte. Besser haben ihm die beschwingten Nächte im Offiziers-Casino gefallen. Dieser Umgang sei wichtig, „um seine Ideen zu überprüfen", hatte er schon dem Großvater einzureden versucht.

Die Rettung aus der Casino-Sphäre, die einem weimarischen Herrscher schlecht zu Gesicht stand, trauten wohlmeinende Beobachter der jungen Dame zu, die Wilhelm Ernst zu seiner Gemahlin zu machen gedachte. Prinzessin Caroline war die neunzehnjährige Tochter der Fürstin Ida und des Fürsten Heinrich XXII. Reuß ältere Linie, eines Preußenhassers, der sich als Frondeur gegen Kaiser und Reich an höchster Stelle unbeliebt gemacht hatte. Die Eltern verlor Caroline noch im Kindesalter, aber sie genoß eine sorgfältige Erziehung und wuchs zu einer eigentümlichen elfenhaften Schönheit heran. Wilhelm Ernst lernte die Waise bei Verwandten in Bückeburg kennen und hielt so überstürzt, „nach wenigen Stunden des Zusammenseins", um die Hand der Prinzessin an, daß sie selbst eher erschreckt darauf reagierte.

Sowohl die Vorgeschichte der Hochzeit als auch die Einzelheiten der anschließenden Ehe des jungen Paares sind kaum dokumentiert, wie es damals in der Natur solcher Intimitäten, vor allem bei Fürstlichkeiten, lag. Eine Regenbogenpresse gab es noch nicht, die sich heute mit Begier derartiger Vertraulichkeiten bemächtigen würde. Das Gegenteil davon, eine pomadisierte Hofberichterstattung, breitete über alles ihren dichten Plüschteppich. Mehr als drei Jahrzehnte später, als die unmittelbar Betroffenen längst gestorben waren, deutete der Freiherr Hermann von Egloffstein, der Kabinettsekretär Wilhelm Ernsts, vorsichtig an, die Braut habe „neidischen Verwandten ihr Ohr" geliehen, „die schon bald nach der Verlobung sie gegen den Bräutigam einzunehmen und die Heirat womöglich zu hintertreiben suchten". Der „Ruf der Heftigkeit", der dem Großherzog voranging, sei diesen Intriganten offenbar gelegen gekommen. Vielleicht wäre der Anschlag sogar gelungen, wenn nicht Kaiser Wilhelm II. höchstpersönlich eingegriffen und im letzten Moment, wenige Stunden vor der Trauung in Bückeburg, die Sache entschieden hätte. Man kann nur vermuten, daß es sich bei jenen Warnern um sehr erfahrene und illusionslose Menschenkenner gehandelt haben muß, die das Mädchen vor schwerem Unglück bewahren wollten.

Es ist ihnen nicht gelungen, am 30. April 1903 wurde die Vermählung vollzogen. „In seinem Trinkspruche beim Hochzeitsmahle", so Egloffstein, habe der Kaiser „an eine der glorreichsten Epochen der Geschichte des wettinischen Hauses, die der Minnesänger", angeknüpft und die „junge Fürstin auf die Idealgestalt der heiligen Elisabeth" hingewiesen. Übrigens kam auch für den Kaiser Wilhelm etwas dabei heraus. An der Hochzeitstafel lernte er die jüngere Schwester der Braut, Prinzessin Hermine, kennen, die ihm zwanzig Jahre später, als seine zweite Frau, das Dasein im holländischen Exil etwas erheitern sollte ...

Gleich nach der Bückeburger Hochzeit zogen Caroline und Wilhelm Ernst in ihre Residenzstadt Weimar ein, die sich von ihrer besten Seite zeigte. Das Hoftheater gab das Festspiel *Die Huldigung der Künste*, das einst Schiller für den Einzug Maria Pawlownas geschrieben hatte. Die beziehungsreiche Erinnerung mochte wohl signalisieren, daß die Situation ganz ähnlich war wie vor 99 Jahren. Eine junge auswärtige Fürstin kam ins Land, auch wenn sie nicht aus dem fernen Sankt Petersburg, sondern aus dem nahen Greiz stammte. Sie war nicht so unermeßlich reich wie die Russin, trotzdem soll ihre Mitgift „nicht unbeträchtlich" gewesen sein. Caroline übernahm die Leitung des von Maria Pawlowna gegründeten „Patriotischen Frauenvereins", und ganz besonders gewährte sie den jungen Künstlern einen Rückhalt, die fast gleichzeitig mit ihr für Bewegung in der steril gewordenen Weimarer Hofluft sorgen wollten. Die Geschichte nahm aber einen ganz anderen Verlauf als vor einem Jahrhundert.

Bei aller gebotenen Zurückhaltung angesichts der trüben Quellenlage darf mit Sicherheit angenommen werden, daß die Ehe des Großherzogspaares nicht glücklich war. Sie habe sogar, wie Egloffstein durchblicken läßt, „an die Ehe Carl Augusts und Louisens in der ersten Zeit" erinnert, was immerhin verrät, daß die beiden nicht miteinander harmonierten. Ein paar rare Hintergrundkenntnisse darüber, die man bei den Hofberichterstattern vergebens sucht, enthält der Nachruf, den ein Autor namens Rapsilber kurz nach dem Tod Carolines in der Zeitschrift *Der Roland von Berlin* veröffentlichte, bezeichnenderweise in keinem Weimarer Blatt. Die „überzarte" Caroline, heißt es da, sei „empfindsam und nervös" gewesen. „Doch in dem fragilen Körper lebte ein starker Geist und eine urwüchsige, durch keine Hofschranzen und Vorurteile nivellierte Seelenkraft. Die Weimarer Höflinge erblickten daher in ihr so etwas wie eine Unschuld vom Lande, die nach allen Regeln der Kunst erzogen werden müsse. Das führte zum Konflikt und zu einem Kampf auf Leben und Tod zwischen Individualismus und sogenannter Staatsräson. ... Die junge Großherzogin hat sich von vornherein zu etwas Höherem als zu einer bloßen Dekoration des langweiligen und steifleinenen Hoflebens berufen gefühlt. Sie erfaßte ihre Pflichten im menschlich edelsten Sinne. ... Daher ging sie zum Schrecken aller Hofschranzen unter das Volk, sprach jeden auf der Straße an, besuchte Bürger- und Arbeiterhäuser, machte ihre Einkäufe in den Läden persönlich, was nie zuvor eine Großherzogin getan. Bei jeder Arbeitervorstellung im Hoftheater saß sie in der Loge und ließ sich von Hinz und Kunz erzählen und berichten, sie griff auch als gelehrte Musikkennerin, die sie war, bei einer Einstudierung des Nibelungenringes in die Proben ein, und natürlich war sie bei allen Wohltätigkeitsveranstaltungen handgreiflich mit tätig. Das machte sie beim Volke unendlich populär, bei Hofe aber ebenso unbeliebt."

Vor den Schikanen und Demütigungen durch die Hofkamarilla hat Wilhelm Ernst seine junge Frau jedenfalls nicht geschützt, die sich nach kurzer Zeit völlig vereinsamt vorgekommen sein muß. „Jetzt bestand sie auf ihren Kopf, mutete sich als Reiterin und Fahrerin Übermenschliches zu, glaubte auch wohl sich abhärten zu müssen." Die wilden Parforceritte bei Sturm und Regen, das unmäßige Zigarettenrauchen, ihre ganze exzentrisch-friedlose Lebensart lassen Caroline geradezu als eine Seelenverwandte der österreichischen Kaiserin Elisabeth erscheinen, die wenige Jahre zuvor das Opfer eines widersinnigen Attentats geworden war. Unter den Bewohnern der Residenzstadt ging später der Verdacht um, die von ihrem rücksichtslosen Gemahl in einem goldenen Käfig gefangengehaltene und erniedrigte Großherzogin habe ihren Tod vorsätzlich herbeigeführt: ein Gerücht, das bis in unsere Tage hinein von alten Weimarern erzählt worden ist. Eine Influenza genügte, um den geschwächten Körper Carolines zu überwältigen. Sie starb, noch nicht einundzwanzigjährig, am frühen Morgen des 17. Januar 1905, nach kaum zweijähriger Ehe. Den letzten Weg zur Fürstengruft mußte die Tote, auf Geheiß Wilhelm Ernsts, mit gewaltigem militärischen Gepränge antreten, das der Nachrufschreiber im *Roland von Berlin* bei dieser Frau für völlig deplaziert hielt. „Man muß sich dabei das helle Lachen der nur zu gern frondierenden Greizerin vorstellen, die jede Gelegenheit mit Wonne ergriff, den schneidigen Militarismus der Kleinstaaten zu verspotten."

Ob die jungen Künstler und Kunstpropagandisten, die damals das „Neue Weimar" erschaffen wollten, in der Fürstin eine starke Förderin auf Dauer gefunden hätten, wenn ihr ein längeres Leben beschieden gewesen wäre, ist eine müßige Frage, die nicht beantwortet werden kann. Daß sich die Epoche fürstlichen Mäzenatentums ohnehin ihrem Ende zuneigte, war zu Beginn des neuen Jahrhunderts keineswegs genau abzusehen, wenn auch die Tendenzen der Zeit in diese Richtung wiesen. Immerhin besaß die Großherzogin Caroline genügend Sensibilität, Takt, Vorurteilslosigkeit, Kunstbegeisterung sowie die dazugehörigen materiellen Mittel: Voraussetzungen für das Wirken einer Gönnerin und Fürsprecherin schöpferischer Persönlichkeiten. Ihr „melancholischer Charme" war es jedenfalls, der den Belgier Henry van de Velde faszinierte. Und mit ihrem kurzen, schnell vollendeten Dasein fallen auch die wenigen Jahre zusammen, in denen sich das „Neue Weimar" zu formieren suchte.

Es war Elisabeth Förster-Nietzsche, die Schwester des Philosophen, die eine dritte Glanzzeit über der Ilm aufgehen sah, im Zeichen der Hinterlassenschaft ihres toten Bruders. Daß die „Übermenschin" dieses Erbe höchst eigenmächtig behandelte, bis hin zur Verfälschung, wurde erst später bekannt. Sie besaß ausgezeichnete Verbindungen und ein gutes, vielleicht zu gutes Gespür für kommende Entwicklungen. Die Villa „Silberblick", in der ihr Bruder gestorben war, sollte der Architekt Henry van de Velde zu einem Gebäude umgestalten, das gleichzeitig den Ansprüchen eines modernen Archivs und einer Kultstätte genügte. Die geschäftige Frau war es auch, die den weltläufigen Grafen Kessler auf Weimar und den jungen Großherzog hingewiesen hat. Konnte nicht unter seinem Schutz eine neue Blütezeit beginnen?

Henry van de Velde aus Antwerpen, knapp vierzig Jahre alt, war ein universales künstlerisches Talent, das die Grenzen zwischen Malerei, Architektur und Raumgestaltung souverän überschritt. Die Kunst sollte, dekretierte er in seinen „Kunstgewerblichen Laienpredigten", sämtliche Bereiche des menschlichen Alltags durchdringen und an ganz profanen Gegenständen eine neue Formkultur entwickeln. Wohnungen und Geschäftseinrichtungen, Möbel und Lampen, Glasfenster und Gebrauchsgeschirr seien funktionsgerecht zu gestalten, auch unter Nutzung moderner technischer Möglichkeiten. In Weimar gründete er das „Kunstgewerbliche Seminar", aus dem dann die Kunstgewerbeschule hervorging. Sie erhielt in dem von van de Velde entworfenen Neubau ihr Domizil. Eine verzweigte Tätigkeit begann, die sich vor allem an Kunsthandwerker, aber auch an die in der Umgebung ansässigen Kleinindustrien wandte. „Die revolutionäre künstlerische Bewegung hatte gleichsam in aller Stille ihre feierliche Investitur erhalten", schrieb van de Velde später in seinem Lebensrückblick.

War schon dieser Avantgardist in keinem hergebrachten Schema unterzubringen, so scheiterte vollends jeder Versuch einer Rubrizierung an dem Weltmann und Weltbürger Harry Graf Kessler. Der Sohn einer englischen Mutter und eines deutschen Vaters war in Paris geboren, in Frankreich, England und Deutschland erzogen, seither ständig unterwegs zwischen Menschen, Ländern und Epochen. Als Mittdreißiger hatte er bereits die ganze Welt bereist, eine Diplomaten-Karriere begonnen und wieder aufgegeben, sich in den Ateliers Pariser Impressionisten und in den Salons Berliner Kunsthändler eingenistet. Er war preußischer Offizier und leidenschaftlicher Kosmopolit, Mäzen, Anreger und Sammler, Dolmetscher und Brückenbauer, Freund Hugo von Hofmannsthals, Walther Rathenaus und Aristide Maillols, einer der seltenen Vermittler zwischen Kunst und Politik sowie, als fleißiger Tagebuchschreiber, einer der großen Chronisten der Epoche.

Seine verzweigten Weimarer Aktivitäten, die einer ausführlichen Darstellung bedürften, können hier nur ein paar Farben zum Bild des Großherzogs Wilhelm Ernst liefern. Als der Fürst im März 1903 Kessler die Leitung der „Permanenten Kunstausstellung" am Karlsplatz übertrug, um sie in ein modernes Museum für Kunst und Kunstgewerbe verwandeln zu lassen, mochten optimistische Zeitgenossen hoffen, daß der Großherzog in dem Grafen seinen Wieland gefunden hatte. Das „Neue Weimar" schien eine Heimstätte der modernen Kunst zu werden, die in Berlin gegen das prunkvoll paradierende Banausentum Kaiser Wilhelms II. nur schwer aufkommen konnte. Für die Ausstellung „Deutsche und französische Impressionisten und Neo-Impressionisten" organisierte Kessler bei Pariser Galeristen kostenlose Leihgaben von Pierre Bonnard, Paul Signac, Edouard Vuillard und anderen Meistern. Es folgten in nur drei Jahren vierunddreißig Ausstellungen, die Bilder von Degas, Toulouse-Lautrec, Renoir, Cézanne, Gauguin, Sisley, Nolde, Corinth, Munch, Rodin und Kandinsky präsentierten, um nur wenige Namen zu nennen – ein ständig wechselnder und immer wieder aufregender Reigen künstlerischer Handschriften und Temperamente, wie man ihn in Deutschland noch nie gesehen hatte. Die Presse des Auslandes begann ihre Korrespondenten nach Weimar zu entsenden. Wilhelm II. allerdings versah die Berichte seines Weimarer Gesandten, in denen von Kessler die Rede war, mit friderizianischen Randbemerkungen, etwa „Moderner Querkopf" oder „total verdreht".

Daß zahlreiche Künstler im ganzen Reich das kaiserliche Dreinreden und Reglementieren nicht mehr lange hinzunehmen gedachten, zeigte die Konstituierung des Deutschen Künstlerbundes. Er trat in Weimar Mitte Dezember 1903 zusammen, mit dem Maler Leopold Graf Kalckreuth als Präsidenten und Kessler als Vizepräsidenten. Der Großherzog übernahm das Protektorat, auf Betreiben des Grafen. Als ein Brückenschlag von der bildenden Kunst zur Literatur war die „Großherzog Wilhelm Ernst Ausgabe Deutscher Klassiker" gedacht, die im Insel-Verlag erschien und dort einen völlig neuen Typ von Klassiker-Editionen begründete. Für die bibliophile Ausstattung gewann Kessler führende englische Buchkünstler.

Was wäre das „Neue Weimar" ohne Literatur gewesen? Der Graf wollte das alte Ideal der Fürstenerziehung aus den Tagen der Aufklärung wiederbeleben, das einst Wieland so erfolgreich in Weimar verwirklicht hatte. Im Schloß Belvedere, dem Witwensitz von Wilhelm Ernsts Mutter, sprach André Gide und eröffnete der großherzoglichen Familie ungewohnte Horizonte. Bald gesellten sich Gerhart Hauptmann, Richard Dehmel, Rainer Maria Rilke und Hugo von Hofmannsthal hinzu, die aus ihren Werken lasen und eine große Tradition aus dem Blickwinkel der Gegenwart neu zu definieren suchten.

Der von Kessler entfachte Enthusiasmus war so mitreißend, daß die gefeierte Berliner Tragödin Louise Dumont auf den Gedanken kam, in Weimar ein „Bayreuth des Schauspiels" zu etablieren. Die besten deutschen Akteure sollten, alljährlich im Sommer, für Musteraufführungen der dramatischen Weltliteratur gewonnen werden. An den Großherzog wurde appelliert, einen geeigneten Bauplatz zur Verfügung zu stellen, während Frau Dumont selber die Finanzierung, gemeinsam mit kunstbegeisterten Geldgebern, übernehmen wollte. Schon war van de Velde mit der Projektierung des Festspielhauses an der Belvedere-Allee beschäftigt, als sich in der lokalen Presse schrille Proteste vernehmen ließen. Ob man denn bedacht habe, daß der Architekt ein Ausländer sei und die berühmte Aktrice sogar eine Jüdin? Hinter der Schmutzkampagne steckten einflußreiche Würdenträger, unter ihnen der Intendant des Hoftheaters, der für seine Bühne einen Neubau forderte und daher in den Festspiel-Agitatoren lästige Konkurrenten sah. Zum ersten Male verweigerte der Großherzog den Wegbereitern des „Neuen Weimar" seine Unterstützung: das „Bayreuth des Schauspiels" fand nicht statt. Louise Dumont suchte es später, unter anderen Voraussetzungen, in Düsseldorf zu realisieren.

Das Scheitern des Plans verriet, daß auf das Verständnis Wilhelm Ernsts offenbar nicht grenzenlos zu bauen war. Was der Fürst von den Erfolgen seines Museumsdirektors hielt, hatte er ihm schon kurz nach der Gründung des Deutschen Künstlerbundes offen ins Gesicht gesagt: „Ja, ein schöner Erfolg: ich soll mich wohl auch noch freuen, daß ich Geld bezahlen soll." Von da an verschlechterte sich das Klima rapide, geschürt vor allem durch den Anhang des Oberhofmarschalls Aimé de Palézieux, der aus einem lauen Befürworter Kesslers dessen erbittertster Feind geworden war. Unter seiner Regie fand sich ein Komplott der Mittelmäßigen zusammen, das gegen die von dem Grafen arrangierten Ausstellungen öffentlich zum Sturm blies. Als der Graf Handzeichnungen von Auguste Rodin präsentierte, virtuose Darstellungen unbekleideter Frauenkörper, wetterte der Kunstmaler Hermann Behmer am 17. Februar 1906 in Weimars führender Tageszeitung: „Es zeugt von einem Tiefstand der Sittlichkeit der Künstler und von einer Laxheit des Ausstellungsvorstandes, daß solche Ausstellungen den Weimarer Kunstliebhabern geboten werden, und es herrscht in allen Kreisen darüber eine große Empörung. Ist das Gebotene doch so anstößig, daß wir unsere Frauen und Töchter warnen müssen, die Ausstellung zu besuchen."

Es war genau diese Rodin-Ausstellung, die Kesslers Wirken im Dienst des Großherzogs ein für allemal beenden sollte. Ein Dienstverhältnis im strengen Sinn bestand übrigens gar nicht, denn der Graf ging seiner Tätigkeit ehrenamtlich nach, sogar unter Aufopferung persönlicher Gelder. Eigentlich war er der Mäzen, Wilhelm Ernst auch hier nur Galionsfigur. Von den Aktzeichnungen, die Rodin in Paris dem Grafen übergeben hatte, war eine als Geschenk des Künstlers an den Großherzog gedacht, versehen mit einer handschriftlichen Widmung. Diese Dedikation, die jedem Kunstfreund eine hohe Ehre gewesen wäre, wurde nun zum Stein des Anstoßes, fast zur Majestätsbeleidigung erklärt. Wer hatte den geschmacklosen „Gallier" darum gebeten, Seiner Königlichen Hoheit mit einem pornographischen Blatt beschwerlich zu fallen? Es gab aber auch positive Reaktionen: die Universität Jena verlieh Rodin die Ehrendoktorwürde, die Ausstellung wurde ein Publikumsmagnet. Während es in der Residenz, und weit über sie hinaus, ziemlich geräuschvoll zuging, war der inzwischen verwitwete Großherzog unterwegs auf einer mehrmonatigen Indienreise. Bei seiner Rückkehr spielte sich im Weimarer Schloß die Szene ab, die später Henry van de Velde beschrieben hat:

„Der vom Großherzog gewählte Augenblick wie die Art und Weise, mit der er Kessler fallen ließ, waren grauenhaft. Er war entschlossen, Kessler loszuwerden, ohne ihn anzuhören, ohne ihm Gelegenheit zu geben, sich zu rechtfertigen und die Machenschaften seines nicht mehr faßbaren Gegners aufzudecken. Der ganze Hof war versammelt, um den von seiner Indienreise zurückgekehrten Großherzog zu begrüßen. Die Würdenträger, die hohen Regierungsbeamten und einige Künstler standen in einer Reihe. Der Großherzog schritt die Reihe ab, drückte jedem einzelnen die Hand und wechselte jeweils ein paar Worte. Er kam zu Kessler, blieb stehen, ohne ihm die Hand zu reichen, verzog mit dem Ausdruck offener Verachtung das Gesicht und ging wortlos weiter."

Nach dem Abgang Wilhelm Ernsts, erzählt van de Velde, seien die Anwesenden einige Augenblicke wie versteinert stehengeblieben. „Nur die Mitglieder des engeren Gefolges verließen den Raum mit hochmütiger, triumphierender Miene. Sie hatten von einem verhaßten Rivalen nichts mehr zu fürchten."

Dem brüskierten Grafen blieb nur noch, um seine Entlassung zu bitten, die der Großherzog gern gewährte. Von der Enttäuschung, die diese Affäre auch menschlich für ihn bedeutete, sprach er in einem Brief an Hofmannsthal: „Ich habe mich vor mir selbst gesträubt, das zuzugeben, immer wieder Jugend, Fürstlichkeit, schlechte Manieren vorgeschoben, bis es unter dem Eindruck wiederkehrender Fälle nicht mehr möglich war, die wirkliche Ursache zu verkennen, eine fast pathologische innere Roheit, die keine Erziehung oder Erfahrung beheben kann." Noch vernichtender für den arroganten Fürsten ist Kesslers Tagebuchnotiz vom 13. Juli 1906: *„Meinen Abschied erhalten.* Der tiefste Grund, warum ich das Band zerschnitten habe, der *Charakter des Großherzogs;* weniger daß ihm der Geist als daß ihm jede Art von *Herz* fehlt; sein moralisches Manko, der Mangel aller feineren Gefühle, auf denen der Verkehr von Mensch zu Mensch beruht, und daher auch jede erfolgreiche Wirksamkeit. Es hatte *keinen praktischen Zweck,* sich an eine Art von pathologischem Objekt zu binden, das immer wieder seines anormalen Charakters wegen versagen mußte ..."

Die Worte kann man fast schon als ein abschließendes Fazit der menschlichen und politischen Erscheinung des Großherzogs Wilhelm Ernst lesen, obwohl er von da an noch zwölf Jahre regierte. Es kam nichts mehr von ihm, das Kesslers Verdikt hätte korrigieren können. Wenn der Monarch übrigens gehofft haben sollte, der strapaziösen Ruhestörer nun endgültig ledig geworden zu sein, so hatte er sich geirrt. „Wir haben uns vom Ufer losgeschnitten; jetzt gilt es anzukommen", schrieb Kessler an Hofmannsthal. „Wenn wir zusammenhalten, müssen wir es; und ich wünsche, meine einzige Vergeltung wäre, *nun gerade doch*, ohne Großherzog und offizielle Hülfe, aus Weimar wieder was zu machen." Die „Vergeltung" ist ihm nahezu geglückt. Sein Haus in der Cranachstraße wurde zum geistigen Zentrum und europäischen Begegnungsort, an dem sich die Intellektuellen aus Wien, Paris oder London trafen. Wenn es eine Stätte gab, wo das Herz des „Neuen Weimar" schlug, so war es nicht das Residenzschloß der Ernestiner, sondern Kesslers Domizil in der Cranachstraße 15, das er sich von Henry van de Velde hatte einrichten lassen.

Einige Glanzlichter aus dieser Zeit überlieferte Helene von Nostitz, die einst, als sie noch die kleine Helene von Hindenburg gewesen war, auf einem Kamel reitend das Mißfallen des Prinzen Wilhelm Ernst erregt hatte. Sie lebte von 1908 bis 1910 an der Ilm und erzählte dann in ihrem Erinnerungsbuch von den Ausflügen mit Kessler nach Tiefurt; von der Aufführung des Goethe-Singspiels *Die Fischerin* im sommernächtlichen Garten des Nostitzschen Hauses in der Tiefurter Allee; von den Spaziergängen mit Rilke am Ufer der Ilm; von den alten Schauspielern im Seebach-Stift; nicht zuletzt von Max Liebermann, der erst, „bis zur Lyrik begeistert", über Cézanne gesprochen habe, und dann, nach Helenes Erscheinen, „nur noch Courmacher" gewesen sei. Es sind kostbare Reminiszenzen aus einer von Begegnungsglück und höherer Heiterkeit erfüllten Sphäre, aber das Fürstenhaus spielt darin keine Rolle mehr.

Wenigstens übernahm Wilhelm Ernst die Hälfte der Kosten für den Neubau des Hoftheaters, des heutigen Deutschen Nationaltheaters. Daß es nicht nach dem Entwurf van de Veldes, sondern nach den neoklassizistischen Plänen zweier Münchner Architekten errichtet wurde, wunderte niemanden. Diese beiden Baumeister schufen auch den Südflügel des Residenzschlosses, wodurch der gesamte neue Schloßkomplex, nach weit über hundertjähriger Bauzeit, endlich fertig war. Allerdings verlor der Herrschersitz durch den neuen Flügel die Öffnung hin zur Stadt, wie sie bisher bestanden hatte. Fast schien es, als ob sich der Großherzog vor seinen Untertanen hätte abschirmen wollen, obwohl er für sie besondere Audienzstunden einrichten ließ. Von diesem Weg haben die Bürger nur einen mäßigen Gebrauch gemacht, da allenthalben die Meinung bestand, daß sie den hohen Herrn für ihre Belange kaum zu interessieren vermochten. Nicht Bürgernähe und Kulturförderung haben die Regierungszeit des letzten Großherzogs ausgefüllt, sondern die Jagd, der Umgang mit den Casino-Kameraden und das schnelle Autofahren. Ein Chauffeur, der für die Fahrt von Ettersburg bis zum Weimarer Stadtschloß mehr als sieben Minuten benötigte, mußte mit seiner sofortigen Entlassung rechnen.

Anfang 1910 heiratete Wilhelm Ernst noch einmal: die zwanzigjährige Prinzessin Feodora von Sachsen-Meiningen. Aus dieser Ehe gingen eine Tochter und drei Söhne hervor, von denen der letzte erst nach dem Ende der Monarchie zur Welt kam. Im Gegensatz zu den Heiraten seiner Vorfahren, von Ernst August Constantin bis zu Carl Alexander, ist Wilhelm Ernsts zweite Ehe für das Weimarer Kulturleben folgenlos geblieben.

Die dafür noch verbleibende Zeitspanne wäre auch viel zu kurz gewesen. Die Geschichte trieb nun, rasch und unerbittlich, dem Unheil zu, das alle weiteren europäischen Katastrophen des Jahrhunderts zur Folge haben sollte. Am 1. August 1914 brach der Erste Weltkrieg aus, den Wilhelm Ernst zunächst beim Stab des XI. Armeecorps in Frankreich, Polen und Rußland erlebte. Ein Truppenkommando blieb ihm jedoch versagt, obwohl er mehrfach darum gebeten hat. Von Ende 1915 an genoß er zu Hause die letzten Tage seiner Herrschaft, die er noch im Oktober 1918 durch Verfassungs- und Wahlrechtsänderungen zu verlängern suchte. Aber es war zu spät.

Nach den ersten Meldungen von der Meuterei revolutionärer Matrosen in den deutschen Kriegshäfen und von spontanen Erhebungen in verschiedenen Teilen des Reiches demonstrierten an die zweitausend Soldaten und Arbeiter vor dem Weimarer Schloß. Sie

hätten es am liebsten gestürmt, nachdem Post, Bahnhof und Ge-
fängnis bereits in ihren Händen waren. Am nächsten Tag, dem
9. November 1918, forderte der Arbeiter- und Soldatenrat den
Rücktritt des Großherzogs. Es war der Sozialdemokrat August
Baudert, der diese Forderung vertrat und zugleich das Schlimmste
verhinderte. Bei den Verhandlungen sollen Revolutionäre dem
Großherzog unverhohlen gesagt haben, daß er der „bestgehaßte
Fürst Deutschlands" sei. Während sich das Schicksal der Ernestiner
erfüllte, ging im Hoftheater der Vorhang hoch zur hundertsten
Aufführung der *Maria Stuart*. Aber dies war nicht der Augenblick,
Tränen über das melodramatische Ende einer Königin zu vergie-
ßen. „Nieder mit der monarchistischen Theaterei! Jetzt machen wir
Theater!" wurde geschrien, und die Aufführung mußte vorzeitig
abegrochen werden.

Es bedurfte kaum solchen Getöses, wohl aber eines Ultimatums
und der Nachricht von der Abdankung des Kaisers, daß der Großherzog Wilhelm Ernst seinen Namenszug unter eine Erklärung
setzte, deren Wortlaut vom Arbeiter- und Soldatenrat stammte:
„Dem mir von der Vertretung der Soldaten und Arbeiter in Weimar
aufs ausdrücklichste ausgesprochenen Wunsche, für mich und meine Familie auf den Thron zu verzichten, um dem drohenden Bür-
gerkriege vorzubeugen, leiste ich Folge und erkläre hiermit, daß ich
für mich und meine Familie für alle Zeiten auf den Thron und die
Thronfolge im bisherigen Großherzogtum Sachsen-Weimar-Eisenach verzichte." Es war am 9. November 1918, gegen 20 Uhr.

Vor 366 Jahren, im September 1552, hatte hier Johann Friedrich
der Großmütige seinen Einzug gehalten. Er war als ein Verlierer
der Geschichte gekommen, und nichts ließ darauf schließen, daß
einige seiner Nachkommen einmal die Entfaltung und Blüte eines
einzigartigen Kapitels der deutschen Kulturgeschichte begünstigen,
ja überhaupt ermöglichen würden. Jetzt war aus dem letzten regierenden Abkömmling jenes Fürsten wieder ein Verlierer der Geschichte geworden, der beinahe spurlos den Schauplatz seines Wirkens verließ.

Aber nicht die von der Revolution erzwungene Abdankung
machte den Großherzog Wilhelm Ernst zu einem historischen
Bankerotteur. Vom unausweichlichen Ende der Monarchie waren

alle deutschen Fürsten betroffen, auch solche, die bei der Bevölkerung wesentlich populärer waren als Wilhelm Ernst, etwa die letzten Könige von Sachsen und Württemberg. Daß er aber ein großes, ihm anvertrautes Erbe schlecht verwaltete und sich seiner nicht würdig zeigte, ließ diesen Ernestiner recht eigentlich zum Verlierer werden. Graf Kessler hatte ihm eine jener seltenen Chancen geboten, die Anna Amalia und Carl August einst so glücklich genutzt hatten und deren Früchte noch von Maria Pawlowna, Sophie sowie Carl Alexander gehütet worden waren. Der letzte Großherzog verwarf die Chance, er hat sie wohl überhaupt nie richtig begriffen. Das Erbe war ihm entglitten, lange bevor er den Thronverzicht unterschrieb. „Weh' dir, daß du ein Enkel bist!" Die Dynastie, die dieser Enkel zuletzt repräsentierte, hätte einen besseren Abgang verdient.

Zusammen mit seiner Familie ging Wilhelm Ernst zunächst nach Schloß Allstedt, einer weimarischen Exklave im nördlichen Thüringen. Von dort siedelte er, noch vor Weihnachten 1918, nach dem Herrensitz Heinrichau in Schlesien über, der sich seit den Tagen der Großherzogin Sophie im Privatbesitz der Familie befand. In dieser idyllischen Umgebung, mit dem Blick auf die Kette der Sudeten, die Glatzer Berge und das Eulengebirge, verbrachte er die wenigen Jahre, die ihm noch bevorstanden. Ende Oktober 1921 kam ein Vertrag mit dem erst vor kurzem gebildeten Land Thüringen zustande. Er regelte die seit der Revolution bestehenden Vermögensfragen und legte finanzielle Ausgleichszahlungen an das Fürstenhaus fest. In dessen Privatbesitz blieben die Fürstengruft sowie das Goethe- und Schiller-Archiv, da der Goethe-Nachlaß vom letzten Enkel des Dichters der Großherzogin Sophie persönlich vererbt worden war. Für die von Carl Alexander wiederhergestellte Wartburg wurde eine Stiftung errichtet, an der das ehemalige Herrscherhaus ebenfalls beteiligt war.

Gelegentlich kam der Ex-Großherzog noch in seine frühere Residenz, zum letzten Male im April 1923. Bereits mit einer fiebrigen Angina behaftet, kehrte er im Auto nach Heinrichau zurück. „Seien Sie froh, daß Sie nicht in meiner Haut stecken", soll der Fürst noch zum Freiherrn von Egloffstein gesagt haben, womit er wohl seinen schlimmen gesundheitlichen Zustand meinte. Wilhelm Ernst starb, erst siebenundvierzigjährig, am 24. April 1923 in Heinrichau. Der eigens aus Weimar herbeigeführte Hofleichenwagen brachte seine sterblichen Überreste zu einer Gruft im Park, wo sie, in schlesischer Erde, beigesetzt wurden. Zur gleichen Stunde fand in Weimar ein Gedenkgottesdienst statt. Inzwischen liefen dort die Ereignisse ab, wie man sie in den Geschichtsbüchern nachlesen kann. Weder die ernestinischen noch die albertinischen Wettiner waren daran mehr beteiligt. Weimar wurde zur Wiege der ersten deutschen Republik, die nach der Stadt ihren Namen erhielt. Weder sie noch der vom ersten Reichspräsidenten Friedrich Ebert beschworene „Geist von Weimar" haben die Stadt davor bewahren können, daß sie früh zu einer Hochburg der Hitler-Partei wurde. Zur Ehre des weimarischen Fürstenhauses sei gesagt, daß kein einziges seiner Mitglieder der NSDAP angehörte, im Gegensatz zu mancher anderen thüringischen Dynastie. Aber am Ettersberg, wo einst vor Anna Amalia die *Iphigenie* gespielt worden war und Carl Alexander mit Franz Liszt Pläne geschmiedet hatte, wurden 55 000 Menschen systematisch ermordet. Im Konzentrationslager Buchenwald, unweit des Ettersburger Schloßparkes, und im Inferno des Zweiten Weltkrieges, das auch Weimars klassische Stätten erreichen sollte, wurde der Höllenrachen Mephistos grausige Realität:

Eckzähne klaffen; dem Gewölb' des Schlundes
Entquillt der Feuerstrom in Wut,
Und in dem Siedequalm des Hintergrundes
Seh' ich die Flammenstadt in ewiger Glut.
Die rote Brandung schlägt hervor bis an die Zähne,
Verdammte, Rettung hoffend, schwimmen an;
Doch kolossal zerknirscht sie die Hyäne,
Und sie erneuen ängstlich heiße Bahn.
In Winkeln bleibt noch vieles zu entdecken,
So viel Erschrecklichstes im engsten Raum!

Das Jahr 1945 sorgte dann bekanntlich für einen radikalen Austausch der Insassen von Buchenwald, sowohl der Bewacher als auch der Bewachten. „Erschrecklichstes im engsten Raum" gab es hier weiterhin, als ein sowjetisches „Speziallager" dem nazistischen KZ unmittelbar folgte. Die Geschichtsverwalter des deutschen Staates, der solcher Gewalt und anderen, subtileren Methoden seine Existenz verdankte, haben den „Geist von Buchenwald" und den „Geist von Weimar" für ihre Zwecke reklamiert, manipuliert und kastriert. Sie haben auf ihre Weise Geschichte geschrieben und Geschichte verdrängt. Geblieben sind Defizite, auch andernorts, wo es keine so rigorosen Flurbereinigungen gab.

Mittlerweile ist das Pendel von der einen Seite zur entgegengesetzten, von der Ideologie zur Ökonomie ausgeschlagen. Eine Gesellschaft, die eine der reichsten dieser Welt ist, erklärt sich immer öfter außerstande, die Gesamtheit der ihr überlieferten Kulturwerte zu pflegen oder auch nur zu erhalten. Sie sollte sich an eine Familie erinnern lassen, die nicht zu den reichen und mächtigen Dynastien gehörte, aber trotzdem Kulturgeschichte geschrieben hat.

ANHANG

Nachbemerkung

Der vorliegende Band wendet sich in erster Linie an einen relativ breiten Kreis kulturgeschichtlich interessierter Leser. Er stellt kein genealogisches Werk im strengen Sinne dar, das für die Geschichte des weimarischen Fürstenhauses weiterhin ein Desiderat bleibt. Auf die minutiöse Wiedergabe der dynastisch-genealogischen Verflechtungen, die dem heutigen Leser sehr fern sind, wurde daher größtenteils verzichtet, wenn es sich irgend verantworten ließ. Ein Minimum solcher Informationen war allerdings, in einem Werk über eine deutsche Dynastie, nicht ganz zu vermeiden.

Entstanden ist eine Porträtgalerie der wichtigsten Weimarer Herzöge und Großherzöge von Anna Amalia bis zu Carl Alexander, also der wichtigsten Repräsentanten von vier Generationen der Familie. Der seltene, fast einzigartige Glücksfall bestand darin, daß die Protagonisten der Dynastie über vier Generationen hinweg in nahtloser Folge das Werden der Kulturstadt Weimar und ihres Umfeldes ermöglicht, gefördert und begleitet haben. Um dieser Gestalten willen ist dieses Buch entstanden. Daß die Herausbildung eines Phänomens, das wir „Weimarer Klassik" nennen, auch noch von anderen Umständen bestimmt worden ist und das Fürstenhaus davon nur ein Faktor war, ist selbstverständlich, so daß nicht immer ausdrücklich darauf hingewiesen wurde. Dazu liegt eine umfangreiche Literatur vor, in der, zumindest während der vergangenen Jahrzehnte, der Beitrag des Fürstenhauses eher bagatellisiert worden ist. Jedoch war keineswegs beabsichtigt, solchen Unterschätzungen jetzt eine Überschätzung entgegenzustellen. Das Buch entstand im Vertrauen auf Leser, die eine derartige Darstellung in die historischen Abläufe einigermaßen einzuordnen vermögen.

Ich habe mich darum bemüht, den wichtigsten Gestalten der weimarischen Ernestiner etwas von ihrer ursprünglichen Frische und Farbigkeit zurückzugeben. Wie schon in meinen früheren Veröffentlichungen war es darauf abgesehen, Figuren und Zeiten mit literarischen Mitteln zu vergegenwärtigen, auch unter Benutzung erzählerischer Möglichkeiten. Wissenschaftlichkeit war stets der Ausgangspunkt, aber nicht das Ziel meiner Absichten. Immer habe ich während der Arbeit den imaginären Leser im Blick gehabt, nicht den Gelehrten, dem andere Auskunftsquellen zur Verfügung stehen. Viel ist mir auf die Schilderung der Atmosphäre, des historischen Details, auch psychologischer Nuancen angekommen, wenn sie dazu in der Lage waren, eine Gestalt in ihrer oft faszinierenden Widersprüchlichkeit sichtbar zu machen. Jedes der literarischen Porträts kann auch für sich allein gelesen werden. Dadurch waren Überschneidungen und geringfügige Wiederholungen nicht ganz zu vermeiden. Besonders die Ereignisse der napoleonischen Zeit haben in den Biographien mehrerer weimarischer Fürstinnen und Fürsten eine wichtige Rolle gespielt. Jedoch habe ich versucht, die ganz und gar unterschiedliche Weise zu zeigen, in der etwa Carl August und Maria Pawlowna den Wiener Kongreß erlebten. So ist, hoffe ich, ein Geflecht entstanden, das die Essays dieses Bandes miteinander verklammert und auch die einzelnen Gestalten als ein vielstimmiges Ensemble agieren läßt. Dieses Geflecht wird sich freilich nur dem erschließen, der die Porträts in ihrer kontinuierlichen historischen Reihenfolge liest.

Die ursprüngliche Absicht, das Buch mit Anna Amalia beginnen zu lassen, erwies sich als wenig praktikabel. Wichtig schien mir bereits die Vorgeschichte zu sein, die den Leser über die Herausbildung und den langen Fortbestand der kleinen ernestinischen Staatswesen in Thüringen, darunter auch des weimarischen, unterrichtet. Um diese oft verwirrende Entwicklung angemessen, aber möglichst verständlich ins Bild zu bringen, bin ich bis zur Leipziger Teilung von 1485 zurückgegangen, mit der die Geschichte des Hauses Wettin in eine albertinische und eine ernestinische Linie auseinerzufallen begann. Erst vor dem Hintergrund der politischen und wirtschaftlichen Armseligkeit des Ländchens Sachsen-Weimar-Eisenach, die von Lebensunfähigkeit nicht weit entfernt war, werden die kulturellen Leistungen des Fürstenhauses um so bewundernswerter.

Eine genealogische Übersicht hielt ich, nach reiflicher Überlegung, für entbehrlich. Dafür enthält die schnell überschaubare Zeittafel alle wesentlichen Daten, sowohl zu einzelnen Persönlichkeiten des Fürstenhauses als auch zur politischen und kulturellen Geschichte Weimars.

Für die Arbeit an dem Buch habe ich eine ganze Bibliothek einschlägiger Literatur benutzt. Davon kann das Literaturverzeichnis leider, allein schon aus Platzgründen, nur eine Auswahl nennen. Zeitgenössische Memoirenwerke und Briefe, denen ich zahllose Details und Valeurs verdanke, sowie der Ozean der Goethe-Literatur und das Schrifttum über Franz Liszt und die Wartburg müssen in der Bibliographie weitgehend unerwähnt bleiben. Auf einen wissenschaftlichen Anmerkungsapparat habe ich bewußt verzichtet, im Hinblick auf den von mir anvisierten Leserkreis, der solches Beiwerk als störenden Ballast zu empfinden pflegt.

Hier möchte ich lediglich einen einzigen Titel, stellvertretend für viele andere, hervorheben, schon weil er die verdiente Würdigung bisher nicht gefunden hat. Angelika Pöthes Monographie *Carl Alexander – Mäzen in Weimars ‚Silberner Zeit‘* aus dem Jahr 1998 hat unsere Kenntnisse über die Geschichte des Weimarer Fürstenhauses im 19. Jahrhundert außerordentlich erweitert und vertieft. Die Verfasserin schreitet darin alle Bereiche von Carl Alexanders Aktivitäten aus, die zu ihrer Erkundung beinahe eine Akademie von Forschern benötigen würden. Das Quellenmaterial, das die Autorin erstmalig zugänglich macht, ist immens, besonders die von Carl Alexander meistens in französischer Sprache geführten Tagebücher. Der fast 500 Seiten umfassende Band ist, nehmt alles nur in allem, eine Großtat, die künftig für die Beschäftigung mit diesem Thema unentbehrlich sein wird.

Weiterhin sind hier, wiederum stellvertretend für zahlreiche andere, die Namen von Autoren aufzuzählen, aus deren Arbeiten über einzelne Gestalten des Weimarer Fürstenhauses und über die Kulturgeschichte Weimars ich dankbar geschöpft habe:

Willy Andreas, Alfred Bergmann, Effi Biedrzynski, Wilhelm Bode, Walter H. Bruford, Volker Ebersbach, Gitta Günther, Karl-Heinz Hahn, Wolfram Huschke, Detlef Jena, Jochen Klauß, Georg Mentz, Angelika Pöthe, Ursula Salentin, Friederike Schmidt-Möbus und Frank Möbus, Hans Tümmler, Carl Eduard Vehse, Hans Wahl, Volker Wahl.

Schließlich ist auch bei dieser Gelegenheit ein ausdrückliches Wort des Dankes an Harald S. Liehr zu richten, den Lektor in der Weimarer Niederlassung des Böhlau Verlages. Er hat viel Verständnis aufgebracht für die triftigen Gründe, die zur verspäteten Abgabe des Manuskripts beigetragen haben, und er hat dem Buch, wie es sich jetzt präsentiert, viel Ermutigung, Großzügigkeit, Kennerschaft angedeihen lassen. Ich grüße ihn daher in dankbarer Verbundenheit.

Klaus Günzel

Zeittafel

1485 Leipziger Teilung der Ländereien des Hauses Wettin zwischen den Brüdern Ernst und Albrecht. Kurfürst Ernst begründet die ernestinische Linie, Herzog Albrecht die albertinische Linie der Wettiner.

1486 Tod des Kurfürsten Ernst; gemeinsame Regierung seiner Söhne Kurfürst Friedrichs III. des Weisen und Johanns des Beständigen.

1521 Luther auf der Wartburg.

1525 Tod Friedrichs des Weisen; alleinige Regierung Johanns des Beständigen (bis 1532).

1532 Tod Johanns des Beständigen; sein Sohn Johann Friedrich der Großmütige Kurfürst von Sachsen (bis 1547).

1546 Tod Luthers. Beginn des Schmalkaldischen Krieges.

1547 Schlacht bei Mühlberg. Johann Friedrich der Großmütige in kaiserlicher Gefangenschaft; Verlust der Kurwürde sowie des größten Teils der ernestinischen Ländereien.

1552 Einzug Johann Friedrichs des Großmütigen in Weimar, das von da an ständige Residenz der Ernestiner ist. Lucas Cranach d.Ä. in Weimar.

1553 Tod Lucas Cranachs d.Ä. in Weimar.

1554 Tod Johann Friedrichs des Großmütigen; sein Sohn Johann Friedrich II. Herzog von Weimar (bis 1566).

1562 Bau des Grünen Schlosses mit dem Welschen Garten (bis 1565).

1565 Landesteilung zwischen Johann Friedrich dem Mittleren und Johann Wilhelm.

1566 Ächtung Johann Friedrichs II.; sein Bruder Johann Wilhelm Herzog von Weimar (bis 1573).

1573 Tod des Herzogs Johann Wilhelm.

1574 Bau des Roten Schlosses (bis 1576).

1580 Friedrich Wilhelm Herzog von Weimar (bis 1602).

1602 Tod Friedrich Wilhelms; sein Sohn Johann III. Herzog von Weimar (bis 1605).

1615 Herzog Johann Ernst I. (bis 1626).

1617 Gründung der „Fruchtbringenden Gesellschaft"; Übersiedlung nach Köthen.

1618 Schloßbrand.

Ausbruch des Dreißigjährigen Krieges (bis 1648).

1619 Planungen für den Schloßneubau durch G. Bonalino.

1626 Tod Johann Ernsts I.; Wilhelm IV. Herzog von Weimar (bis 1662).

1632 Schlacht bei Lützen, die nach dem Tod des Schwedenkönigs Gustav Adolf durch Herzog Bernhard von Weimar mit einem Sieg der Protestanten endet.

1639 Tod des Herzogs Bernhard von Weimar in Breisach.

1651 Weiterführung des Schloßbaus durch J. M. Richter.

Die „Fruchtbringende Gesellschaft" übersiedelt von Köthen nach Weimar.

1653 Der Dichter Georg Neumark „Erzschreinhalter" der „Fruchtbringenden Gesellschaft".

1662 Tod Wilhelms IV.; sein Sohn Johann Ernst II. Herzog von Weimar (bis 1683).

1683 Tod Johann Ernsts II.; zunächst gemeinsame Regierung seiner Söhne Johann Ernst III. und Wilhelm Ernst (bis 1707); ab 1707 alleinige Regierung Wilhelm Ernsts (bis 1728).

1696 Aufführung der Oper *Von der denen lasterhaften Begierden entgegengesetzten tugentlichen Liebe* im Schloß.

1702 Bau des Gelben Schlosses (bis 1704).

1706 Baubeginn des Jagdschlosses Ettersburg.

1708 Johann Sebastian Bach als Hoforganist und Konzertmeister in Weimar (bis 1718).

1724 Bau des Schlosses Belvedere durch J. A. Richter und G. H. Krohne (bis 1732).

1728 Tod Wilhelm Ernsts; sein Neffe Ernst August I. Herzog von Weimar (bis 1748).

1748 Tod Ernst Augusts I. in Eisenach; sein unmündiger Sohn wird in Gotha erzogen.

1755 Nach Erreichen der Volljährigkeit Ernst August II. Constantin Herzog von Weimar (bis 1758).

1756 Vermählung des Herzogs Ernst August II. Constantin mit Prinzessin Anna Amalia von Braunschweig-Wolfenbüttel. Einrichtung eines ständigen Hoftheaters. Beginn des Siebenjährigen Krieges (bis 1763).

1757 Geburt des späteren Herzogs und Großherzogs Carl August.

1758 Tod Ernst August Constantins. Seine Witwe Anna Amalia übernimmt die Regentschaft für ihren unmündigen Sohn Carl August (bis 1775).
Geburt von Anna Amalias zweitem Sohn Constantin.

1760 Umbau des Grünen Schlosses zur Bibliothek mit Rokoko-Saal.

1764 Gründung der Freimaurerloge „Anna Amalia zu den drei Rosen" in Weimar.

1766 Das Haus des Ministers J.F. von Fritsch, das spätere Wittumspalais, wird erbaut.

1770 Bau des Landschaftsgebäudes, des späteren Fürstenhauses. Hungersnot; Anna Amalia läßt Lebensmittel importieren und an die Armen kostenlos verteilen. Auf Geheiß Anna Amalias Errichtung eines Armen- und Siechenhauses.

1772 Berufung Christoph Martin Wielands als Prinzenerzieher nach Weimar.

1774 Vernichtung des Schlosses durch einen Großbrand. Beginn der Kavalierstour Carl Augusts und Constantins (bis 1775); in Frankfurt erstes Zusammentreffen mit Goethe.

1775 Ende der Regentschaft Anna Amalias; ihr Sohn Carl August Herzog (später Großherzog) von Sachsen-Weimar-Eisenach (bis 1828). Vermählung Carl Augusts mit Prinzessin Louise von Hessen-Darmstadt. Niederlassung Goethes in Weimar.

1776 Carl August schenkt Goethe das Gartenhaus am Stern und beruft ihn ins Geheime Consilium. Johann Gottfried Herder und Corona Schröter kommen nach Weimar.

1778 Reise Carl Augusts und Goethes nach Berlin. Beginn der Gestaltung des Parks an der Ilm.

1779 Reise Carl Augusts und Goethes in die Schweiz.

1781 *Journal von Tiefurt*, herausgegeben von Anna Amalia (bis 1784).

1783 Geburt des Erbprinzen Carl Friedrich.

1784 Initiativen Carl Augusts zur Gründung des Deutschen Fürstenbundes.

1786 Beginn von Goethes Italienreise (bis 1788).
Carl August Mitglied des Deutschen Fürstenbundes.
Geburt der Prinzessin Caroline.
Auf Schloß Gatschina bei Sankt Petersburg Geburt der späteren Großherzogin Maria Pawlowna.

1788 Beginn von Anna Amalias Italienreise (bis 1790).
Carl August Generalmajor des 6. preußischen Kürassierregiments in Aschersleben.

1789 Beginn des Schloßneubaus.

1790 Carl August und Goethe im Schlesischen Feldlager.

1791 Bau des Römischen Hauses im Ilmpark (bis 1797).

1792 Beginn des 1. Koalitionskrieges gegen Frankreich mit Beteiligung des Herzogs Carl August und des Prinzen Constantin; Kanonade von Valmy.
Carl August schenkt Goethe das Haus am Frauenplan.
Geburt des Prinzen Carl Bernhard.

1793 Tod des Prinzen Constantin in Wiebelskirchen an der Saar.
Belagerung von Mainz unter der Beteiligung Carl Augusts und Goethes.

1794 Beginn von Goethes und Schillers Freundschaftsbund.

1798 Carl August Generalinspekteur der preußischen Kavallerie in Magdeburg.
Frühromantiker in Jena.

1801 Beginn von Carl Augusts Liaison mit Caroline Jagemann.

1803 Umzug der herzoglichen Familie vom Fürstenhaus ins Schloß.
Germaine de Staël in Weimar (bis 1804).
Tod Herders.

1804 Vermählung des Erbprinzen Carl Friedrich mit der Zarentochter Maria Pawlowna in Sankt Petersburg. Einzug des Paars in Weimar; Aufführung von Schillers Festspiel *Die Huldigung der Künste*.

1805	Besuch von Zar Alexander I. am Weimarer Hof.
	Tod Schillers.
1806	Schlacht bei Jena und Auerstedt. Carl August Kommandeur der Avantgarde. Flucht Maria Pawlownas. Die Plünderung Weimars dank des Einsatzes der Herzogin Louise beendet.
1807	Herzog Carl August Mitglied des Rheinbundes.
	Tod Anna Amalias und Louise von Göchhausens.
1808	Fürstentag zu Erfurt; Napoleon und Zar Alexander I. in Weimar.
1809	Caroline Jagemann zur Frau von Heygendorf erhoben.
1813	Letztes Zusammentreffen Carl Augusts mit Napoleon.
	Nach der Völkerschlacht bei Leipzig Truppen der Verbündeten in Weimar; Gründung des „Patriotischen Frauenvereins" durch Maria Pawlowna.
	Tod Wielands.
1814	Carl August als General in den Niederlanden; Besuche in Paris und London.
	Carl August und Maria Pawlowna auf dem Wiener Kongreß (bis 1815).
1815	Auf dem Wiener Kongreß Erhebung Sachsen-Weimar-Eisenachs zum Großherzogtum; Beitritt zum Deutschen Bund.
	Gründung der ersten Burschenschaft in Jena.
1816	Erste Landständische Verfassung, die u.a. die Pressefreiheit garantiert.
1817	Wartburgfest.
	Rücktritt Goethes von der Theaterleitung.
1818	Geburt des späteren Großherzogs Carl Alexander.
1819	Karlsbader Beschlüsse: u.a. Aufhebung der Pressefreiheit; Selbstauflösung der Burschenschaft in Jena.
	Johann Nepomuk Hummel Hofkapellmeister in Weimar.
1822	Frédéric Jacob Soret als Erzieher des Erbgroßherzogs Carl Alexander (bis 1836).
1823	Carl August wirbt vergeblich für Goethe um Ulrike von Levetzow.
1824	Geburt der späteren Großherzogin Sophie als Prinzessin der Niederlande in Den Haag.

1825 Brand und Neubau des Hoftheaters. Bau der Fürstengruft. Feierlichkeiten zum 50-jährigen Regierungsjubiläum Carl Augusts und zum 50. Jahrestag der Niederlassung Goethes in Weimar.

1828 Tod Carl Augusts; sein Sohn Carl Friedrich Großherzog von Sachsen-Weimar-Eisenach (bis 1853).

1829 Vermählung der Prinzessin Augusta mit Prinz Wilhelm von Preußen, dem späteren ersten Deutschen Kaiser.

1830 Tod der Großherzogin Louise.

1831 Gründung des Lesevereins „Museum" durch Maria Pawlowna.

1832 Tod Goethes und Beisetzung in der Fürstengruft.

1838 Beginn von Carl Alexanders Planungen zum Wiederaufbau der Wartburg.

1841 Erstes Konzert Franz Liszts am Weimarer Hof.

1842 Vermählung des Erbgroßherzogs Carl Alexander mit Prinzessin Sophie der Niederlande; zwangloser Kreis um das Paar auf Schloß Ettersburg.
Liszt zum Außerordentlichen Hofkapellmeister ernannt.

1844 Geburt von Sophies und Carl Alexanders einzigem Sohn Carl August (gest. 1894).

1848 Revolution in Weimar.

1849 Der politische Flüchtling Richard Wagner von Maria Pawlowna im Eisenacher Schloß empfangen.

1850 Uraufführung von Wagners *Lohengrin* unter Liszts Leitung in Weimar.

1853 Tod Carl Friedrichs; sein Sohn Carl Alexander Großherzog von Sachsen-Weimar-Eisenach (bis 1901).

1854 Feierlichkeiten zum 50. Jahrestag von Maria Pawlownas Eintreffen in Weimar.
Moritz von Schwind malt die Fresken auf der Wartburg (bis 1855).

1857 Enthüllung von Ernst Rietschels Goethe- und Schiller-Denkmal sowie von Hanns Gassers Wieland-Denkmal; Grundsteinlegung von Adolf Donndorfs Reiterstandbild Carl Augusts.
Franz Dingelstedt Intendant des Weimarer Hoftheaters (bis 1867).

1858 Theaterskandal bei der von Liszt geleiteten Uraufführung der Oper *Der Barbier von Bagdad* von Peter Cornelius.

1859 Tod Maria Pawlownas.

1860 Gründung der Kunstschule durch Carl Alexander, aus der dann die Weimarer Malerschule hervorgeht.

1861 Uraufführung von Friedrich Hebbels *Die Nibelungen* unter Dingelstedts Leitung in Weimar.
Gründung des Allgemeinen Deutschen Musikvereins unter dem Patronat Carl Alexanders.
Franz Liszt verläßt Weimar.

1862 Weihe der russisch-orthodoxen Kirche neben der Fürstengruft als Grabkapelle für Maria Pawlowna.

1864 Bau des Großherzoglichen Neuen Museums durch Josef Zítek (bis 1869).
Gründung der Deutschen Shakespeare-Gesellschaft in Weimar.

1866 Preußisch-Österreichischer Krieg; Ende des Deutschen Bundes; Sachsen-Weimar-Eisenach Mitglied des Norddeutschen Bundes.

1867 Franz Liszt dirigiert auf der wiederhergestellten Wartburg sein Oratorium *Die Legende von der heiligen Elisabeth.*

1869 Rückkehr Liszts nach Weimar, für jeweils mehrere Wochen im Jahr; Wohnung in der alten Hofgärtnerei.

1871 Gründung des Deutschen Reiches.

1876 Geburt des späteren Großherzogs Wilhelm Ernst.

1880 Gründung der „Permanenten Ausstellung für Kunst und Gewerbe" am Karlsplatz, dem heutigen Goetheplatz, aus der dann das Museum für Kunst und Kunstgewerbe hervorgeht.

1885 Walther von Goethe, der letzte Enkel des Dichters, stirbt und vererbt den vollständigen Nachlaß der Großherzogin Sophie; Gründung der Goethe-Gesellschaft und des Goethe- und Schiller-Archivs; Stiftung des Goethe-Nationalmuseums.

1886 Tod Liszts in Bayreuth.
Goethes Haus am Frauenplan als Nationalmuseum eröffnet.

1887 *Goethes Werke, herausgegeben im Auftrage der Großherzogin Sophie von Sachsen*, beginnen zu erscheinen (bis 1919, 143 Bände).

1889   Richard Strauss Hofkapellmeister in Weimar.
1893   Uraufführung von Engelbert Humperdincks Oper *Hänsel und Gretel* unter der Leitung von Richard Strauss in Weimar.
1894   Tod des Erbgroßherzogs Carl August: dadurch dessen Sohn Wilhelm Ernst Erbgroßherzog.
1896   Einweihung des Goethe- und Schiller-Archivs.
1897   Tod der Großherzogin Sophie.
1900   Tod Friedrich Nietzsches in Weimar.
       Zum 50. Jahrestag der Uraufführung des *Lohengrin* letzter Besuch Carl Alexanders im Hoftheater.
1901   Tod Carl Alexanders; sein Enkel Wilhelm Ernst Großherzog von Sachsen-Weimar-Eisenach (bis 1918).
1902   Enthüllung des Liszt-Denkmals im Park an der Ilm.
       Henry van de Velde kommt nach Weimar (bis 1914).
1903   Vermählung Wilhelm Ernsts mit Prinzessin Caroline von Reuß ältere Linie.
       Harry Graf Kessler Direktor des Museums für Kunst und Gewerbe; rege Ausstellungstätigkeit; Konstituierung des Deutschen Künstlerbundes in Weimar.
1904   Neubau der Kunstschule durch van de Velde (bis 1911).
       Shakespeare-Denkmal von Otto Lessing im Park an der Ilm.
1905   Tod der Großherzogin Caroline.
1906   Wegen des Rodin-Skandals Rücktritt Kesslers von seinem Amt.
1908   Einweihung des neuen Hoftheaters (jetzt Deutsches Nationaltheater).
1910   Vermählung Wilhelm Ernsts mit Prinzessin Feodora von Sachsen-Meiningen.
1914   Südflügel des Schlosses fertiggestellt.
       Henry van de Velde verläßt Weimar.
       Ausbruch des Ersten Weltkrieges (bis 1918).
1918   Novemberrevolution; Abdankung des letzten Großherzogs Wilhelm Ernst.
1923   Tod Wilhelm Ernsts auf Schloß Heinrichau in Schlesien.

Literaturverzeichnis in Auswahl

Andreas, Willy: Carl August von Weimar. Ein Leben mit Goethe. Stuttgart 1953

Andreas, Willy / Tümmler, Hans (Hrsg.): Politischer Briefwechsel des Herzogs und Großherzogs Carl August von Weimar. Bd. 1–3. 1954–1958

Appell, Dirk (Red.): Das Denkmal. Goethe und Schiller als Doppelstandbild in Weimar. Tübingen 1993

Bamberg, Eduard von (Hrsg.): Die Erinnerungen der Karoline Jagemann. Nebst zahlreichen unveröffentlichten Dokumenten aus der Goethezeit. Dresden 1926

Barth, Ilse-Maria: Literarisches Weimar. Kultur, Literatur, Sozialstruktur im 16.–20. Jahrhundert. Stuttgart 1971 (= Sammlung Metzler. Bd. 93.)

Baudert, August: Sachsen-Weimars Ende. Historische Tatsachen aus sturmbewegter Zeit. Weimar 1923

Baumgärtel, Max (Hrsg.): Die Wartburg. Ein Denkmal Deutscher Geschichte und Kunst. Dem deutschen Volke gewidmet von Großherzog Carl Alexander von Sachsen. Dargestellt in Monographien. Berlin 1907

Bergmann, Alfred: Carl-August-Bibliographie. Jena 1933 (= Jenaer Germanistische Forschungen. Bd. 20.)

Bergmann, Alfred (Hrsg.): Briefe des Herzogs Carl August von Sachsen-Weimar an seine Mutter, die Herzogin Anna Amalia (Oktober 1774 bis Januar 1807). Jena 1938

Bergmann, Alfred / Maltzan, Helmut von: Carl Augusts Begegnungen mit Zeitgenossen. Ein Bild seiner Persönlichkeit in Briefen und Berichten. Weimar 1933

Biedrzynski, Effi: Goethes Weimar. Das Lexikon der Personen und Schauplätze. Zürich 1992

Bode, Wilhelm: Amalie, Herzogin von Weimar. Bd. 1–3. Berlin 1908

Bode, Wilhelm: Der weimarische Musenhof 1756–1781. Berlin 1917

Bode, Wilhelm: Karl August von Weimar. Jugendjahre. Berlin 1913

Bojanowski, Eleonore von: Louise Großherzogin von Sachsen-Weimar und ihre Beziehungen zu den Zeitgenossen. Stuttgart 1903

Bothe, Rolf (Hrsg.): Kunstsammlungen zu Weimar. Neues Museum. Geschichte und Ausblick. München, Berlin 1997

Böttiger, Karl August: Literarische Zustände und Zeitgenossen. Begegnungen und Gespräche im klassischen Weimar. Hrsg. von Klaus Gerlach und René Sternke. Berlin 1998

Bruford, Walter H.: Kultur und Gesellschaft im klassischen Weimar. Göttingen 1966

Carl August, Großherzog von Sachsen-Weimar. Niederschriften. Hrsg. von Paul von Bojanowski. O.O. 1902

Crämer, Ulrich: Carl August von Weimar und der Deutsche Fürstenbund 1783–1790. Wiesbaden 1961

Deetjen, Werner: Auf Höhen Ettersburgs. Blätter der Erinnerung. Weimar 1924

Deetjen, Werner: Die Göchhausen. Briefe einer Hofdame aus dem klassischen Weimar. Berlin 1923

Deetjen, Werner (Hrsg.): Das Haus am Frauenplan seit Goethes Tod. Dokumente und Stimmen von Besuchern. Weimar 1935

Dolgner, Dieter: Henry van de Velde in Weimar 1902–1914. Weimar 1996

Ebersbach, Volker: Carl August. Goethes Herzog und Freund. Köln, Weimar, Wien 1998

Egloffstein, Hermann Frhr. von: Carl August während des Krieges von 1813. Berlin 1913

Egloffstein, Hermann Frhr. von: Carl August auf dem Wiener Kongreß. Festschrift zur Jahrhundertfeier des Bestehens des Großherzogtums Sachsen-Weimar-Eisenach. Jena 1915 (=Beiträge zur neueren Geschichte Thüringens. Bd. 3.)

Egloffstein, Hermann Frhr. von: Alt-Weimars Abend. Briefe und Aufzeichnungen aus dem Nachlasse der Gräfinnen Egloffstein. München 1923

Egloffstein, Hermann Frhr. von: Das Weimar von Carl Alexander und Wilhelm Ernst. Berlin 1934

Egloffstein, Hermann Frhr. von: Caroline Großherzogin von Sachsen 1884–1905. Ein Erinnerungsblatt. Berlin 1905

Ehrenreich, Hans: Die freie Presse in Sachsen-Weimar von den Freiheitskriegen bis zu den Karlsbader Beschlüssen. Halle 1907 (= Hallesche Abhandlungen zur mittleren und neueren Geschichte. Heft 5.)

Festlicher Einzug der Maria Pawlowna 1804 in Weimar. Dargestellt auf Kupferstichen von Alexander Weise. Zum Geburtstag 1805 ihr gewidmet von E.F. Glüsing. 13 farbige Kupfertafeln. Weimar 1805

Gerstenberg, Heinrich: Aus Weimars nachklassischer Zeit. Hamburg 1901

Geschichte der Universität Jena 1548/58 – 1958. Festgabe zum vierhundertjährigen Universitätsjubiläum. Hrsg. von M. Steinmetz. Bd. 1–2. Jena 1958/62

Gesky, Franz David: Weimar von unten betrachtet. Bruchstücke einer Chronik zwischen 1808 und 1835. Hrsg. von Hubert Erzmann und Rainer Wagner. Jena 1997

Golz, Jochen: Das Goethe- und Schiller-Archiv in Geschichte und Gegenwart. In: Das Goethe- und Schiller-Archiv 1896–1996. Weimar, Köln, Wien 1996

Günther, Gitta / Huschke, Wolfram / Steiner, Walter (Hrsg.): Weimar. Lexikon zur Stadtgeschichte. 2. Auflage. Weimar 1998

Günther, Gitta: Weimar. Eine Chronik. Leipzig 1996

Hagen, E.L.: Der Frauenverein im Großherzogtum Weimar. Jena 1846

Hahn, Karl-Heinz: Zur Geschichte des Goethe- und Schiller-Archivs. In: Festschrift für Wolfgang Vulpius zu seinem 60. Geburtstag am 27. November 1957. Weimar 1957

Hartung, Fritz: Das Großherzogtum Sachsen unter der Regierung Carl Augusts 1775–1828. Weimar 1923

Hecker, Jutta: Die Altenburg. Geschichte eines Hauses. Berlin 1983

Hecker, Jutta: Wunder des Wortes. Leben im Banne Goethes. Berlin 1989

Herrscher und Mäzene. Thüringer Fürsten von Hermenefred bis Georg II. Rudolstadt 1992

Hess, Ulrich: Geschichte Thüringens 1866–1914. Weimar 1991

Heuschele, Otto: Anna Amalia. Die Begründerin des weimarischen Musenhofes. München 1947

Hoffmeister, Hans / Wahl, Volker (Hrsg.): Die Wettiner in Thüringen. Geschichte und Kultur in Deutschlands Mitte. Arnstadt, Weimar 1999

Huschke, Wolfgang: Die Geschichte des Parkes von Weimar. Weimar 1951

Huschke, Wolfram: Musik im klassischen und nachklassischen Weimar 1756–1861. Weimar 1982

Ignasiak, Detlef: Regenten-Tafeln Thüringischer Fürstenhäuser. Mit einer Einführung in die Geschichte der Dynastien in Thüringen. Jena 1996

Jena, Detlef: Maria Pawlowna. Großherzogin an Weimars Musenhof. Regensburg, Graz, Wien, Köln 1999

Jonscher, Reinhard: Kleine thüringische Geschichte. Vom Thüringer Reich bis 1945. Jena 1993

Jung, Hans Rudolf (Hrsg.): Franz Liszt in seinen Briefen. Eine Auswahl. Berlin 1987

Kieser, Dietrich Georg: Das Wartburgfest am 18. Oktober 1817. In seiner Entstehung, Ausführung und Folgen. Nach Actenstücken und Augenzeugnissen, Jena 1818

Klauß, Jochen: Carl August von Sachsen-Weimar-Eisenach. Fürst und Mensch. Sieben Versuche einer Annäherung. Weimar 1992

Klauß, Jochen: Weimar. Stadt der Dichter, Denker und Mäzene. Von den Anfängen bis zu Goethes Tod. Düsseldorf, Zürich 1999.

Koenigsegg, Adda von: Fürstin im Schatten. Luise von Weimar. Leipzig, Berlin 1940

Kröll, Christian: Maria Pawlowna – die Zarentochter am Weimarer Hof. Ausstellungskatalog. Düsseldorf 1984

Kühn, Hugo: Das Wartburgfest am 18. Oktober 1817. Zeitgenössische Darstellungen, archivalische Akten und Urkunden. Weimar 1913

Lyncker, Wilhelm Heinrich Freiherr von: Ich diente am Weimarer Hof. Aufzeichnungen aus der Goethezeit, Zum ersten Mal vollständig hrsg. ... von Jürgen Lauchner, Köln, Weimar, Wien 1997

Mein gnädigster Herr! Meine gütige Korrespondentin! Fanny Lewalds Briefwechsel mit Carl Alexander von Sachsen-Weimar-Eisenach 1848–1889. Mit einer Einführung von Eckart Kleßmann. Weimar 2000

Mentz, Georg: Weimarische Staats- und Regentengeschichte vom Westfälischen Frieden bis zum Regierungsantritt Carl Augusts. Jena 1936

Mohr, Gustav: Großherzog Carl Alexander von Sachsen-Weimar. Ein Gedenkblatt. Jena 1934

Möller-Christensen, Ivy York und Ernst: Mein edler, theurer Großherzog. Briefwechsel zwischen Hans Christian Andersen und Großherzog Carl Alexander von Sachsen-Weimar-Eisenach. Göttingen 1998

Müller, Johann Sebastian: Annales des Chur- und Fürstlichen Hauses Sachsen. Von anno 1400 bis 1700. Leipzig 1700

Nostitz, Helene von: Aus dem alten Europa. Menschen und Städte. Hrsg. von Oswalt von Nostitz. Frankfurt/M., Leipzig 1993

Nostitz, Oswalt von: Muse und Weltkind. Das Leben der Helene von Nostitz. München, Zürich 1991

Patze, Hans / Schlesinger, Walter: Geschichte Thüringens. Bd. 1–6. Köln, Wien 1967–1984

Pöthe, Angelika: Schloß Ettersburg. Weimars Geselligkeit und kulturelles Leben im 19. Jahrhundert. Weimar, Köln, Wien 1995

Pöthe, Angelika: Carl Alexander. Mäzen in Weimars „Silberner Zeit". Köln, Weimar, Wien 1998

Puttkamer, Wanda: Der Hof von Weimar unter Großherzog Carl Alexander und Großherzogin Sophie. Erinnerungen aus den Jahren 1893–1897. Berlin 1932

Raabe, Peter: Großherzog Carl Alexander und Liszt. Leipzig 1918

Raschdau, Ludwig: In Weimar als Preußischer Gesandter. Ein Buch der Erinnerungen an Deutsche Fürstenhöfe 1894–1897. Berlin 1939

Redslob, Edwin: Von Weimar nach Europa. Erlebtes und Durchdachtes. Hrsg. von Paul Raabe unter Mitarbeit von Martin Stiebert. Geleitwort von Bernhard Vogel. Jena 1998

Reuter, Gabriele: Vom Kinde zum Menschen. Die Geschichte meiner Jugend. Berlin 1921

Salentin, Ursula: Anna Amalia. Wegbereiterin der Weimarer Klassik. Weimar, Köln, Wien 1996

Scheidig, Walter: Das Schloß in Weimar. Weimar 1955

Scheidig, Walter: Die Weimarer Malerschule 1860–1900. Leipzig 1991

Schmidt-Möbus, Friederike / Möbus, Frank: Kleine Kulturgeschichte Weimars. Unter Mitarbeit von Tobias Dünow. Köln, Weimar, Wien 1998

Schoell, Adolf: Carl-August-Büchlein. Lebenszüge, Aussprüche, Briefe, Anekdoten von Carl August, Großherzog von Sachsen-Weimar-Eisenach. Weimar 1857

Schorn, Adelheid von: Das nachklassische Weimar unter der Regierungszeit Karl Friedrichs und Maria Paulownas. Weimar 1911

Schorn, Adelheid von: Das nachklassische Weimar unter der Regierungszeit von Karl Alexander und Sophie. Weimar 1912

Schuster, Gerhard / Pehle, Margot (Bearb.): Harry Graf Kessler-Tagebuch eines Weltmannes. Ausstellungskatalog. Marbach am Neckar 1988 (= Marbacher Kataloge. Bd. 43.)

Schwarz, Hilmer: Die Wettiner des Mittelalters und ihre Bedeutung für Thüringen. Leipzig 1994

Sengle, Friedrich: Das Genie und sein Fürst. Die Geschichte der Lebensgemeinschaft Goethes mit dem Herzog Carl August von Sachsen-Weimar-Eisenach. Stuttgart 1993

Soret, Frédéric: Zehn Jahre bei Goethe. Erinnerungen aus Weimars klassischer Zeit 1822 bis 1832. Hrsg. von H.H. Houben. Leipzig 1929

Starnes, Thomas C.: Christoph Martin Wieland. Leben und Werk. Aus zeitgenössischen Quellen dargestellt. Bd. 1–3. Sigmaringen 1987

Stenzel, Burkhard: Harry Graf Kessler. Ein Leben zwischen Kunst und Politik. Weimar, Köln, Wien 1995

Stichling, Gottfried Theodor: Aus dreiundfünfzig Dienstjahren. Weimar 1891

Tümmler, Hans: Freiherr von Stein und Carl August von Weimar. Köln, Berlin 1974

Tümmler, Hans: Carl August von Weimar, Goethes Freund. Eine vorwiegend politische Biographie. Stuttgart 1978

Tümmler, Hans: Herzog/Großherzog Carl August von Sachsen-Weimar-Eisenach. Förderer und fürstlicher Mittelpunkt der deutschen Klassik. Bonn 1989

Ulfers, Gerd-Dieter u.a.: Schloß Belvedere. Schloß, Park und Sammlung. München 1998

Vehse, Carl Eduard: Der Hof zu Weimar. Leipzig, Weimar 1854. Bearb. Neuausgabe von Wolfgang Schneider. Leipzig, Weimar 1991

Velde, Henry van de: Geschichte meines Lebens. Hrsg. von Hans Curjel. München 1962

Vulpius, Wolfgang: Walther Wolfgang von Goethe und der Nachlaß seines Großvaters. Weimar 1962

Wahl, Hans (Hrsg.): Carl August von Sachsen-Weimar-Eisenach in seinen Briefen. Weimar 1918

Wahl, Hans: Die Bildnisse Carl Augusts von Sachsen-Weimar. Weimar 1925

Wahl, Hans: Carl August von Weimar. Ein Leben in Briefen. Weimar 1928

Walker, Alan: Franz Liszt. Bd. 1–2. New York 1990

Werner, Charlotte Marlo: Goethes Herzogin Anna Amalia. Fürstin zwischen Rokoko und Revolution. Düsseldorf 1996

Wette, Gottfried Albin von: Kurzgefaßte Lebensgeschichte der Herzöge zu Sachsen. Weimar 1770

Wilamowitz-Moellendorff, Erdmann von: Dreihundert Jahre Weimarer Bibliothek. Weimar 1991

Personenregister

Ahna, Pauline de 159
Alba, Ferdinand Alvarez de Tole-
do, Herzog von 9
Albrecht der Beherzte, Herzog
von Sachsen 3 f.
Alexander I., Zar von Rußland
55 f., 87, 90 f., 93, 111–121, 123,
135
Alexander II., Zar von Rußland
135, 144
Alexander, Prinz von Sachsen-
Weimar-Eisenach 117
Alexej, Zarewitsch von Rußland
112
Ambrosius, Metropolit von
St. Petersburg 116
Andersen, Hans Christian 148
Andrássy, Gyula Graf 158
Anna Amalia, Herzogin von Sach-
sen-Weimar-Eisenach 14, 21,
29–58, 60–70, 74, 76, 82, 85, 89,
104, 107, 123, 127, 129, 136 f.,
140, 146–148, 164, 166, 171,
191 f.
Anna Pawlowna, Großfürstin von
Rußland, später Königin der
Niederlande 111, 145
Anzengruber, Ludwig 159
Arens, Johann August 85
Arnim, Bettine von 131, 151, 164,
167
Arnold von Westfalen 3
Arnswald, Bernhard von 161
Auerbach, Berthold 148
August, Kurfürst von Sachsen
13 f.

August II., der Starke, Kurfürst
von Sachsen, König von
Polen 34
Augusta, Prinzessin von Sachsen-
Weimar-Eisenach, später Köni-
gin von Preußen und Deutsche
Kaiserin 119, 126, 149, 169
Augustus, Römischer Kaiser 61

Bach, Johann 32
Bach, Johann Sebastian 15, 22 f.,
26, 32, 177
Bacon, Francis, Lord Verulam and
Viscount St. Albans 145
Basedow, Johann Bernhard 63
Baudert, August 190
Beethoven, Ludwig van 92, 120,
122, 168
Behmer, Hermann 186
Bennigsen, Levin August von 114
Benzel-Sternau, Christian Ernst
Graf 92
Berlioz, Hector 131
Bernhard, Herzog von Sachsen-
Weimar 19
Bernhard Heinrich, Prinz von
Sachsen-Weimar-Eisenach
177
Bernis, Kardinal 52
Bernstorff, Henriette Friederike
Gräfin von 50
Bertuch, Friedrich Justin 46, 50, 68
Bismarck, Otto Fürst von 150 f.,
170
Bode, Johann Joachim 50
Bonalino, Giovanni 15, 17

Bildnachweis

Fotoatelier Louis Held, Weimar: Abb. 30, 37, 38.

Goethe-Museum Düsseldorf. Aufnahme: Walter Klein: Abb. 6.

Kunstsammlungen zu Weimar: Abb. 22, 23, 24.

Nationalarchiv der Richard-Wagner-Stiftung, Bayreuth: Abb. 31.

Roland Dreßler, Weimar: Abb. 5.

Schloßmuseum Ostankino, Moskau: Umschlag (1).

Stadtmuseum Weimar, Bildarchiv: Abb. 1, 3, 39.

Stiftung Mitteldeutscher Kulturrat, Bildarchiv: Abb. 28.

Stiftung Weimarer Klassik, Abteilung Fotothek. Aufnahme:
Sigrid Geske: Umschlag (3), Abb. 2, 4, 7, 8, 9, 10, 11, 12, 13, 14,
15, 16, 17, 19, 20, 21, 25, 26, 27, 29, 32, 33, 34, 35, 36, 40.

Wartburg-Stiftung Eisenach, Fotothek: Abb. 18.